# Folclore do Brasil

LUÍS DA CÂMARA CASCUDO

# *Folclore do Brasil*
# *(Pesquisas e Notas)*

São Paulo
2012

© Anna Maria Cascudo Barreto e
Fernando Luís da Câmara Cascudo, 2011

1ª Edição, Editora Fundo de Cultura, 1967
3ª Edição, Global Editora, São Paulo 2012

*Diretor Editorial*
Jefferson L. Alves

*Editor Assistente*
Gustavo Henrique Tuna

*Gerente de Produção*
Flávio Samuel

*Coordenadora Editorial*
Arlete Zebber

*Assistente Editorial*
Elisa Andrade Buzzo

*Revisão*
Tatiana Y. Tanaka

*Foto de Capa*
PALÊ ZUPPANI/PULSAR IMAGENS

*Editoração Eletrônica*
RODRIGO MOTA

---

CIP-BRASIL. Catalogação na fonte
Sindicato Nacional dos Editores de Livros, RJ

C331f

Cascudo, Luís da Câmara, 1898-1986
    Folclore do Brasil : (pesquisas e notas) / Luís da Câmara Cascudo. – [3.ed.]. – São Paulo : Global, 2012.

    Inclui bibliografia
    ISBN 978-85-260-1759-7

    1. Folclore – Brasil. I. Título.

12-6657.                                    CDD: 398
                                            CDU: 398

---

*Direitos Reservados*

**GLOBAL EDITORA E DISTRIBUIDORA LTDA.**
Rua Pirapitingui, 111 – Liberdade
CEP 01508-020 – São Paulo – SP
Tel.: (11) 3277-7999 – Fax: (11) 3277-8141
e-mail: global@globaleditora.com.br
www.globaleditora.com.br

Obra atualizada conforme o **Novo Acordo Ortográfico da Língua Portuguesa**

Colabore com a produção científica e cultural.
Proibida a reprodução total ou parcial desta obra sem a autorização do editor.

Nº de Catálogo: **3435**

## Sobre a reedição de Folclore do Brasil

*A* reedição da obra de Câmara Cascudo tem sido um privilégio e um grande desafio para a equipe da Global Editora. A começar pelo nome do autor. Com a concordância da família, foram acrescidos os acentos em Luís e em Câmara, por razões de normatização bibliográfica, permanecendo sem acento no corpo do texto quando o autor cita publicações de sua obra.

O autor usava uma forma peculiar de registrar fontes. Como não seria adequado utilizar critérios mais recentes de referenciação, optamos por respeitar a forma da última edição em vida do autor. Nas notas corrigimos apenas erros de digitação, já que não existem originais da obra. Ainda nas notas, o leitor atento poderá encontrar referências cruzadas e siglas eventualmente utilizadas pelo autor, como Jafl para *Journal of American Folk-lore*.

No mais, é deliciar-se com a linguagem cheia de oralidade do mestre.

*Os editores*

# Sumário

Cultura popular e folclore ............................................................................. 9
Festas tradicionais, folguedos e bailes ........................................................ 19
Era uma vez... – O conto popular, lenda, anedota, adivinhação ................ 55
    *Contos de Encantamento* ......................................................................... 57
    *Contos de Exemplo* ................................................................................. 60
    *Contos de Animais* .................................................................................. 61
    *Facécias* ................................................................................................... 63
    *Conto Religioso* ....................................................................................... 66
    *Conto Etiológico* ..................................................................................... 67
    *Conto de Adivinhação* ............................................................................ 68
    *Conto Acumulativo* ................................................................................. 70
    *Conto Sem Fim* ....................................................................................... 72
    *Ciclo da Morte* ........................................................................................ 73
    *Natureza denunciante* ............................................................................ 76
    *Ciclo do Demônio Logrado* .................................................................... 78
    *A Lenda do "Carro Caído"* ..................................................................... 81
    *Anedota* ................................................................................................... 82
    *Uma Anedota Clássica* ........................................................................... 83
    *Adivinhação* ............................................................................................ 85
Bebidas e alimentos populares ...................................................................... 91
Visagens e assombrações ............................................................................. 109
    *"Os Dois Feiticeiros"* ............................................................................ 116
Dança, Brasil! ............................................................................................... 139
Capoeira ....................................................................................................... 157
No tempo de Murici... – Estudo de um provérbio brasileiro .................... 165
Banhos de cheiro. Defumações. Defesas mágicas .................................... 169
    *Banhos de cheiro, defumadores e pós de milonga* ............................... 190
    *Documentário* ....................................................................................... 193
    *No reino do "cheiro-cheiroso"* ............................................................. 220
Informação dispensável... ........................................................................... 225

# Cultura popular e folclore

*– Je n'enseigne point, je raconte.*
MONTAIGNE

Todos os países do Mundo, raças, grupos humanos, famílias, classes profissionais, possuem um patrimônio de tradições que se transmite oralmente e é defendido e conservado pelo costume. Esse patrimônio é milenar e contemporâneo. Cresce com os conhecimentos diários desde que se integrem nos hábitos grupais, domésticos ou nacionais.

Esse patrimônio é o FOLCLORE. *Folk*, povo, nação, família, parentalha. *Lore*, instrução, conhecimento, sabedoria, na acepção da consciência individual do saber. Saber que sabe. Contemporaneidade, atualização imediatista do conhecimento.

Esse nome – *Folk-Lore* – foi criado por um arqueólogo inglês, William John Thoms (1803-1885), propondo a denominação num artigo com esse título, publicado na revista *The Athenaeum*, de Londres, a 22 de agosto de 1846, com o pseudônimo de "Ambrose Merton". *Folk-Lore* seria *the lore of the people*, a sabedoria do povo. Tornou-se universal e comum.

Dispensável é qualquer discussão sobre a permanência do folclore no tempo e no espaço. Haverá um folclore dos astronautas como há um folclore dos *chauffeurs* de automóveis e pilotos de aviões. Inútil será pensar que um desenvolvimento industrial anulará o folclore. Fará nascer outro.

Guyau sentenciou que *la démocratie tue l'Art*. Tal não ocorreu. A dedução primária de que a máquina asfixiará o folclore, *ceci tuera cela*, vem dos mesmos enganos psicológicos de Guyau. Essencial é deduzir que o folclore é uma cultura mantida pela mentalidade do homem e não determinada pelo material manejado. O material é que será modelado, elevando-se a um motivo criador. Para que desapareça é preciso que sucumba a própria função. Sempre foi assim, na história do mundo.

Houve um folclore em Babilônia e Nínive. O homem de Nínive e de Babilônia diluiu-se noutras raças e com ele o seu *lore*. O padre Manuel da Nóbrega, em 1549, informava que o indígena na Bahia só saía de noite com um tição aceso na mão. Era uma defesa contra os fantasmas agressivos. No sertão do Rio Grande do Norte, em 1910, com 12 anos de idade, via meus primos obedecerem ao mesmo rito. Em 1963, viajando pela Zambézia, encontrava os negros agitando tições flamejantes. Os hindus contemporâneos empregam a mesma técnica. Os homens de Babilônia e de Nínive, há milênios, faziam exatamente a mesma coisa, afastando os entes maléficos que vivem nas trevas.

Nós somos, em alta percentagem, uma continuidade com raras mutações.

Viajando num avião de jato, para a Europa, ia notando que muitas das ilustres senhoras usavam, como joias caras, ornamentos em ouro que eram sobrevivências dos que foram deparados nos túmulos paleolíticos de Cro-Magnon. Os museus guardam os originais daquelas cópias artísticas que pendem dos bustos elegantes, numa continuidade inapelável de 250 séculos.

Há "novidades" que contam 23.000 anos. Ostras assadas, carne com couro, enfeites em forma de coração, meia-lua, cornos espiralados, olhos, conchas, são "permanentes" no Tempo sem História, Crono sem Clio. Cerimônias que julgamos dos nossos dias eram velhas no Egito das primeiras dinastias. Dar adeus e saudar com a mão agitada ou tocar levemente na fronte, não têm idade. Uma estória ouvida a um indígena do Amazonas está na Nova Guiné. O andar rebolado das nossas donas é um produto de importação. Trouxe-o o africano banto que o teria da Polinésia, onde o chamam *onioi*, e é técnica de sedução, ministrada regularmente. Estirar a língua é desaforo para os romanos três séculos antes de Cristo. Leite de coco veio da Índia. Cuscuz é árabe. A cuíca também. Sarapatel é hindu. A dança que denominamos "Moçambique", não existe em Moçambique. O gesto feio de "dar bananas" é europeu. França, Itália, Portugal, Espanha conhecem e usam. Figura num mosaico em

Pompeia. Brasileiro é o nome, aplicando a musácea, banana, que, por sinal, é vocábulo africano. O "cheiro", carícia olfativa que damos nas crianças (vá lá o eufemismo), é chinês, como é chinês o papagaio de papel e o foguete, indispensável em nossas festas. A mistura de camarões secos nas comidas baianas não é presença africana, mas transporte que o preto fez de um uso da China. O jogo da capoeira é do sul, e o samba do norte, de Angola. Essas pequeninas citações apenas positivam a convergência de elementos que ajudam a formar o nosso cotidiano.

A História, a Etnografia, a Arqueologia revelam a riqueza incalculável da nossa "universalidade" e da nossa "velhice" funcional e consuetudinária. Fustel de Coulanges dizia: *Le passé ne meurt jamais complétement pour l'homme. L'homme peut bien l'oublier, mais il le garde toujours en lui.* Naturalmente a navegação aérea e sideral não havia outrora. Centenas de conquistas químicas, mecânicas, cirúrgicas, biológicas, foram desconhecidas parcialmente pelo imperador Júlio César e pelo faraó Quéops. Mas eles sabiam coisas que nós também já não sabemos. Há muita sabedoria inca, asteca e maia muito além do que sonha a nossa vã filosofia. Nosso orgulho científico murcha um tanto quando examinamos os antecedentes dessas deslumbrantes descobertas.

Para mim que fui professor de Direito Internacional Público numa Faculdade de Direito, a ONU é uma legitimíssima glória da inteligência humana no plano do entendimento coletivo e da sistemática contra o primarismo belicoso. Como folclorista, rejubilo-me constatando que numa sessão plenária da ONU os aplausos que tanto agradam ao orador são os mesmos de muitos milênios passados. Batendo com a palma de uma mão contra a outra. Ainda não inventamos outra fórmula da concordância notória. Assim foram aclamados os construtores da Torre de Babel.

Na região brasileira onde nasci e vivo, o carro de bois, com rodas maciças e eixo inteiriço, e a jangada são permanências econômicas indiscutíveis. Durante a recente e desgraçada Guerra Universal, a falta de combustível imobilizou os caminhões. Os carros de bois alcançaram excelente cotação útil, aliviando a premência da fome. A roda inteira que Woolley descobriu em Ur, na Caldeia, a primeira roda que o homem imaginou cortando verticalmente um tronco de árvore e que todo o continente americano ignorou antes do séc. XVI, substituiu o pneumático na mesma função econômica. Jangada e carro de bois serão valores de 6.000 a 8.000 anos antes de Cristo. E nossos contemporâneos no nordeste do Brasil, com serviços relevantes à subsistência regional.

Esses elementos têm uma literatura oral, versos, cantigas, lendas, heróis, uma tradição viva do seu emprego na produção rural e litorânea. Há um folclore do carro de bois (Bernardino José de Sousa, *Ciclo do Carro de Bois no Brasil*, S. Paulo, 1958). Há um folclore da jangada (Luís da Câmara Cascudo, *Jangada*, Editora Letras e Artes, 2ª ed., Rio de Janeiro, 1964).* Tínhamos esta antes de 1500. Aquele, devemos ao português, na primeira metade do séc. XVI. A jangada indígena não tinha vela e nem bolina.

O folclore sendo uma cultura do povo é uma cultura viva, útil, diária, natural. As raízes imóveis no passado podem ser evocadas como indagações da antiguidade. O folclore é o uso, o emprego imediato, o comum, embora antiquíssimo. Como o povo tem o senso utilitário em nível muito alto, as coisas que vão sendo substituídas por outras mais eficientes e cômodas passam a circular mais lentamente sem que de todo morram. Ou vão morrendo devagar, como o rei D. Sebastião na batalha de Alcácer-Quibir. O isqueiro de chifre, a binga, a lanterna mágica, o mamulengo, fantoches e marionetes não desaparecerão. O navio de vela navega à vista do transatlântico e o automóvel não matou a excelência aristocrática do cavalo de sela. Meus amigos do Rio Grande do Sul, vivendo em ambiente moderno, preferem conversar sobre os velhos cavalos e não sobre os novos motores. Os almirantes atuais, do meu conhecimento, antigos aspirantes nos navios de carvão e óleo, são todos apaixonados "mar-a-vela", e para eles uma evocação da manobra do "velame no arvoredo" ainda é uma sedução irresistível. *Heureusement, le passé ne meurt jamais...*

Tudo isto pertence ao folclore, Horatio.

---

* Pela Global Editora, 2002. (N.E.)

A cultura popular compreende o artesanato, as indústrias caseiras, tudo quanto acompanhar a tradição manufatureira, mesmo com modificações que não mutilem *la santa continuidad*, como dizia Eugênio D'Ors. Pelo lado de dentro, *You and your Superstitions*, no título de Brewton Beery.

O folclore é o popular, mas nem todo o *popular* é folclore. A Sociedade Brasileira de *Folk-Lore* (1941) fixou as características do conto, a *estória,* como tive a inicial coragem de usar em 1942, e que coincidem com o fato, o motivo folclórico:

A) Antiguidade
B) Anonimato
C) Divulgação
D) Persistência.

É preciso que o motivo, fato, ato, ação seja antigo na memória do povo; anônimo em sua autoria; divulgado em seu conhecimento, e persistente nos repertórios orais ou no hábito normal. Que sejam omissos os nomes próprios, localizações geográficas e datas fixadoras do episódio no tempo.

Uma anedota é tipicamente documento folclórico mas, ao redor de nome contemporâneo, de acontecimento recente, participa da literatura popular, oral, ágrafa, mas somente o tempo, dando-lhe a pátina da autenticidade, a fará folclórica. A autenticidade é o resumo constante e sutil das colaborações anônimas e concorrentes para sua integração na psicologia coletiva nacional. Assim, é possível uma quadrinha de poeta conhecido tornar-se folclórica, através dos filtros populares na quarta dimensão.

Um exemplo. Domingos Caldas Barbosa (1738-1800) escreveu em Lisboa, à volta da campanha do Roussillon, 1793-1795, uns versos, "Soldado de Amor", naturalmente cantados, como era do seu abuso e uso. O primeiro versinho diz assim:

Sou soldado, sentei praça
Na gentil tropa de amor.
Jurei as suas bandeiras,
Nunca serei desertor.

Os versos vieram para o Brasil e caíram no gosto popular. As quatro variantes citadas foram colhidas por Koseritz e J. Simões Lopes Neto; as duas primeiras no Rio Grande do Sul, a terceira pelo embaixador J. M. Cardoso de Oliveira na Bahia, e a derradeira por mim, no Recife, 1925, cantada. Ninguém mais recordava o pai da criança.

> Sou soldado, sentei praça,
> Sentei-me numa guarita.
> Sou chefe, sou comandante
> De toda china bonita.

> Fui soldado, sentei praça
> no regimento do amor;
> Depois que jurei bandeira,
> Nunca serei desertor.

> Sou guerreiro, sentei praça
> No regimento do amor;
> Como sentei por meu gosto,
> Não quero ser desertor.

> Sou soldado, sentei praça,
> No regimento do amor;
> Como sentei por vontade,
> Não posso ser desertor.

Permito-me recordar outro exemplo expressivo. O poeta espanhol don Melchor de Palau escreveu:

> *Pajarillo, tú que vuelas*
> *Por esos mundos de Dios,*
> *Dime si has visto en tu vida*
> *Un ser más triste que yo.*

Mestre Rodríguez Marín (*Miscelánea de Andalucía*, Madri, 1927) ensina, comentando:

– *El pueblo prohijó este hermoso cantar, pero enmendándolo así:*
   Pajaritos que voláis
   Por esos mundos de Dios,
   Decidme dónde hay un hombre
   Más desgraciado que yo.

*Con lo cual ha ganado no poco la copla: primero, porque se pregunta en ella a todos los pájaros, y, aun siendo tantos, y no uno solo, se deja entender que no han visto hombre tan desdichado como él que los interroga; segundo, porque la vida de un pajarillo es corta para ver a muchos hombres infortunados, mientras que todos los pajarillos, repartidos "por esos mundos de Dios", pueden ver a muchos; tercero, porque lo de "desgraciado" es permanente y, lo de triste es pasajero y accidental; y cuarto, porque la gente popular no dice "un ser", y la palabra es impropia, por demasiado culta, de una copla en que se pretende imitar la llanísima habla del vulgo.*

Tal é, exatamente, o processo de reajustamento para o folclórico.

As marchas e cantos do Carnaval, os sambas-canções que as emissoras de rádio e *night clubs* divulgam, as pilhérias felizes dos *sketches* do teatro ligeiro, anedotas dos programas humorísticos das televisões, das revistas ilustradas, renovam constantemente o repertório popular para uso diário. Vão ao folclore pelo lento processo seletivo das decantações instintivas.

A música, dita "popular", executada nas cidades, alcança o interior brasileiro através dos discos, repetida, reeditada, adaptada para as charangas locais, democratizada nas sanfonas para os bailes matutos, já com outras soluções melódicas e "refinamentos" ajustados às predileções regionais, ampliando-se, dissolvendo-se no bojo de outras solfas, reaparecendo nas "improvisações" e "autorias", inconscientes plágios pela audição inidentificável. A letra e a música são diversas do autêntico original, mas o folclore se enriqueceu com mais uma "composição" coletiva.

Assim, trechos de óperas, operetas, de revistas aclamadas, acusam-se no vozerio polifônico dos pastoris, das modinhas, das quadrilhas "animadas", completando a quadratura rítmica de velhas valsas sentimentais e de *schottishes* sacudidos. Tantas espécies musicais julgadamente mortas, rondós, motetes, minuetos, solos ingleses, lundus do século XVIII, o ril, a prestigiosa "valsa viana" (varsoviana), rodada na festa imperial de Napoleão III, ainda resistem, deturpadas mas reconhecíveis em restos de cantigas humildes, boiando à tona das memórias anciãs.

Quem salvará o derrelito musical?...

No campo ergológico o povo conserva o *seu* patrimônio tradicional, móveis e utensílios nos formatos antiquados que muito lentamente vão sendo mudados. As redes de dormir que os aruaços transmitiram ao tupi e este ao português que as denominou; jiraus, aparelhagem da caça e pesca no domínio das armadilhas, as selas de outrora, gineta, estardiota, com estribos curtos ou alongados, os arreios e confortos do cavaleiro, as marchas da equitação, o uso das esporas, a cerâmica, notadamente em regiões desconhecedoras da roda do oleiro, a técnica da cestaria (emprego o vocábulo na mesma acepção do *basketwork*, dos etnógrafos ingleses e americanos), os trajes vaqueiros, a culinária do trivial e das festas, as bebidas seculares, fermentadas, feitas em casa, é todo um mundo ainda defendido, quanto possível, em quinhentos anos de fidelidade inabalável.

Quanto pode o folclore revelar ao sociólogo, ao pesquisador da Psicologia Coletiva, ao pré-historiador, as continuidades, variantes e constâncias de objetos e de hábitos, miraculosamente mantidos...

Prejudica o folclore a sua aparente facilidade, a humildade plebeia dos motivos pesquisados, sua ausência no currículo universitário. Quanto possa atrair o imortal Pólux, afastará o humano Castor. Em 1884, von Hahn, cônsul da Imperial Alemanha, era advertido na Turquia e Grécia pelo seu reprovável labor recolhendo contos gregos e albaneses, atividade *incompatible avec la dignité consulaire*. Quase todos nós teríamos um depoimento no gênero. A compreensão está limpando os horizontes desses nevoeiros da pseudoerudição. A justificação é o próprio elogio do folclore, a ciência direta, desinteressada, antidemagógica, da cultura popular.

Lembro ainda que nem os indígenas e nem os escravos sudaneses e bantos conheciam o abraço, o beijo, o aperto de mão. Na velha etiqueta as saudações constavam de gestos de mão solta, batidas no ombro, curvaturas, palavras. Ainda hoje os nossos amerabas e os negros do Atlântico e do Índico, instintivamente, usam desse cerimonial. Nós nos saudamos na rua como há quinze ou vinte séculos atrás. No ponto de vista da linguagem o povo *não fala errado*. Fala ao jeito dos séculos XV e XVI. Os nossos filólogos já têm salientado o sabor arcaico dessa linguagem, da sintaxe esquecida mas antigamente legítima, mantida pelo povo. Cláudio Basto (1886-1945), eminente etnógrafo de Portugal, convencera-se: – "O povo é um clássico que sobrevive", afirmara.

Nascemos e vivemos mergulhados na cultura da nossa família, dos amigos, das relações mais contínuas e íntimas, do nosso mundo afetuoso. O outro lado da cultura (cultura, fórmula aquisitiva de técnicas, e não sinônimo de civilização) é a escola, universidade, bibliotecas, especializações, o currículo profissional, contatos com os grupos e entidades eruditas e que determinam vocabulário e exercício mental diversos do vivido habitualmente. Vivem, numa coexistência harmônica e permanente, as duas forças originárias e propulsoras de nossa vida mental. *Non adversa, sed diversa*. Potências de incalculável projeção em nós mesmos, o folclore e a cultura letrada, oficial, indispensável, espécie de língua geral para o intercâmbio natural dos níveis da necessidade social.

*Mahezu,* como dizem em Luanda: acabei.

# Festas tradicionais, Folguedos e Bailes

Carnaval, São João e Natal centralizam no Brasil as maiores e mais numerosas convergências dos folguedos populares.

Os demais folguedos são complementares às festas locais dos oragos ou decorrem da Semana Santa, Aleluia, Espírito Santo, Corpo de Deus.

Festejar o São João e o Natal foram as duas iniciais do regozijo público, comunicação de solidarismo cristão, espontâneo, incontido, aliciante. Natal era realmente a *Festa*, dezembro, o *mês de Festa*, espécie de hégira, *antes* da Festa, *depois* da Festa, *pela* Festa.

Indígenas e africanos prenderam-se ao cerimonial litúrgico, cânticos, luzes, altares acesos, a imagem jovial e terna do Menino Deus, acariciado como uma verdadeira criança. Ano-Novo e Reis eram consequências do Natal, com os mesmos fiéis e o prolongamento musical do mesmo júbilo. Natal era uma consagração da família, coesão, estreitamento dos liames naturais; a ceia longa e farta, a fogueira crepitando ao ar livre, no pátio da aldeia, imensa e acolhedora, aquecendo os devotos no frio dezembro português. Festa da intimidade, no aconchego doméstico. *Natal em casa, Páscoa na praça, Espírito Santo no campo*. Como na Itália, *Natale con tuoi, capo d'anno chi vuoi*.

Para o Natal até Reis (6 de janeiro) convergem as tradições afetuosas da homenagem católica. Organiza-se o presépio, miniatura da Sagrada Família na manjedoura de Belém, com os animais assistentes, todos abençoados pelo divino contato. Esses costumes vieram cedo para o Brasil. Na Bahia, dezembro de 1583, o padre Fernão Cardim registrava: "Tivemos pelo Natal um devoto *presépio* na povoação, aonde algumas vezes nos ajuntávamos com boa e devota música, e o irmão Barnabé nos alegrava com o seu berimbau", que deveria ser uma provável marimba, marimbau, um xilofone. No outro dezembro, 1584, no Rio de Janeiro: "O irmão Barnabé fez a *lapa*, e às noites nos alegrava com seu berimbau". Havia uma tradição milenar de Jesus Cristo ter nascido numa gruta, caverna, lapa, e *lapinhas* denominavam-se os bailes pastoris votivos diante do altarzinho armado nas residências particulares. Depois ficaram sendo *pastoril,* das *pastoras,* cantando as *jornadas* diante dos sagrados vultos.

Para o Natal preparava-se a melhor e mais abundante das refeições, com prévias e pacientes aquisições saborosas. Era a noite dos presentes mútuos, as *festas*, na satisfação mais íntima e comunicante. Matava-se o porco e guardava-se um troço do madeiro que ardera na noite feliz. O porco morria pela manhã de São Tomé, 21 de dezembro. "No dia de São Tomé, quem não tem porco, mata a mulher!" Media-se a jubilosa proximidade: "Entre o Menino e Tomé, três dias é!" O verão do dezembro brasileiro dispersou um pouco a reunião familiar. O peru ameríndio substituiu o porco nas casas abastadas. Manteve-se a troca de acepipes, doces, "provas", como na Sexta-Feira da Paixão *pedia-se o jejum* aos amigos nas cartas em versos.

Festejava-se o *maior dia do ano* fazendo convergir todas as manifestações da alegria coletiva, canto, bailes, alimentos, reminiscências das primícias, os trajes vistosos, a roupa nova, *roupa de Festa*, danças de roda, de mãos dadas, volteando a fogueira comunal, o pinheiro florido, as bênçãos da divina esperança. Com o nascimento do Cristo nascia um novo ano luminoso. Para *esperar a Missa*, "Missa do Galo", à meia-noite, todos os folguedos de rua iam à porta da igreja, numa reverenciada exibição emocional. Primeiro a *vênia* ao Menino Deus. Depois aos amigos pecadores. Daí ser o Natal o maior documentário dos divertimentos e recreações populares.

O São João conquistou também africanos e amerabas. Fernão Cardim diz-nos da simpatia brasiliana *pelas fogueiras de São João, porque suas aldeias ardem em fogos, e para saltarem as fogueiras não os estorva a roupa, ainda que algumas vezes chamusquem o couro*. Frei Vicente do Salvador, nas primeiras décadas do século XVII, anotava: "Só acodem todos com muita vontade nas festas em que há alguma cerimônia, porque são mui amigos de novidades, como dia de São João Batista por causa das fogueiras e capelas". Quando o Natal obrigava a intervenção sacerdotal, hierárquica, disciplinadora, cerimoniosa, o São João festejava-se na improvisação movimentada e álacre da iniciativa popular. Ardiam as fogueiras, castanhas assadas, lombo de porco, vinho, bailaricos, cantatas, romarias, as "capelas", ramos de folhas e flores às janelas e portas das namoradas, os foguetões, rojões, estalando no ar. Creio que o São João motiva em Portugal bem maior número de cantigas que o próprio e portuguesíssimo Santo Antônio de Lisboa. Os rapazes e as raparigas têm maior intimidade carinhosa com o austero Precursor, fazendo-o enamorado e folião.

São João foi tomar banho
Com vinte e cinco donzelas.
As donzelas caem n'água,
São João caiu com elas!

– De onde vindes São João
   Que vindes tão *bromelhinho*?
– Venho do termo da Beira
   De provar o vosso vinho!

O São João do convento
Tem aos pés um carneirinho;
Vamos comê-lo, assado,
Que São João paga o vinho.

Cantam em seu louvor as vozes alvoroçadas e festeiras do povo em Portugal e Brasil. É o maior santo do céu e o seu dia é uma data de generosa alegria integral.

São João é festejado
Por todo o mundo em geral:
Entre todos os mais santos
Nenhum há que seja igual!

E no Brasil concorda-se, totalmente. Comidas de milho. Compadres e comadres. Um parentesco convencional, nascido em simpatia, madrinhas, noivas, avós, tios, levanta-se ao calor da fogueira solsticial do verão europeu e do inverno brasileiro.

– "São João disse, São Pedro confirmou, que você fosse meu compadre, que Jesus Cristo mandou!" Diz-se três vezes, rodeando a fogueira. Depois, o grito fraternal: – "Viva São João e viva nós, compadre!" Abraço firme.

Bebidas e acepipes do Natal voltam aos paladares, gengibirra, aluá, jeribita, licor de jenipapo, o *quentão* mineiro e paulista para estimular a fibra folgazã, o rol infinito da cachaça associada ao sumo de frutas, as cabidelas, mão de vaca, panelada, sarapatel suculento, o peixe frito no leite de coco, os cortejos matutos, os bailes *animados* nas violas e rabecas, hoje nas sanfonas incansáveis, glória de sanfoneiros de bronze.

O Carnaval foi o derradeiro centro de interesse popular no plano lúdico. O nome é mais ou menos recente, meados do século XIX. O título real com que o recebemos foi o Entrudo, anunciando a vinda ascética da Quaresma e a despedida sonora da carne, com a Quarta-Feira de Cinzas, de arrependimento expresso e passageiro. O Entrudo que o Brasil conheceu e furiosamente amou veio resistindo quatrocentos anos, Entrudo português, tumultuoso, glutão, insaciável, despejado de maneiras, violento, humaníssimo de alegria, confiança, intimidade, desejo de participação coletiva, fusão de todas as classes, níveis sociais, temperamentos, distâncias de cultura e poder. Todas as liberdades eram permitidas nos dias inconscientes da Saturnália entre católicos. Ensopar o grave transeunte, desmanchar-se a solene cabeleira, pôr-lhe um rabo de réstias de cebolas, encharcá-lo com água de todas as procedências, sujas, mescladas de imundícies, ou levemente perfumadas nas laranjas e limões de cheiro, nas seringas de folha de flandres, latas, farinha do reino, pó de arroz, poeira de carvão, goma de mandioca, graxa de sapatos, fuligem, sebo, tisna de fogão, o vermelho zarcão, anilinas azuis e amarelas. Banhos completos, inopinados, ruidosos, festiva ou indignamente recebidos. Num Entrudo em São José de Mipibu (RN), na penúltima década do século XIX, ao anoitecer todos os habitantes da cidade, incluindo o juiz de direito e o reverendo vigário, estavam molhados até os ossos. Em 1886, em Petrópolis, o imperador D. Pedro II foi atirado por uma dama, entusiasmada do Entrudo, dentro de um tanque raso, confidenciava aos jornais Ernesto Matoso.

Era o Entrudo uma livre atividade individual que se tornava coletiva pelo número de participantes. Máscaras, disfarces do momento, mascarados ao leve lembrando a Itália festiva, mas ausência de grupos com o mesmo traje, dança e canto. Essa organização jubilosa e processional apareceu muito depois, na grande década de 1860-1870, com as elegâncias irresistíveis da *festa imperial* de Napoleão III que, no Brasil, modificou o Entrudo. Meados do século XIX surgem os carros alegóricos, normalmente satíricos ao governo de Sua Majestade, o *bal masqué*, as "fantasias" originais, repetindo os modelos de Paris que Gavarni divulgava. Assim, as danças de Carnaval surgem mais estonteantes quando o século desce para o fim; o *Velho*, o *Siri Congado*, *Corta-Jaca*, a marcha apenas ritmada pelos zabumbas do *Zé-Pereira*, trovoada intencional dos bombos no norte de Portugal, e os primeiros clubes, as evoluções finais nas ruas, apresentando-se ou despedindo-se, boné, calça branca, camisa de cor vistosa, estandarte na frente, guião do desfile, orientado pela ginástica do "baliza".

> Já fui cravo, já fui rosa,
> Hoje sou manjericão,
> D'aquele mais miudinho
> Que as moças trazem na mão!

Depois dessas batalhas de amplas escaramuças, comia-se. Era o ponto alto, o regabofe, intérmino cardápio ingurgitador. Exilado na França, 1778-1819, Filinto Elísio, com a severidade glacial congênita, desabafava, saudoso do Entrudo português.

São recordações preciosas, fiéis evocações de costumes naturais e mesmo valorizados pela aceitação normal e comum:

> Que tristeza aqui lavra na Tebaida!
> Um dia de comadres, sem filhoses!
> Dias de entrudo, conchos, e Saturnos,
> Sem pós, e rabo-leva!

Viva o meu Portugal! Viva a laranja,
Que derriba o chapéu; viva a seringa
Que ensopa o passageiro, viva a bola
De barro, pespegada

Na saresma do jinja, ou carapuça
Da farfante saloia cavaleira;
Viva a folha rascando pela esquina
Que assusta a velha zorra!

Que, esplêndido, na mesa, não blasona
O encostelado lombo, e o arroz-doce,
E as murcelas monjais, acompanhadas
Co'as louras trouxas de ovos!

Cem anos antes, o poeta Antônio Serrão de Castro, da "Academia dos Singulares", descrevia o panorama sedutor do Entrudo:

Filhós, fatias, sonhos, mal-assadas,
Galinhas, porco, vaca e mais carneiro,
Os perus em poder do pasteleiro,
Esguichar, deitar pulhas, laranjadas.

Esfarinhar, pôr caudas, dar risadas,
Gastar, para comer, muito dinheiro,
Não ter mãos a medir o taverneiro,
Com réstias de cebolas dar pancadas.

Das janelas com tanhos dar na gente,
A buzina tanger, quebrar panelas,
Querer em um só dia comer tudo.

Não perdoar arroz, nem cuscuz quente;
Despejar pratos e alimpar tigelas:
Estas as festas são do gordo entrudo!

São depoimentos letrados, comedidos, filtrando o furor gastronômico e bulhento do *gordo Entrudo* em Portugal, fonte do nosso.

Era esse Entrudo apenas uma exploração da alegria popular em sua legitimidade sublimadora. Os estrangeiros que visitaram o Brasil, desde princípios do século XIX, registram a vitalidade agressiva do Entrudo urbano e rural, nas incomprimíveis expansões dionisíacas. O arquiteto Grandjean de Montigny resfriou-se e morreu em consequência do Entrudo carioca de 1850. Todas as classes mobilizavam-se para o banho recíproco. Quem o recusasse deveria abandonar a cidade durante os três dias turbulentos. Ângelo Agostini fixou em desenhos movimentados esse tríduo convulsivo. Eneida documentou-o excelentemente (*História do Carnaval Carioca*, Rio de Janeiro, 1958), com boa bibliografia. Com o tempo é que o Entrudo passa a Carnaval, carros alegóricos, batalhas de confete, bailes mascarados, crítica política, fantasias, canções e solfas especialmente compostas para a festança atroadora.

O Entrudo era festa coletiva e o Carnaval, lentamente, vai-se fixando em comemorações, criando um público assistente para os desfiles dos "ranchos, cordões, escolas de sambas" e a presença nos bailes, de entrada paga ou privativos dos associados. As batalhas de água e limão de cheiro, que Debret descreveu e desenhou e ainda participei em Natal, foram substituídas pelas bisnagas, lança-perfumes, estão murchando e diminuindo de intensidade. Brincam nos recintos limitados. Nas ruas há o passeio exibicionista das fantasias de luxo, de gosto ou de exotismo curioso. Prêmios. Propaganda. Esplendor. Lembrança dos velhos Carnavais de Veneza e de Nice, modelos da elegância romântica, flores, bombons com fitas policolores, papel de seda, permutados das gôndolas ou dos carros leves, com as rodas cobertas de rosas e lírios.

Com o Carnaval no Recife surgiu o Frevo, à volta de 1917, determinando a marcha-frevo, gênero inesperado e de contagiante excitação rítmica. O Frevo é a dança coletiva, espontânea, natural, em que cada bailarino improvisa a sua coreografia ao som da mesma melodia. Antes, bem antes, havia o Passo, a figuração coreográfica individual e jamais de grupo. A dança de grupo vinha com os clubes e era simples movimentação de pernas e leve sapateado primário.

Para o Carnaval estão convergindo, por todo o Brasil, figuras de autos antigos do ciclo do Natal. Têm tentado levar o *Bumba meu boi, Congadas, Pastorinhas, Moçambiques, Taieiras, Maculelês*, para as ruas carnavalescas, com bem reduzido e pobre rendimento no êxito. A tendência é o desfile, ordenado, pomposo, entre filas, com policiais, fotógrafos, palanque com juízes, ampla propaganda no estrangeiro. Quando se tenta constituir a Semana Santa em Sevilha, de motivo turístico, não é assombro a mesma técnica para o Carnaval brasileiro, notadamente o do Rio de Janeiro, com o povo cada vez mais contemplando e cada vez menos incluído.

Pelo meio dessa estrondante festividade havia o *Maracatu*, com todas as suas peças em 1867, mas vivo desde princípios da centúria. É cortejo faustoso com origem nos desfiles majestáticos da África Ocidental, preferencialmente entre bantos. Sob a umbela ritual, vinha a Rainha, com sua corte, guerreiros, indígenas, pajens, príncipes, damas, as bonecas (*calungas*) nas mãos da *Dama do Passo*, dançando e recebendo dinheiro, com séquito orgulhoso e recepção eufórica. Não há dança típica nem enredo. Cantam sucessivamente e em uníssono toadas alusivas ao Maracatu, louvores ao grupo e à Rainha. Participavam, outrora, animais empalhados ou feitos de madeira, circulantes, bailantes e cumprimentadores.

Em outubro de 1962 faleceu no Recife *Dona Santa* (Maria Júlia do Nascimento), *Rainha do Maracatu Elefante* desde 1897. Ainda a vi dançando nas ruas do Recife, aplaudida e lépida, nos seus 88 anos.

O Maracatu era a característica do Carnaval pernambucano como hoje é o Frevo. Ficam ainda, no plano carnavalesco, os *Caboclinhos*, sinônimo popular dos indígenas, vestidos de penas, cocares subindo assustadoramente, arco e flecha que, percutidos, marcam o compasso ao simples bailado.

O São João ocorre no solstício de inverno, verão europeu, exaustivamente estudado em sua projeção popular, no âmbito dos trabalhos rurais e decorrentes atos religiosos, por Mannhardt, Frazer e van Gennep; as fogueiras votivas, danças de roda, festas de comer e beber, demonstrações ginásticas, em oblação aos deuses da fertilidade, da propagação, da vitalidade vegetal. Transferiu-se para o plano das angústias, esperanças e desejos humanos, assim o precursor, severo, asceta, em jejum permanente, virgem de contato sexual, mereceu festa jubilosa, movimentada de canto, baile, adivinhações, fogos que centralizam as farândolas, de ânsia namorada, anúncios de casamento e confirmação amorosa, tudo quanto o verão possa ampliar e fortalecer, transformando a seiva em flor e fruto.

É festividade eminentemente popular na península ibérica, milenar, pagã e devota.

> Té os Mouros da Mourama
> Festejam o São João!

Em Portugal, "o entusiasmo pela festa noturna de São João é tal, que o povo chegou a acreditar que não se deve dormir nessa noite, porque ficará a dormir todo o ano quem o faça" (Luís Chaves, *Folclore Religioso*, Porto, 1945). Devem os fiéis vigiar porque o santo dorme sempre durante a sua noite devocional.

> Acorda, João!
> Acorda, João!
> · João está dormindo,
> Não acorda não!

São suficientes as *adivinhas*, todas na intenção da união conjugal, para denunciar o velho caráter orgiástico, telúrico, primário e perpétuo da festividade que contemporiza, resume e defende a permanência de centenas e centenas de ritos da vida agrícola, dos problemas da comunidade rural, esperando os prognósticos e decisões divinas para as suas soluções imediatas e naturais. O português não podia deixar de trazê-la para o Estado do Brasil, adaptando-a ao mundo espantoso que povoava. Indígenas e africanos aderiram imediatamente ao culto envolvente, acolhedor e fácil. As razões clássicas, religiosas, vestígios de crenças imemoriais, a impressão da idade espantosa naquela radiosa atualização, não estariam na lembrança dos devotos contemporâneos. *Quedan formas como reminiscencias del modo de celebrar la fiesta y supersciones rechazables para el católico, pero aceptadas sin pensar en ellas por el pueblo*, concluiu, referindo-se ao culto espanhol a São João, Luis de Hoyos Sáinz (*Manual de Folklore,* com Nieves de Hoyos Sancho, Madri, 1947). Os atos vivem mas não a substância inicial criadora. Trata-se, para todos, de São João, primo de Nosso Senhor, nascido a 24 de junho e degolado em Makeros a 29 de agosto do ano de 31. Invertendo-se o costume canônico festeja-se o nascimento e raros recordam a morte do precursor.

As raízes vegetais resistem ao tempo e assim as plantas aparecem como inseparáveis na festa de São João: Mastros de junho, revestidos de frutos, no Brasil sem o bailado circular, plantio de sementes de rápida germinação, colheita de essências miraculosas, remédios, amuletos, feitiços; pactos com Satanás à sombra de gameleiras, samambaiaçus, cajueiros de ramagem pendente; rondas à volta das fogueiras (mais de 12.000 em Natal), com a criação de vínculos sociais permanentes por convenção simpática; o salto sobre as chamas ou o passeio nas brasas vivas sem queimar-se, tudo ocorre na noite encantada de São João. E os banhos purificadores pela madrugada, a primeira água bebida depois da meia-noite, o prognóstico de mais um ano de vida quando a face se reflete na água parada. São João não era profeta mas o povo, de cem procedências, entregou-lhe o dom das pítias, revelador do futuro. Um amigo meu, poeta, em plena maturidade intelectual (D. F. S. S. L.), disse-me, melancólico, não haver de assistir o *outro* São João por não ter-se avistado na água imóvel de um vaso, naquela data. Faleceu em abril de 1944. Não vira o *outro* São João.

Os portugueses trouxeram da China, na segunda metade do século XVI, os foguetes, petardos, bombas, as "bichas de rabear" (busca-pés), que se divulgaram em Portugal pela centúria imediata, participando das festividades religiosas e populares como pregão e regozijo. No Brasil espalhou-se o costume em finais do século XVIII, apesar da desconfiada vigilância dos governadores, temendo as explosões nos depósitos de pólvora, as *santas bárbaras*, nos fortins e fortalezas e armazéns privilegiados. Em 1715, no Recife, véspera de Santa Catarina, os foguetes pegaram fogo a um barril de pólvora que, explodindo, matou quatorze pessoas. Nuno Marques Pereira, em 1733, na cidade do Salvador, citava "os excessos das festas de

São João Batista, tanto pelo grande gasto de pólvora, que se fazia nos tiros das espingardas, e foguetes, desde as vésperas até o dia do santo, que já não havia quem se atrevesse a andar pelas ruas, pelo risco do fogo, e mortes, que tinham acontecido". Os fogos de vista, foguinhos de salão e mesmo os balões vistosos foram posteriores, impondo-se ao correr do século XVIII.

Andei pesquisando as origens dalgumas dessas tradições: andar nas brasas, semeio para breve colheita, as adivinhações mais vulgares (*Anúbis e Outros Ensaios,* X, XVII, XXVI, Rio de Janeiro, 1951) e o verbete "São João", no *Dicionário do Folclore Brasileiro*.*

As danças não são privativas do ciclo e sim concorrentes, e as mais usuais realizam-se nas salas particulares, bailes, "assustados", "funções", "arrasta-pés", com os mesmos *figurados* citadinos, valsas, tangos, boleros, marchinhas. Nas praças improvisam ou preparam as atrações costumeiras, pau de sebo, gato-no-pote, corrida de angolinha, e as danças velhas com a fácil percussão, samba de roda ou batucada, jongo, bambelô, coco, etc.

Houve uma dança dedicada ao São João de que restam alguns versos e a solfa. Era a *capelinha*. Não a encontro nos documentários portugueses, notadamente do Minho e Beira, grandes festejadores do santo. A letra, motivos, música, parecem-me bem portugueses assim como a tradição. Frei Vicente do Salvador, antes de 1627, fala na assistência indígena ao dia de São João Batista *por causa das fogueiras e capelas*. Seria semelhante à festa de São Frei Pedro Gonçalves entre os pescadores de Alfama em Lisboa, "levando-o às hortas de Enxobregas com muitas folias, cargas de fogaça e outras mostras de alegria, e de lá o traziam enramado de coentros frescos, e eles todos *com capelas ao redor dele cantando e bailando*".

O refrão é bem expressivo, todo com elementos portugueses, melão, cravos, rosas, manjericão.

Informa Pereira da Costa (*Folk-Lore Pernambucano*, Rio de Janeiro, 1908): "Essas capelas têm ainda muita voga entre nós nos festejos do campo, principalmente, e constituem-nas ranchos de homens e mulheres, coroados de capelas de flores e folhas percor-

---
* Pela Global Editora, 12ª ed., 2012. (N.E.)

rendo alegres as estradas e ruas dos povoados, cantando uma toada que tem por estribilho os conhecidíssimos versos:

Capelinha de melão
É de São João;
É de cravo, é de rosa,
É de manjericão.

Outrora, quando esses bandos de capelistas percorriam alegres as ruas do Recife, encaminhavam-se, de preferência, para o banho na Cruz do Patrão, no istmo de Olinda, cujas águas gozavam na noite de São João da particular virtude de dar felicidades e venturas."
Os ranchos entoavam, na ida e na volta do banho:

Ó! meu São João,
Eu vou me lavar
E as minhas mazelas
No rio deixar!

Ó! meu São João,
Eu já me lavei
As minhas mazelas
No rio deixei!

Fiel à tradição do rio Jordão, o banho só deveria ser na água doce e não no mar. Em Natal o banho era no Baldo. Em todas as cidades apontavam o sítio dos banhos, algumas vezes acusados de brejeirice. Em qualquer cantiga a quadrinha-refrão era obrigatória: *Capelinha de melão!* Não creio que exista outra mais conhecida. E o estribilho:

Tin-tin-tin, senhor São João,
Nossas capelas na cabeça estão!

Há um baile pastoril, "Capelinha de Melão", encenado na noite de 23 para 24 de junho, ainda vivo no Nordeste mas certamente existente noutras paragens. Compõe-se de um grupo de moças, em número par, comumente 12, 14, 20, vestidas e calçadas de branco, com uma capelinha feita das flores de melão-de-são-caetano (*Momordica charantia*, Linneu), ao redor de um diadema ornado de papel crespo, coroando-as artisticamente. Ensaiam dois meses e na noite aprazada dirigem-se para um tablado ao ar livre dispostas em duas alas, cada figurante com uma larga tira de papel crepom encarnada ou azul (outrora de cetim), partindo do ombro esquerdo e findando por um laço vistoso na cintura direita. No meio das alas marcha a *Diana*, figura clássica dos pastoris, ostentando, cruzadas no busto, duas faixas, azul e encarnada. Levam na mão uma lanterninha com vela acesa e uma bandeirola com a efígie do santo.

Vão cantando, meneando o corpo:

Que bandeira é essa
Que vamos levando?
É a de São João
Que vamos festejando!

Festejamos todas
Com muita alegria,
Festejar São João,
Hoje no seu dia!

Subindo ao tablado, abandonam as lanternas, tendo unicamente a bandeirinha na mão. O baile consta de oito a dez partes, com dança e canto próprios.

Quem não venera a São João,
Não venera ninguém!
Ele é nosso pai,
Nosso amor, nosso bem!

A orquestra era de violão e rabeca, também aparecia a clarineta. Presentemente é a sanfona, acompanhada pelos violões e pandeiros.

Todas as "partes" terminam com o "Capelinha de Melão". No final da última "parte", duas pastorinhas tiravam as capelas, amarrando à cabeça panos orlados de moedinhas de papelão dourado ou canutilho, fingindo *ciganas*, e vinham, com a bandeja na mão, pedir "esmolas" na assistência ao som de canto especial, respondido pelo coro das que ficavam no tablado. Presentemente as *ciganas* foram substituídas pelas *baianas*.

Ainda em junho de 1956 o "Capelinha de Melão" foi apresentado em Boqueirão, município de Touros, no Rio Grande do Norte.

Do ciclo do Natal, prolongando-se até Reis, são os mais antigos e populares *autos* defendidos pela predileção coletiva, modificando-se pelas várias regiões mas citados e conhecidos pela memória brasileira, como as mais legítimas expressões de sua lúdica.

*Bumba meu boi, Boi-calemba, Boi de Reis, Folguedo do boi, Boi-bumbá* no Maranhão, Pará, Amazonas, *Três Pedaços* em Alagoas (Porto da Rua, Porto de Pedras), *Boi de mamão* em Santa Catarina e Paraná, é um dos mais tradicionais autos, conservados pelo povo do norte e nordeste do Brasil. Está decadente mas continua ambientado pela assistência mais humilde, competente nos aplausos, seguindo o grupo para contemplar o espetáculo secular. Irradiou-se das zonas açucareiras e pastoris para o extremo norte, onde a pastorícia ausente pareceria incompreendê-lo na primária e sugestiva movimentação temática. Em 1859 Avé-Lallemant encontra-o em Manaus, "enorme e leve arcabouço de um boi, com chifres verdadeiros". Baila, seguido de fantasias indígenas, guiado por um pajé. Morre ao estrondar do batuque e vão enterrá-lo para que volte a viver e repetir a farsa noutra parte, "morrendo cinco ou seis vezes na mesma noite", anota o alemão.

Aparece num breve, leve, singelo e grotesco bailado, como começou o *boi guaque* ou *boi huaco*, em Nicarágua.

A mais antiga menção encontro num mal-humorado registro do padre Miguel do Sacramento Lopes Gama, no *Carapuceiro*, janeiro de 1840, no Recife: "De quantos recreios, folganças e desenfados populares há neste nosso Pernambuco, eu não conheço um tão tolo, tão estúpido e destituído de graça, como o aliás bem conhecido *bumba meu boi*. Em tal brinco não se encontra um enredo, nem verossimilhança, nem ligação: é um agregado de disparates. Um negro metido debaixo de uma baeta é o *Boi*; um capadócio, enfiado pelo fundo dum panacu velho, chama-se o *Cavalo-Marinho*; outro, alapardado, sob lençóis, denomina-se *Burrinha*: um menino com duas saias, uma da cintura para baixo, e outra da cintura para cima, terminando para a cabeça com uma urupema, é o que se chama a *Caipora*: há além disto outro capadócio que se chama o *Pai Mateus*. O sujeito do Cavalo-Marinho é o senhor do Boi, da Burrinha, da Caipora e do Mateus.

Todo o divertimento cifra-se em o dono de toda esta súcia fazer dançar, ao som das violas, pandeiros e de uma infernal berraria, o tal bêbado Mateus, a Burrinha, a Caipora e o Boi, que com efeito é animal muito ligeirinho, trêfego e bailarino. Além disso o Boi morre sempre, sem quê nem para quê, e ressuscita por virtude de um clister, que pespega o Mateus, coisa muito agradável e divertida para os *judiciosos* espectadores.

Até aqui não passa o tal divertimento de um brinco popular e grandemente desengraçado, mas de certos anos para cá não há *bumba meu boi*, que preste, se nele não aparece um sujeito vestido de clérigo, e algumas vezes de roquete e estola, para servir de bobo da função. Quem faz ordinariamente o papel de sacerdote bufo é um brejeirote despejado e escolhido para desempenhar a tarefa até o mais nojento ridículo; e para complemento do escárnio, esse padre ouve de confissão ao Mateus, o qual negro cativo faz cair de pernas ao ar o seu confessor, e acaba, como é natural, dando muita chicotada no sacerdote!"

Começaria nos engenhos, entre negros, mamelucos, mestiços, na forma inicial *boi canastra*, armação de vime, coberta de pano pintado, cabeçorra bovina, ampla cornadura, unicamente destinado a dispersar e afugentar os curiosos atrapalhantes de uma função representada ao ar livre. Era assim na Espanha e Portugal, o falso boi chifrando diante dos cortejos mascarados e mesmo fazendo rir ao monarca. Havia touradas cômicas com esses touros de junco, as *tourinhas*. É o que se observa nos velhos autos que Sílvio Romero coligiu, como o *Reisado da borboleta, do Maracujá e do Pica-Pau*. É o boi que Max Schmidt vê em Rosário, Mato Grosso, no derradeiro ano do século XVIII. Que Alceu Maynard Araújo encontra em 1951 afastando os foliões de S. Luís de Paraitinga, São Paulo, resguardando a gravidade hirta da gigantesca Miota. Foi a forma primária que tivemos da Península Ibérica, o boi amedrontador dos meninos inquietos. É uma tradição também sertaneja e viva no vocabulário dos cantadores de desafio:

> Esse véio Serradô,
> De apelido João Festino,
> Quando se vê agastado
> E fica no seu destino,
> *Faz mais medo a cantadô,*
> *Do que boi faz a menino.*

Mesmo na segunda metade do século XIX muitos outros autos concorriam na popularidade da assistência. O *cavalo-marinho*, que vemos na informação de Lopes Gama, sendo o *dono* do folguedo, denominava a função, e Sílvio Romero ainda o diz o *mais apreciado em Pernambuco*. Ora, o *bumba meu boi,* já em janeiro de 1840, *aliás bem conhecido*, na catilinária d'*O Carapuceiro* recifense, dominava o Maranhão, como registou Celso de Magalhães. Derrotara o Cavalo-Marinho. Fora aglutinando as personagens mais favoritas dos autos vulgares, criando assunto, determinando episódios. Como o "rancho" da burrinha era o predileto na Bahia. Em janeiro de 1840 estava autônomo e o Cavalo-Marinho, embora dono, não batizava o auto que era o *bumba meu boi*. Seguiu atraindo outros elementos, ampliando a área de função, seduzindo as atenções populares, alistando-se como uma homenagem à festa da Natividade, *habeas corpus* do pagode verbal.

No *Dicionário do Folclore Brasileiro*, verbete *bumba meu boi*, está uma exposição que julgo suficiente de como o auto se formou e veio vivendo, pela assimilação incessante de temas vitais de outros autos mais permeáveis, incorporando *damas* e *galantes* que bailavam nas procissões do Corpo de Deus em Portugal, fazendo surgir os vaqueiros negros, Birico ou Fidélis, e Mateus, centros de comicidade plebeia, ficando horas e horas em cena, improvisando diálogos calorosos, monologando, dizendo disparates, sacudindo o riso do auditório, inesgotáveis da verve que o povo ama e festeja. Depois, à volta de 1910, apareceu a negra Catirina, faladeira, destabocada, respondona.

As figuras do *bumba meu boi* variam de província para província e, nas próprias regiões da exibição, sofrem modificações, desaparecimentos, substituições, acréscimos, novidades, experiências que duram ou não resistem ao desgaste do contato popular, eliminando-se por insuficientes. *Damas* e *galantes* dizem *loas*, versos sérios, declamados monótona e dignamente, sempre na intenção religiosa, indo e vindo numa marcha mecânica e superior aos companheiros burlões. Mateus e Birico são sempre funcionalmente divertidos, arremedadores, caricaturando a solenidade das *damas* e *galantes*, espavorindo os monstros que aparecem, enfrentando a longa série humana e zoológica realizadora do programa do *bumba meu boi*. Nos velhos alagoanos havia Rei e Rainha.

Auto do Natal (exceto no Pará onde o *Boi-Bumbá* é pelo São João) preenche para o povo as horas longas de *espera* da Missa do Galo, à meia-noite. Dispunha do tempo, não apreciável para o povo. Os papéis eram estudados, ouvidos ou explicados, mas a dupla negra, ou pintada de negro, era surpreendente de vivacidade, prontidão nas respostas à participação anônima do auditório, na graça picante e clara da vulgaridade legítima. Todos ou quase todos os acontecimentos reapareciam nos diálogos dos dois vaqueiros, Pasquino e Marfório, nos limites da tolerância policial, fazendo rir sem rancor e mágoa.

Há bois dançantes por todas as regiões pastoris do mundo, África, Ásia, América Austral, Central e do Norte, pela Europa inteira. O *bumba meu boi*, na espécie, autoformação, intenção, força defensiva e valorizadora popular, antidemagógica pela ausência do plano político imediato e útil a uma facção, existe sozinho; lirismo, sinceridade, arrojo, no mais pobre, simples e natural dos autos brasileiros. No Maranhão o folguedo tem uma indumentária de alto gosto. É o único *made in Brasil* em quase todas as suas peças e no próprio dinamismo lúdico. Só a figura do boi é que viajou de Portugal, mas no Brasil pastoril desdobrou-se, infinitamente longe da limitada habilidade de espalhar os curiosos às cornadas, como começara sua existência no folclore nacional, meados do século XVIII, segundo deduzo. Inútil, para mim, expor o boi como expressão religiosa, mítica, cultos da força fecundadora, acordando os colegas egípcios, o *Boef Gras* francês, o boi processional dos va-nianecas do sul de Angola, o boi-bento de São Marcos, o boi estudado por Gubernatis.

Outros desígnios e destinos diversos na intenção popular, modeladora de suas preferências no plano da função divertida.

Quando reaparece o Cavalo-Marinho, espécie de centauro, cavalo da cintura para baixo, tratado por *Capitão!* e dando ordens, já se sabe que é o velho auto pernambucano ainda autônomo mas agregado ao *bumba meu boi.*

Ao lado das figuras permanentes passam as novas e morrem as velhas, Capitão de Campo, o Padre-Vigário, a Caipora, o Arlequim, o Bate-Queixo, o Corpo-Morto, Zé do Abismo, o Cobrador de Imposto, o Doutor-Médico, antigos ajustes de contas, anônimos e ferozes. Até certo ponto o *bumba meu boi, boi-calemba,* funciona como as antigas *revistas de costumes,* sacudindo o teatro nas gargalhadas comunicantes. Ninguém se revia na exposição maliciosa. Nenhum outro auto popular possui essa vocação satirizante, incontida, lógica, realizada no meio da mais pobre das assistências compreensivas. Até há poucos anos, Birico e Mateus eram profissionalmente analfabetos. Daí a originalidade das imagens, conclusões psicológicas, o inesperado depoimento coletivo nas vozes autênticas dos dois vaqueiros, engraçados e rústicos. Curioso é que o *boi-calemba* tratado, vestido e limpo, organizado, com conjunto musical audível, ensaiado, recomendado, é de uma banalidade automática e roncante. E quando arrastam o elenco aos microfones, todo o humor esfuziante daqueles atores que representam descalços e pisando areia, ao ar livre, pintados, rasgados e sujos, desaparece, e se tornam gagos e tristes, como malandros iniciantes depondo na polícia. De um desses *bumba meu boi,* maravilhoso e legítimo, fazendo as alegrias do auditório de todas as categorias, por mim levado a uma estação emissora, para programa anunciado com ampla "cobertura" entusiástica e ansiosa, assisti o mais completo desmoronamento das memórias, vivacidade e graça feiticeira nos remoques e perguntas. O estúdio retirou-lhes a faculdade de respirar normalmente. Prometi jamais reincidir.

O enredo desse legitimíssimo auto popular gira em torno de um boi, guardado pelos vaqueiros e por eles sacrificado, por variadas razões. Morto o animal, tendo antes dançado e *espalhado a gente,* aplicam remédios e fazem promessas e oferecimentos para restituir-

-lhe a vida. Algumas vezes ocorre esse episódio, voltando o boi a viver e bailar. Noutras regiões, fazem a partilha, original e cômica, das vísceras, peça por peça, em versos, destinando-as aos figurantes do auto ou pessoas estranhas mas conhecidas pelo auditório. Esse pormenor existe em autos e festas populares pela Europa e América Latina, sem nenhuma relação com o enredo do nosso folguedo. São, lá fora, cenas hilariantes, independentes de sequência temática, partilhas de asnos, galos, pássaros insignificantes, convergindo no Brasil para o *boi-calemba*, mas tendo vivido anteriormente em situação autônoma, como vemos no "Reisado de Antônio Geraldo", que Sílvio Romero registrou em Sergipe (*Cantos Populares do Brasil*, I, 347, Rio de Janeiro, 1954). Naturalmente articulam a *partilha* do *bumba meu boi* com um *repasto totêmico*, divagação erudita dispensável para quem recorda o tantas vezes milenar costume da divisão convencional da peça de caça aos caçadores, conforme a maior ou menor intervenção no êxito cinegético. Creio, anotando o citado "Reisado", ter exposto suficientemente o assunto. O mito etólio de Meleagro responde, numa antecipação milenar, a W. Robertson Smith.

Durante o decorrer do auto os *compères*, variando topograficamente, dialogam e recepcionam os incontáveis participantes que vão aparecendo, todos cantando e dançando. Vez por outra, comedidos e graves, vêm as *damas* e os *galantes*, entoando loas *a lo divino*, impertubáveis às facécias, vestidos de branco. Birico e Mateus são os "permanentes". Mateus é mais nacional; do Pará a Santa Catarina e pelo interior de Pernambuco e Alagoas ambos os vaqueiros são "Mateus". Catirina era velha figura na Bahia e recente no Nordeste. Em Alagoas denominava uma réstia de cebolas com que Mateus se armava.

O auto finda, como no século XVI, por uma dança geral, em que todos os personagens voltam ao público para a farândola terminal. Noutras paragens, acabam todos bailando em forma de carrossel, tear, moenda ou cantando desafios.

*Fandango* para o norte e nordeste do Brasil é um auto denominado *Marujada* pelo sul. *Barca* na Paraíba. Pelo Rio Grande do Sul, Santa Catarina, Paraná, S. Paulo, é baile, festa, função onde executam várias danças regionais. É a acepção dos países do Prata, *fiesta gauchesca con baile*, na definição de Eleutério F. Tiscornia (*Poetas

*Gauchescos*, Buenos Aires, 1940). É a voz espanhola: *Fandango, cierto baile muy antiguo y común en España*. Estendeu-se o fandango-baile pela América Espanhola, da Argentina ao México, conservando-se nas regiões dos Estados Unidos que outrora foram castelhanas, Califórnia, Texas, Novo México, onde fandango *is applied to a ball or dance of any sort*, regista o dicionário de americanismos de John Russel Bartlett; *amusement, frolie, merrymaking*, no *Novo Michaelis*. Na Espanha *baile* é a dança e *la reunión para bailar*, esta a versão comum no Brasil. Sílvio Romero regista o *Baile da Lavadeira* (Sergipe), que não é dança mas auto com danças.

O número das danças incluídas no fandango-baile é interminável. Cada uma delas possui coreografia, letra e solfa, originando-se em Portugal, vindas através do Açores, Cabo Verde ou diretamente; da Espanha, pelos países lindeiros, e de procedência nacional, adaptando fauna e flora, tatu, anu, balaio, cará... Fandango-dança, no ritmo ternário, com castanholas, lembrando os velhos "boleros", existe no norte de Portugal sem que houvesse sido transplantada para o Brasil. Manuel Ambrósio descreve um *fandango* em Januária, rio São Francisco, onde duas filas do oito homens sapateiam e dão voltas, cantando versos que o coro responde: – Fandangô!

O *fandango*, auto de marujos, tem maior área de função, e pertence ao ciclo do Natal. No Rio Grande do Norte, onde é representado desde 1812-1816, vindo de Pernambuco, e jamais interrompido, diz-se *fandango*, no singular. Personagens vestindo fardas da Marinha de Guerra, dançando e cantando ao som de instrumentos de corda, em vinte e quatro *jornadas*, como se usava no século XVI, ou *partes*. Em alguns fandangos (Ceará, Paraíba, Bahia) intervêm os mouros, vestidos de vermelho, assaltantes, vencidos e batizados. Noutras regiões esse episódio constitui um auto independente, a *chegança*, ou *chegança de mouros*, que apareceu em Natal em dezembro de 1926 mas ficou sendo anualmente levada ao público. No Rio Grande do Norte e Pernambuco não há mouros e nenhuma figura feminina aparece, como a *Saloia*, na *barca* na Paraíba. Figuram: Mar e Guerra, Imediato (não existia nos velhos fandangos), Médico (recente e dispensável), Capitão (comanda a nau), Piloto, Mestre, Contramestre, dirigindo estes as alas de marujos, Calafate e Gageiro, e os dois cômicos, Ração e Vassoura, declamando versos, distribuindo pilhérias, contando anedotas, animando a função. São os centros indispensáveis para manter a assistência durante horas e horas à espera da Missa do Galo. No *Literatura Oral* (Cap. X, Rio de Janeiro, 1952) transcrevi todo o auto, integralmente, com exaustiva informação no assunto dos principais autos, fandangos, cheganças, congos, bumba meu bois.

O *fandango-auto* é uma reunião de cantigas portuguesas e brasileiras, em vários gêneros poéticos, constituindo "jornadas". O auto é todo cantado, dançado, declamado. São portuguesas típicas as xácaras, a *Nau Catarineta* na 16ª jornada, e *Sua Alteza a quem Deus Guarde*, 21ª jornada, tradicionais e conhecidíssimas na terra de origem. Cantam muitas "chulas", *Adeus, ó bela menina, Passarinho preso canta, Adeus, meu lindo amor*, outrora divulgadíssimas e entoadas ao violão, distante do fandango-auto.

O fio dramático decorre da secular xácara da *Nau Catarineta*, que tantos estudos tem merecido (Bibliografia no *Cantos Populares do Brasil*, de Sílvio Romero, I, 104, Rio de Janeiro, 1954; Augusto Meyer, *Guia do Folclore Gaúcho*, Rio de Janeiro, 1951, e *A Nau Catarineta*, de Fernando de Castro Pires de Lima, Porto, 1954). O gageiro é o Diabo e tenta o Mar e Guerra que o repele, salvando-se todos da calmaria. Outrora o gageiro pulava no mar. Hoje reocupa, simplesmente, seu lugar na fila dos marinheiros. As demais partes referem-se às peripécias da vida maruja, e outras são canções líricas ou chistosas.

A orquestra é invariavelmente de pau-e-corda. Não há instrumentos de sopro. O fandango se inicia pela chegada da Barca, miniatura de navio a velas, puxado pela tripulação que vem cantando a primeira jornada, o *Tiruléu, léu, léu*, até a praça onde está armado o tablado. Encostam a Barca, entoando a segunda jornada: *Marinheiros somos! Marujos do Mar!* Galgam a escada, na terceira: *Saltemos todos em terra!* Seguem-se as restantes em três ou mais horas de representação, fora o intervalo para a refeição, constante do auto, intercortada pelas graças, com pimenta e sal, do Vassoura e do Ração. É um auto acentuadamente português, exaltação aos navegantes lusitanos, mas não existe em Portugal.

*Chegança*, como o fandango, denominava dança portuguesa, de par solto, saracoteada e lasciva, que D. João V proibiu em maio de

1745 por indecente. Nenhuma relação com o auto brasileiro do mesmo nome, tendo por motivo a luta de Cristãos e Mouros, no interior de uma nau de guerra, com intermináveis encontros a espada, arma única. É dividido em partes e não há acompanhamento musical ao canto que decorre ritmado pelos tambores, caixas de guerra em rufos incessantes. Surge como uma série de cenas marítimas, com a intercorrência guerreira do assalto dos Mouros, a cena essencial, longa batalha que finaliza pela rendição e batismo dos assaltantes pagãos. Inclusive a princesa moura. Outras cenas evocam o contrabando dos guardas-marinhas, presos, condenados e perdoados, as brigas entre oficiais, a tempestade, através de ampla concorrência de quadrilhas populares. O *Padre Capelão* faz as despesas do bom-humor, plebeu e contagiante. Alcança do Ceará a Minas Gerais, através da Bahia.

A luta entre *Cristãos e Mouros* sempre constituiu na Península Ibérica um vivo centro de interesse sentimental e mesmo patriótico. Vivem na Espanha e Portugal as batalhas entre infiéis e cristãos, desafiados ou assaltando castelos para livrar princesas prisioneiras, mouras ou cristãs, escaramuças e volteios com a inevitável derrota agarena. Alimento constante para a emulação prestava a *História de Carlos Magno e dos Doze Pares de França*, a contar do século XVIII e que, nas primeiras décadas do XIX, já se representava no Brasil Central como Pohl assistiu em 1819 em Goiás. Henry Koster aplaudiu a luta, janeiro de 1814, em Itamaracá, à beira-mar, entre castelos armados sobre tablados. Por todo o continente o motivo reapareceu nos dramas, como na instalação da Igreja de San Juan de los Caballeros, Novo México, já em 1598, encenava-se o drama "Moros y Cristianos", informa o Prof. John E. Englekirk. Nieves de Hoyos Sancho compendiou larga informação no seu ensaio "Las Luchas de Moros y Cristianos en el Brasil" (*Revista de Indias,* N$^{os}$ 57-58, Madri, 1954), com excelente bibliografia brasileira.

O aspecto mais popular do *Cristãos e Mouros* não será o auto mas a cavalgata, o desfile de cavaleiros, vestindo azul ou encarnado, empenhando-se em duelos singulares ou coletivos de espada, partindo de castelos ou fortalezas, com ou sem motivo sentimental de donzelas aprisionadas. Essas cavalgatas galopam por quase todo o Brasil, desde o Rio Grande do Sul, como von Martius presenciou no

Tijuco, na festa comemorativa da aclamação de João VI, 1818, e no janeiro do ano seguinte em Ilhéus. Identicamente Saint-Hilaire em S. Domingos, Minas Gerais. Alta escola de equitação, volteiros e entrechoque de espada, do alto de cavalos ricamente arreados e de cavaleiros vestidos espetacularmente. Essas "Cavalhadas", com o jogo da argolinha, já mencionado por Fernão Cardim em 1583, mesmo que não debatam entre si, conservam os trajes e cores clássicas do azul e do vermelho, como na do Bebedouro, arredores de Maceió, guiadas as alas por Roldão e Oliveros.

Possivelmente a *chegança* valeria a *chegada*, ação de chegar, dos elementos agentes no auto. Guilherme de Melo dividia-a a *chegança* em Chegança de Marujos, o fandango-auto, e chegança de mouros, a chegança propriamente dita. A música da *chegança* é a mais harmoniosa e bonita em seu conjunto. Segue-se a do *fandango--auto*. Salvam-se algumas do *bumba meu boi* e raras do *congos*. Da popularidade desses autos em que figuram capitães ousados e mouros atrevidos, lembro Quevedo informando que alguém *habia salido capitán en una comedia, y combatido com moros en una danza*.

Os combates continuam...

*Congos* ou *congadas* aparecem em quase todo o Brasil, no ciclo do Natal, Reis, nas comemorações do *Divino* (Espírito Santo) ou ainda decorrente dos festejos ao orago local, notadamente Nossa Senhora do Rosário, São Benedito, São Gonçalo, Santa Ifigênia, etc.

Os nossos *congos* decorrem de três elementos formadores, aglutinados e reunindo outros motivos através do tempo: a) coroação dos Reis de Congo; b) préstitos e embaixadas; c) reminiscências dos bailados guerreiros, figurações bélicas diante dos soberanos, como os embaixadores do Manicongo e do Conde do Sonho fizeram diante do conde do Nassau no Recife (Barléu), recordações das lutas da rainha Jinga, Ngola Jinga, de Ngola e Matamba (1581-1663), citada nominalmente em muitos *congos* nordestinos e presente na *congada* de Osório, no Rio Grande do Sul, onde a estudou Dante de Laytano em 1945, e no préstito que von Martius assistiu no Tijuco em 1818, a *rainha Xinga*. Dá sempre a impressão de força autoritária, irresistível, dominadora. Ainda encontrei essa projeção prestigiosa no espírito dos pretos em Angola de 1963. A rainha Jinga é uma entidade viva na tradição banto.

Para aquietação e disciplina da escravaria, prêmio ao comportamento e estímulo ao trabalho regular, as autoridades religiosas e civis prestigiavam a coroação dos Reis de Congo, já em 1674 realizada na igreja do Rosário dos Pretos, no Recife. Adoravam os negros essas horas de faustoso esquecimento aos meses do cativeiro doloroso. Elegiam Rei e Rainha. Compunham a Corte fidalgos, séquito de pajens, cortejo, escolta militar armada de espelhantes lâminas, fardas rutilantes, vestidos de cauda, recamados de ouro, diademas, joias nos dedos, empréstimo das sinhás brancas, orgulhosas da apresentação dos seus servos. Aparecia a indispensável umbela de seda, guarda-sol sempre aberto e girante, acompanhando a cabeça dos soberanos mesmo sob o telhado, símbolo visível da majestade indiscutível, figurando o Sol. Organizava-se o cortejo para conduzir o casal majestático da residência à igreja e do templo a um recinto onde haveria comida farta e bailado inacabável, troando os tambores, espadas erguidas, lutas simuladas, etiqueta, vênias submissas, os encantos do cerimonial africano. E cantos eufóricos dos guerreiros.

Dos préstitos, na forma independente quanto à função mas sempre a coroação aludida, resta o pomposo *maracatu* no carnaval do Recife. Préstito e embaixada sem coroamento, deram os *congos*. Embaixada da Rainha Jinga a Henrique Rei Cariongo, com as naturais modificações diversificadoras do enredo em sua execução por quase todo o Brasil. Em boa percentagem as *congadas* nasceram desses "movimentos" iniciais: coroação do Rei de Congos, ida, vinda, bailados no percurso e no paço real, ou toda a representação ocorre num pátio, sem haver coroação como no Rio Grande do Norte e Pernambuco. Até 1944 havia no Jardim do Seridó e Caicó, no Rio Grande do Norte, uma cerimônia alusiva, ou semelhante: coroação dos Reis (sem denominação do reino), missa em lugar privilegiado, e nas ruas um longo bailado guerreiro, acompanhado a tambor, a *dança do espontão*, pequena lança, sem versos e sem canto. Apenas o bailado ginástico, de ataque e defesa, com lanças e a pé. Esses Reis de Congo apareciam necessariamente na festa de N. Sra. do Rosário, no Porto, seguidos pela luzidia e pomposa Corte, evocou Teófilo Braga.

Esses mesmos elementos étnicos, criadores do *Congos*, determinaram os *Quilombos*, *Cucumbis*, *Ticumbis*, no Espírito Santo, estudados por Guilherme Santos Neves, *Maracatus, Lambe-sujo*, em Aracaju, sendo nesses últimos sensível o motivo de embate entre africanos e indígenas.

O enredo comum é o Rei Cariongo dançar no meio de sua Corte folgazã, com o Príncipe Sueno, seu filho, e o Secretário-Sala, factótum. Anuncia-se o Embaixador da Rainha Jinga com um bailado e é recebido com cerimonial quase acrobático. O Embaixador desempenha a missão e ao terminar há luta entre ele e os fidalgos do monarca deprecado. O Embaixador, que trouxe tropas, termina vencendo e leva o Príncipe Sueno prisioneiro. Ou o próprio Rei. Noutras *congadas* o Príncipe é assassinado mas ressuscita. Finda em bailarico e pazes. Num original paulista de Piracaia, intervêm os mouros e os pretos, que são cristãos, derrotam os intrusos. Numa *congada* de Alfenas, Minas Gerais, os Cristãos são comandados por Carlos Magno e os mouros por Abd-el-Rahman. Numa versão da Bahia, do Melo Morais Filho, um *caboclo* (indígena) é o matador do príncipe que recobra a vida. Na variante paulista, que devo ao Sr. João Batista Conti, há batalha entre o Rei e um General invasor, vencido e batizado. Em Goiás é uma embaixada, da Princesa Miguela ao Rei seu primo que recebe o emissário com alguma hostilidade mas depois o faz Duque e Mirante-Mor. A bibliografia é rica (*Dicionário do Folclore Brasileiro*, Congadas, Congados, Congos).

Dos festejos da Natividade dois outros centros de interesse popular, de indispensável presença até depois do Dia de Reis, eram o *Presépio* e o *Pastoril*, ou *Lapinha*, sinônimo de Presépio. "Dançar a lapinha" era o mesmo baile pastoril que, de simples bailado votivo ao Menino Deus, passou a constituir um auto, abrangendo várias jornadas, cada uma com o seu assunto independente.

Já havia Presépio em Lisboa de 1391, feito pelas freiras do Salvador. São Francisco de Assis tê-lo-ia criado em Grécio, 1223. A tradição dos Presépios nunca mais desapareceu no mundo católico. Fernão Cardim viu Presépio na Bahia em 1583 e no Rio de Janeiro no Natal imediato. O franciscano Gaspar de Santo Agostinho seria o divulgador em Olinda, onde faleceu, nonagenário, em 1635. Constituiu devoção popular, visão imediata e direta do Natal numa doce convivência familiar. Ainda presentemente é regular e normal a visita aos

Presépios, armados nas igrejas. Outrora os particulares dedicavam-se a construir Presépios artísticos, originais, atraindo muita gente à visita. No Rio de Janeiro deixou fama o Presépio do cônego Filipe Pinto da Cunha e Sousa, depois monsenhor, falecido em 1812, que o erguia na Madre de Deus e merecera a visita do Príncipe-Regente D. João, como o imperador D. Pedro II fora ver o Presépio do Barros, marceneiro, Francisco José de Barros, na Rua dos Ciganos. Incontável é o número das famílias fiéis ao Presépio em casa, custosa e complicadamente exposto. Por todo o Brasil alguns milhares de Presépios atestam a vitalidade devocional. Depois de Reis comparecem os Magos, séquitos, fidalgos, soldados, animália confusa, multiplicando os efeitos. Antes, além da Sagrada Família e dos animais testemunhas, havia apenas o grupo de Pastores, com ovelhas.

Para o norte é que a Lapinha provocou o baile das pastoras diante dos "vultos", cantando louvores e fazendo oferendas simbólicas, como ainda fazem em Portugal os pastores verdadeiros. Já em 1801 o bispo de Olinda, Azevedo Coutinho, protestava contra a irreligiosidade pastoril. Mesmo assim, em 1840, fundava-se uma sociedade unicamente para solenizar o Natal, notável pelos animados e tumultuosos Pastoris, contra os quais Lopes Gama se indignava, inutilmente. Os Pastoris espalharam-se por todo o Brasil, com maior ou menor intensidade, mas o Nordeste guardou a excelência no exercício requebrado de saudar a Deus. Depois, os Pastoris dispensaram os "vultos" da Lapinha e havia apenas uma espécie de altarzinho, enfeitado de palhas de coqueiro, palmas, crotãos, flores de papel, com uma efígie do Menino Deus, impotente contra o baile rebolado em sua honra. Era de preceito todos os grupos pastoris visitarem os Presépios nas igrejas, com as cantigas inevitáveis e os maneios da praxe, com os maracás ornados de fitas azuis ou encarnadas, dos respectivos "cordões", as duas alas em que se dividia o bando das "lindas pastorinhas".

Nos antigos enredos havia o Velho, o Saloio, o Vilão, a Cigana (substituída pela Baiana), o Soldado, o Marujo, o Caçador, o Pescador, com seus interesses, queixas, esperanças. As figuras permanentes, além do corpo dançante, eram: a Mestra e a Contramestra, de cada cordão, a Diana, ostentando as fitas das duas parcialidades, e o Zagal, pastor, mudado depois pelo Velho, grotesco ou sentencioso, chamado na Paraíba e no Recife Bedegueba. E outras de menor ação, Belo Anjo, Libertina, etc. Não se tratava, evidentemente, de simples cantos laudatórios do Natal, *Noel, Christmas Carol, Pastorella, Lied, Weinacht, Villancicos*, mas cantos intencionalmente ligados a um enredo, constituindo uma *jornada*, no ato de exibição oral e coreográfica. Havia *bailes*, como diziam, na acepção de assuntos dramáticos com canto e dança, famosos alguns, como *Baile da Tentação, Baile das Quatro Pastoras e um Velho, Baile das Quatro Partes do Mundo, Baile dos Mouros, das Ciganas, dos Marujos*, e alguns cômicos, *Baile da Patuscada, Baile da Aguardente*. Melo Morais Filho publicou todos (*Serenatas e Saraus*, I, Rio de Janeiro, 1901). Os versos antigos e simples, com unção natural, foram sendo mudados pelas produções especialmente destinadas aos Pastoris, sendo autores os poetas da terra, alguns de renome.

Eram acompanhados, a princípio, apenas por violões, violas, rabecas, mas depois os conjuntos instrumentais ampliaram-se e apareceram compositores que obtiveram a relativa celebridade regional. Cada cordão possuía seus admiradores fervorosos, intransigentes, abnegados, intolerantes até a violência. Um desses afirmava, convicto, ao Leonardo Mota: "Eu até hoje trabalhei pra sustentar pai e mãe, mas de hoje em diante só trabalho é pro Partido Azul!..." Nos derradeiros intervalos, entre uma e outra jornadas, a Mestra ou a Contramestra presenteava seus fanáticos com flores, recebendo dinheiro e aclamações:

Senhor Fulano,
Por sua bondade,
Aceite este cravo
De amorosidade!

O coro, depois da entrega, respondia:

Senhor Fulano,
Foi quem mereceu!
O cravo cheiroso
Que a Mestra lhe deu!

Delírio, ciúmes, palmas, protestos. A Mestra e a Contramestra da outra facção faziam o mesmo. Era a hora em que os poetas se erguiam para "brindar", nos improvisos arrebatados em prosa e verso, Cordões e Pastorinhas. Em Natal Velho, Ferreira Itajubá pelo Encarnado, e Gotardo Neto pelo Azul, sacudiam o auditório até a euforia. As Pastorinhas desciam do tablado amarrando fitinhas nos correligionários enebriados. Andavam, pleno dia, com uma florzinha azul ou vermelha no chapéu, orgulhosos como se exibissem condecorações. Vez por outra, briga, berreiro, pateada, murros e bofetões, bengaladas, punhal de fora, apelos, conciliação, abraços. *Mais ou sont les neiges d'antan?* Os Pastoris começavam em princípios de dezembro. Havia grande festa na véspera da *Festa*, esperando a Missa do Galo. No *Ano-Bom* havia mudança das "jornadas", algumas, aparecendo os presentes votivos ao Menino Deus; a vela para alumiar, a camisa para vestir, os paninhos, as brasas para aquecer, o incenso, o barrete *que livra do frio*, a atadura, o lençol, as fitas, água, flores, perfumes. No *Dia de Reis*, 6 de janeiro, novas jornadas, aludindo-se aos Três Reis Magos e novos louvores ao Menino Deus. Nesta noite procedia-se comumente à *queima da lapinha*. Vinham os cordões trazendo as palhas, flores secas, ramos, palmas, grinaldas murchas, os ornamentos do Presépio, acompanhados por um conjunto instrumental, tocando músicas alusivas, amontoavam tudo e queimavam, cantando em ronda, sentidamente. As Pastorinhas choravam. Certos assistentes choravam também.

> A nossa Lapinha
> Já se queimou...
> A nossa alegria
> Já se acabou!
>
> Adeus, Pastorinhas!
> Adeus, que eu me vou!
> Até para o ano
> *Se nós viva fô!*

Falando no *queima das lapinhas*, episódio sentimental que a todos comovia, lembro o *queima* do *bumba meu boi*, a que já assisti.

O arcabouço que figurava o *boi*, todo material dispensável e renovável, ardia numa fogueira entre cantos do pessoal do velho folguedo. O último objeto a ser atirado ao fogo era o chicote do Mateus que dele se despedia, como na *ária do capote*, da "Boêmia", de Puccini, cantando e declamando, num desespero cômico e lírico que contagiava a todos, de inesperada saudade. Tanto em Goianinha, como em Macau (RN) havia, ou ainda resiste, a mesma cerimônia, na noite de Reis. O Sr. Milton Siqueira de Brito Vieira informou-me de ritual idêntico na ilha de Marajó, presenciado em Soure. Fingem sangrar o *boi*, bebendo o sangue, e depois queimam as carapaças, *isto tudo harmoniosamente, com cantos que chegam a arrancar lágrimas aos olhos dos espectadores.*

Os *Pastoris* contemporâneos dançam nos tablados públicos, manejando os maracás e os quadris, e os versos ao Menino Deus não podem, necessariamente, ter a significação devocional de outrora. Os partidários, nas cidades maiores, desviaram as dedicações para outras preferências. Pelo interior ainda o Cordão Azul e o Cordão Encarnado fazem vibrar!

Mas, Presépios e Pastoris são elementos vitais, típicos, inarredáveis nas festas do Natal. Quem, aqui pelo Nordeste, admite um Natal sem Pastorinhas? É lógico que os Pastoris não têm as mesmas participantes, os mesmos enredos, a mesma música, as mesmas soluções dramáticas, nas diversas regiões onde estão sendo realizados. Outrora possuíam elementos básicos, idênticos, correlatos. Hoje modificam-se ao sabor das predileções locais e sucessivas, impulso de novidades, projeção de modelos longínquos, imposta pela voz das emissoras, televisão, revistas ilustradas, cinema, sugestão de "viajados", de reação estética, de ânsia remodeladora.

Os grupos cantando ao som de instrumentos de corda, de porta em porta, *pedindo os Reis*, são seculares no Brasil, recebidos de Portugal onde continuam tradicionais e vivos. Na Bahia de 1733, "uma noite dos Santos Reis, saíram estas (pessoas) com vários instrumentos pelas portas dos moradores de uma vila, *cantando para lhes darem os Reis*, em prêmio do que uns lhes davam dinheiro, e outros doces, e frutas, etc.", informa Nuno Marques Pereira no *Peregrino da América*. Era a *Folia de Reis*. Podia o auxílio obtido destinar-se a uma festa religiosa, como a *Folia do Divino*, esmola para a do *Espírito Santo*, ou o grupo recebe e utiliza o arrecadado, sem cerimônias, como em Portugal ou Espanha.

Daí nasceu o *Reisado*. Theo Brandão estudou-os em Alagoas e Florival Seraine no Ceará. Não é o simples peditório mas um rancho, grupo vistosamente trajado que executa bailados e desempenha curtos enredos dramáticos, para tornar mais expressiva a movimentação coreográfica. O *Reisado* que vi em Maceió, 1952, era de Viçosa, terra rica nesses tesouros folclóricos, onde pontifica o meu compadre José Aluísio Vilela, e constava de vários temas; o Rei lutando com os fidalgos, duelando a espada, cantando em solo e respondido, em uníssono, pelo grupo, espetacularmente trajado, coroas e chapéus deslumbrantes de espelhos, fitas incontáveis, festões, aljôfares, panos luzindo de areia brilhante.

Há também o *Guerreiros*, fruto alagoano, auto compendiador de velhos Reisados e findando pelo bailado do *boi*. Rei, Rainha dos guerreiros e Rainha da Nação, mestre e contramestre, primeiro e segundo Embaixadores, o Índio Peri, de véstia flamejante, airoso e lépido, a Lira, General, Sereia, dois palhaços, dois Mateus, 45 figuras de damas, guerreiros, indígenas, etc. Coreografia pobre. Sanfonas. Nenhuma articulação entre os motivos. Efeito pela indumentária e naturalidade da movimentação, segurança dos diálogos. Ao final, surge o *boi* em rápido bailado. O *Guerreiro* disseram-me datar de poucos anos. Depois do 1930, naquela época. A cena capital foi a luta de espada do Índio Peri com os guerreiros, empolgando a todos nós. Vencido, preso, libertado, dançou com a sua Rainha, debaixo de palmas... nossas. Theo Brandão tem estudado brilhantemente o inesgotável folclore de sua terra.

A festa do *Divino* (*Espírito Santo*) veio para o Brasil no século XVI como uma solenidade, religiosa e popular, privilegiada em Portugal, excluída das restrições proibitivas pelas próprias *Ordenações do Reino*, desde o Rei D. Manuel. Comemora-se no domingo de Pentecostes, dez dias depois da quinta-feira da Ascensão do Senhor, o *Dia da Hora*. O domingo imediato é da Santíssima Trindade. As *Folias do Divino* percorrem, a pé, a cavalo, em barcos, grandes distâncias angariando esmolas para a festividade, função precatória que não ocorre em Portugal. Levam a Bandeira do Divino, coroada pela Pomba simbólica, na mão do Alferes, e acompanham músicos e um tesoureiro recebedor. A tradição é o Império, tablado onde o festeiro fica, coroa na cabeça, cetro na mão, recebendo as homenagens, terminada a função na igreja. Seguem-se refeições copiosíssimas, apresentação de folguedos, cantos, bailados. Realizam-na no sul e centro do Brasil e para o norte no Maranhão (Domingos Vieira Filho) e Amazonas (Mário Ipiranga Monteiro). Grande registro nos naturalistas viajantes do século XIX, atravessando os sertões, deparando as *Folias* ou assistindo às festividades, e larga bibliografia brasileira, que registrei no *Dicionário do Folclore Brasileiro* (*Folia, Divino*). Da Bahia até o Piauí a Festa do Divino não é conhecida e comemorada como nas demais regiões. Mesmo não tenho informações positivas da Festa do Divino na Bahia. Melo Morais Filho, pesquisador emérito em sua terra, descreveu a do Rio de Janeiro e Manuel Querino, excepcionalmente, é confuso no registro. Havia, escreve, uma festa entre portugueses das ilhas, ilhéus, com bando precatório, conduzindo, em 1765, uma criança a quem denominavam Imperador. Eram recebidos solenemente à porta das igrejas pelos párocos, e o Imperador assistia à missa na capela-mor, em cadeira de espaldar. O Imperador do Divino soltava, sem processo, os presos por dívidas. Armavam palanques no Largo de Santo Antônio, além do Carmo, havendo jantares públicos, muitas diversões, rematando com desordens. O conde de Lavradio proibiu esses festejos. O conde de Lavradio, aliás primeiro marquês de Lavradio, 8º vice-rei do Brasil, governou de 8 de janeiro a 4 de julho de 1760, quando faleceu, cinco anos antes de proibir a festa. Mas a confusão é que, fosse qual fosse a autoridade de 1765, não podia proibir a festa do Espírito Santo, incluindo o bodo, autorizada pela *Ordenações do Reino* (Livro V, título 33, § 6) e sob a imediata proteção do Rei. Ponhamos, prudentemente, a festa do Divino, do Espírito Santo para baixo e da fronteira maranhense para cima, onde foi indubitavelmente estudada.

Da festa do *Divino* há uma dança popular em Goiás, Minas Gerais, São Paulo, Rio Grande do Sul, o *Moçambiques*, série de bailados movimentados, dançarinos em filas, com jarreteiras de guisos, túnicas azuis ou vermelhas, cintadas, capacete enfeitado de espelhos e fitas, desenvolvendo coreografia agitada e curiosa, manejando e entrechocando os bastões em lutas simuladas, ou agilmente saltando, ao compasso, entre os bastões dispostos no solo em figuras convencionais.

Dispensável acentuar a antiguidade dessas danças armadas, sacerdotes sálios em Roma, dedicados a Marte, dança dos coribantes, os *matassins*, *matachin*, populares no século XVI e que Fernão Cardim presenciou em São Paulo, 1584: – "Fomos em procissão até a igreja com uma dança de homens de espadas". No Brasil, os maculelês baianos, congos do Lagarto em Sergipe, na *chegança*, no Tum--dum-dum em Bragança, Pará, no Pica-pau ou Bate-pau no vale do rio das Garças, etc., bailam percutindo espadas, bastões, varas. Em Portugal, de onde as tivemos, figurava na procissão do Corpo de Deus, desde o século XV, onde a corporação dos oleiros oferecia dez homens amestrados nesse jogo; a dança dos Ferreiros em Penafiel, a dança dos Pauliteiros em Miranda do Douro. Ainda dançam na França, dia de São Roque, 16 de agosto, em Pont-de--Cervières, Briançon, o *bascubert, bal couvert*, que é uma dança de espada. Popular e contemporânea na Espanha.

Em Moçambique (África Oriental) não existe dança alguma semelhante à que lhe usa o nome no Brasil. Em Azurara, concelho da Vila do Conde, Douro Litoral, em Portugal, havia uma festa na Igreja-Matriz, em homenagem a N. Sra. do Rosário, onde uns pretos *faziam muitas danças e pantomimas no adro da Igreja e pelas ruas, vestidos de vermelho e com paus enfeitados nas mãos. Cantavam o seguinte:*

*Nós vimos de Moçambique,*
*Ai ri, ru,*
*Chegamos aqui agora,*
*Ai, ri, ró, ré,*
*Não podemos vir mais cedo,*
*Ai ri ru,*
*Hoje nós vamos embora,*
*Ai ri ró ré!*

(*Azurara. Subsídios para a sua monografia*. Bertino Daciano R. S. Guimarães, Eugênio de Andrea da Cunha e Freitas, Serafim Gonçalves das Neves, 115, Porto, 1948.) Parece evidente que os Moçambiques vieram do norte de Portugal, Douro Litoral, onde era folguedo negro, denominado *de Moçambique*, usando de bastões no bailado e pantomimas esquecidas.

Um folguedo do ciclo da pastorícia e que passou do plano utilitário para o recreativo é a *Vaquejada*, ou mais precisamente a derrubada do touro ou novilho pela tração da cauda. No Rio Grande do Sul esse processo não apareceu, embora tradicional e usado por toda América Espanhola, desde o México, sendo denominado *toro coleado*. Também existe pela orla do Pacífico o *colear*, empregado no Chile: *Se distinguió por su destreza en estas lidias Juan Olmos, que derribaba un toro sujeitandolo por la cola*, informa Antonio Pereira Salas. Bolívar, e muitos dos seus jovens generais, foram excelentes nessas proezas, pela força, perícia e precisão.

No nordeste do Brasil, justamente na região do gado, nenhum documento da primeira metade do século XIX denuncia a existência dessa forma de tourear. Domava-se pelo laço ou vara de ferrão e assim mencionam todos os viajantes, Wied-Neuwied, Koster, von Martius, Saint-Hilaire, etc. Nem há desenho alusivo. A mais antiga citação encontrei-a em José de Alencar, referindo-se ao vaqueiro nordestino (*Nosso Cancioneiro*, O Globo, Rio de Janeiro, 1874): "Espera-o, porém, de pé firme o vaqueiro, que tem por arma unicamente a sua vara de ferrão, delgada haste coroada de uma pua de ferro. Com esta simples defesa, topa ele o touro no meio da testa e esbarra-lhe a furiosa carreira... Segue-o o vaqueiro, sem toscanejar; e após ele rompe os mais densos bamburrais. Onde não parece que possa penetrar uma corça, passa com a rapidez do raio o sertanejo a cavalo; e não descansa, enquanto não derruba a rês pela cauda". Na Bahia, ainda em 1889, J. M. Cardoso de Oliveira descreve uma *pega* do touro pelo chifre. Euclides da Cunha, em 1897 (*Os Sertões*, 25ª ed., pág. 111, Rio de Janeiro, 1957), evoca a cena contemporânea: "O touro largado ou o garrote vadio em geral refoge à revista. Afunda na caatinga. Segue-o o vaqueiro. Cose-se-lhe no rastro. Vai com ele às últimas bibocas. Não o larga; até que surja o ensejo para um ato decisivo: alcançar repentinamente o fugitivo, de arranco; cair logo para o lado da sela, suspenso num estribo e uma das mãos presa às crinas do cavalo; agarrar com a outra a cauda do boi em disparada e com um repelão fortíssimo, de banda, derribá-lo pesadamente em terra... Põe-lhe depois a *peia* ou a máscara de couro, levando-o jugulado ou vendado para o rodeador".

Era a forma de "dar campo" aos bois e touros fugitivos. Presentemente a perícia está ao serviço das demonstrações esportivas, públicas, larga assistência, banda de música e prêmios, concorrendo vaqueiros profissionais e amadores da perigosa função. Já não mais pertence à labuta normal o derrubar pelo rabo, na exigência do serviço no campo. O gado não é tão bravio e as pastagens não são intérminas, desmareadas e amplas como antes do implemento do arame farpado, transformador de tantos aspectos antigos da vida pastoril pelo nordeste, centro e extremo sul do país.

As vaquejadas modernas estão constituindo centros de atração, movimentada e poderosa, em várias cidades sertanejas e do agreste de Pernambuco, Paraíba e Rio Grande do Norte, para as disputas que congregam milhares de pessoas e centenas de concorrentes. No município de Parnamirim, vizinho ao de Natal, as vaquejadas estão ficando famosas e a mais recente, 7 de setembro de 1964, mereceu comparecimento sensacional. Não apenas vaqueiros autênticos e fazendeiros destemidos afrontam as peripécias da corrida, mas entidades ilustres noutras atividades apaixonam-se pelo valoroso desporto. Elói de Sousa (1873-1959), grande jornalista, deputado federal de 1897 a 1930 e ainda Senador da República em 1937, foi um exemplo magistral. Sílvio Piza Pedrosa, Governador do Rio Grande do Norte, 1951-1956, é derrubador exímio. É crível que essa forma da derrubada pela cauda tenha sido comunicada durante a Guerra do Paraguai (1865-1870), porque antes não constava em parte nenhuma. Estranho que se haja propagado unicamente no Nordeste e dele se irradiado para outras regiões. Em Portugal nunca empregaram tal técnica. Na Espanha, onde teria nascido o *colear los toros*, desapareceu.

O touro, partindo furioso do curral, é mantido em possível reta por um cavaleiro, o *esteira*. O companheiro, correndo à direita, emparelhando-se com o animal em plena velocidade, colhe a cauda, enrola-a na mão, e dá um brusco safanão irresistível, a *mucica* ou *saiada*, vitoriosa, desequilibrando e atirando o touro ao solo.

Outra agilidade, de caráter recreativo, era *o boi de fita*, consistindo em arrancar, na carreira do cavalo, a fita que atravessava os chifres do touro, não alcançou popularidade maior entre os vaqueiros. Praticamente, desapareceu. A carreira de cavalos, Cavalhada, outrora apreciada e citada desde o século XVI, raramente comparece entre os folguedos do ciclo pastoril.

Para documentário musical, informação excelente, Renato Almeida, *História da Música Brasileira*, 2ª ed., Rio de Janeiro, 1942; Oneyda Alvarenga, *Música Popular Brasileira*, Porto Alegre, 1950.

# ERA UMA VEZ...

## O conto popular, lenda, anedota, adivinhação

As estórias que ouvimos quando crianças constituem a iniciação à cultura geral. Por elas, antes de qualquer outro texto, aprendemos as noções claras da Justiça, a soberania da Bondade, o inevitável castigo ao Mau. Os animais pequeninos e fracos vencem os possantes e violentos, atirados pela brutalidade contra a Inteligência dominadora. Maria Borralheira sempre encontra o seu príncipe. Os gigantes e dragões não impedem que as princesas se desencantem e casem, felizes. Lendas emocionais e adivinhações sugestivas, anedotas irresistíveis, tudo concorre para encontrarmos nessa sabedoria humilde as abundâncias suficientes à nossa curiosidade nascente. É um curso fácil, ameno, agradável, que valorizamos na maturidade. Nenhuma surpresa encontraremos no trajeto social porque já tínhamos um exemplo, burlesco ou trágico, numa estória entendida na infância. O caso animal antecedera o episódio humano.

Esses contos, tão variados e complexos, desde a inclusão do aspecto maravilhoso ao cômico, pertencem, de modo geral, ao patrimônio de todos os povos da terra e são formas convergentes de soluções encontradas nas culturas mais distantes. Os contos nativos, próprios, típicos, são raríssimos.

Existe um determinado número de motivos, centros temáticos, e as milhares e milhares de estórias são combinações desses elementos, formando uma nova solução, construída com o material de várias fontes longínquas. Cada conto é uma foz onde chegam as águas de rios incontáveis. Esse processo exigiu séculos e séculos e a sua transmissão, vez por outra, aparece como um problema.

Há uma biblioteca especializada na espécie. Já nos é, mais ou menos, possível acompanhar uma estória através dos continentes e do tempo, como um caçador segue a denúncia do animal perseguido pelos vestígios do rastro.

Quase todos os livros publicados no assunto registam as variantes da estória que são os rastros na quarta dimensão, no tempo. Impressionante é que uma velha humilde e analfabeta, vivendo e morrendo numa limitadíssima área geográfica, soubesse contar estórias que vieram da Índia, pela Pérsia, e divulgadas pelos árabes, pelas edições em latim, estórias quase íntegras, apenas com a deformação que o ambiente determina para sua adaptação compreensiva.

Luísa Freire, "a velha Bibi", ama em nossa casa, estava nesse nível. Publiquei um volume inteiro (*Trinta Estórias Brasileiras*, Porto, 1955) ouvindo-a narrar o que lera nos livros eruditos, de minha parte assombrado com os milagres daquela jornada pelos continentes e séculos.

Tenho, como toda a gente, uma divisão do conto popular no ângulo do assunto e não dos motivos formadores reunidos (Antti Aarne, Stith Thompson). Divido-os da seguinte maneira:

*Contos de Encantamento*, quando intervém o maravilhoso, sobrenatural, mágico.

*Contos de Exemplo*, com intenção moral.

*Contos de Animais*, fábulas ou simplesmente ações de astúcia, hilariantes.

*Facécias*, anedotas.

*Contos Religiosos*, com intervenção divina, Deus, Santos, Anjos, Nossa Senhora.

*Contos Etiológicos*, explicando a forma curiosa de um animal, vegetal, mineral.

*Contos de Adivinhação*, onde a vitória do herói depende de decifrar um enigma.

*Contos Acumulativos*, onde o assunto é uma série encadeada de motivos.

*Natureza Denunciante*, onde o crime oculto é tornado público e punido pela denúncia de animais, plantas, pedras, estrelas, etc.

*Demônio Logrado*, temas em que o Diabo é vencido pela astúcia do homem.

*Ciclo da Morte*, contos em que a Morte, personalizada, participa e sempre vence.

*Contos Sem Fim*, em que o herói deverá contar uma estória interminável.

No meu *Contos Tradicionais do Brasil (Confrontos e Notas*, Bahia, 2ª ed., 1955)* documentei suficientemente essa classificação, que tem o pecado de ser brasileira.

Vamos dar um tipo de cada seção. Todos foram lidos ou maiormente ouvidos e registrados no Brasil.

*Contos de Encantamento:* "Os compadres corcundas" – Disse que era uma vez dois corcundas, compadres, um rico e outro pobre. O povo do lugar vivia mangando do corcunda pobre, e não reparava no rico. O pobre andava triste e de mais a mais o tempo estava cruel para ele, pobre caçador.

Numa feita, esperando uns veados, já tardinha, adormeceu no jirau e acordou noite alta. Ficou sem querer voltar para casa. Ia-se acomodando para pegar no sono de novo quando ouviu uma cantiga ao longe, como se muita gente cantasse ao mesmo tempo. Pensou que era uma *desmancha* de farinha por perto e decidiu ir ajudar para ganhar alguns beijus.

Desceu da árvore e botou-se no caminho, andando, andando, no rumo da cantiga que não descontinuava. Andou, andou, até que chegando perto de um serrote, onde havia uma laje limpa, muito grande e branca, viu uma roda de gente esquisita, vestida de diamantes que espelhavam ao luar. Velhos, rapazes e meninos, todos cantavam e dançavam de mãos dadas o mesmo verso, sem mudar:

Segunda, terça-feira,
Vai, vem!
Segunda, terça-feira,
Vai, vem!

---
* Pela Global Editora, 13ª ed., 2004. (N.E.)

O caçador ficou tremendo de medo. As pernas nem deixavam ele andar. Escondeu-se numa moita de mofumbos e assistiu sem querer àquela cantoria que era sempre a mesma, horas e horas. Com o tempo foi-se animando, ficando mais calmo e, sendo metido a improvisador e batedor de viola, cantou, na toada que o povo esquisito estava rodando:

Segunda, terça-feira,
Vai, vem!
E quarta e quinta-feira,
Meu bem!

Boca para que disseste! Calou-se tudo imediatamente e aquele povo todo espalhou-se como formigas, procurando, procurando. Acharam o corcunda e o levaram para o meio da laje como formiga carrega barata morta. Largaram ele e um velhão, brilhando como um sacrário, perguntou, com uma voz delicada:
– Foi você quem cantou o verso novo da cantiga?
O caçador cobrou coragem e respondeu:
– Fui eu, sim senhor!
O velhão disse:
– Quer vender o verso?
– Quero, sim senhor. Não vendo, mas dou o verso de presente porque gostei do baile animado.
O velho achou graça e todo aquele povo esquisito riu também.
– Pois bem – disse o velhão – uma mão lava a outra. Em troca do verso, eu te tiro essa corcunda e esse povo te dá um bissaco novo!
Passou a mão nas costas do caçador e este tornou-se esbelto como um rapaz, sem corcunda nem nada. Trouxeram um bissaco novo e recomendaram que só abrisse quando o sol nascesse.
O caçador meteu-se na estrada, andando, andando e assim que o sol nasceu abriu o bissaco e o encontrou cheio de pedras preciosas e moedas de ouro. Só faltou morrer de contente.
No outro dia comprou uma casa, com todos os preparos, mobília, vestiu roupa bonita e foi para a missa, porque era domingo. Lá na igreja encontrou o compadre rico, também corcunda. Este quase cai de costas, assombrado com a mudança. Perguntou muito e mais

espantado ficou reparando no traje do compadre, e ao saber que ele tinha casa e cavalo gordo e se considerava rico. O pobre contou tudo; e, como a medida do ter nunca se enche, o rico resolveu arranjar ainda mais dinheiro e livrar-se da corcunda nas costas.

Esperou uns dias pensando no que ia fazer e largou-se para o mato no dia azado. Tanto fez que ouviu a cantiga e botou-se na direção da toada. Achou o povo esquisito dançando de roda e cantando:

Segunda, terça-feira,
Vai, vem!
Quarta e quinta-feira,
Meu bem!

O rico não se conteve. Abriu o par de queixos e foi logo berrando:

Sexta, sábado e domingo!
Também!

Calou-se tudo rapidamente. O povo esquisito voou para cima do atrevido e o levou para a laje onde estava o velhão. Este gritou, furioso:

– Quem lhe mandou meter-se onde não é chamado? Corcunda besta! Você não sabe que gente encantada não quer saber de sexta-feira, dia em que morreu o Filho do Alto; sábado, dia em que morreu o Filho do Pecado, e domingo, dia em que ressuscitou quem nunca morre? Não sabia? Pois fique sabendo! E para que não esqueça da lição, leve a corcunda que deixaram aqui e suma-se da minha vista, senão acabo com o seu couro!

E enquanto falava os outros iam dando empurrão, tapona e beliscão no rico. O velhão passou a mão no peito do corcunda e deixou ali a outra corcunda, aquela de que o compadre pobre se livrara. Depois deram uma carreira no homem, deixando-o longe, e todo arranhado, machucado, roxo de bofetadas e pontapés.

E assim viveu o resto de sua vida, rico, mas com duas corcundas, uma adiante e outra atrás, para não ser ambicioso.

Contada por João Monteiro, guarda municipal e vigia de um sítio de meu Pai em Natal.

Teófilo Braga traz "Os Corcundas" colhido no Porto (*Contos Tradicionais do Povo Português*, I, 177, 82, Porto, 1883). Carmen Lyra, versão de Costa Rica, "Salir con un domingo siete" (*Los Cuentos de Mi Tia Panchita,* 22, 1936). P. Sébillot, "Les deux bossus et les nains", conto da Baixa-Bretanha, registado por F. M. Luzel (*Contes des Provinces de France*, Paris, 1920). Corrente na Europa entre os anões Kurilos, Gnomos, Pulpicans. George Laport na Bélgica. Emanuel Cosquin encontrou-o na Lorena. Stanislau Prato estudou-o, com comentários e bibliografia, "Bibliographie des Variantes de Trois Contes. Les Deux Bossus et les Nains" (sep. *Bulletin de Folklore*, tomo 1-2, 1893). Emile Souvestre, "Deus Korils, de Plaudren" (*De Foyer Breton*, 235, ed. Nelson, Paris). É o conto nº 182 dos Irmãos Grimm. Mt-503 de Aarne-Thompson, com bibliografia. Variante do *Pentamerone*, terceira distração do quarto dia, *The Three Animal Kings*, de Giambattista Basile (ed. inglesa de Benedetto Croce, anotada por N. M. Penzer, II, Londres, 1932); Yolando Pino Saavedra, *Cuentos Folkloricos de Chile*, III, Santiago de Chile, 1963, com bibliografia.

*Contos de Exemplo:* "O Bem se paga com o Bem" − A onça caiu numa armadilha e não conseguia sair por maiores esforços que fizesse. Suplica a um homem que passava auxílio na sua desgraça. Promete gratidão eterna. O homem levanta o tampão da armadilha e liberta a fera. Solta, a onça agarra o salvador, declarando que tem fome. Debalde são os lamentos. Propõe à sua vítima ouvir três animais sobre a gratidão humana. Consulta o cavalo que nega a existência da gratidão. O homem utilizou-o enquanto teve forças. Velho, fora abandonado. O boi concordou com o cavalo. O Bem se paga com o Mal. Assim fizeram com ele. Assim deve ser feito. Pediram o depoimento do macaco. Desatou a rir, dizendo não compreender como o homem, tão astuto, caíra na própria armadilha. A onça explica que fora ela. Novos gestos de incredulidade do macaco. Impossível que a onça ocupasse um lugar tão estreito e sendo pesada fosse retirada pelo homem. A onça, furiosa com as negativas do símio, volta ao local e salta dentro da armadilha. A um sinal do macaco o homem desce a tampa e deixa a ingrata prisioneira para sempre. O Bem se paga com o Bem.

Couto de Magalhães recolheu uma variante no idioma tupi, no Pará (*O Selvagem,* Rio de Janeiro, 1876). A origem é oriental e consta das *Fábulas de Pilpay* (Bidpai), com versões em malaio, mongol, afegane, e para o Ocidente através do latim. Flora Annie Steel, *Contos do Pundjab,* divulga uma outra. O Prof. Aurélio M. Espinosa, *Cuentos Populares Españoles* (III, Madri, 1947), reuniu 310 versões orientais, europeias e africanas, asiáticas e ameríndias. Mt. 155 de Aarne-Thompson, "The Ungrateful Serpent Returned to Captivity", com exemplos na Alemanha, Itália, Estônia, Finlândia, Lapônia, Dinamarca, Flandres, Sicília. Maria de Noguera, *Cuentos Viejos,* San José de Costa Rica, 1938; Rafael Cano, *Del Tiempo de Naupa,* Buenos Aires, 1930; Arnon de Melo, *África,* Rio de Janeiro, 1941, com um modelo de Moçambique; Heli Chatelain, *Folk-Tales of Angola,* Boston & Nova Iorque, 1894; Leo Frobenius, *Africa Genesis,* Nova Iorque, 1937, estória do Sudão; René Basset, *Mille et Un Contes, Recits & Legendes Arabes,* III, Paris, 1927, com a documentação no mundo muçulmano; Blaise Cendrars, *Anthologie Negre,* Paris, 1927, um conto dos haussás e nas fontes eruditas, *Gesta Romanorum,* 174, e no *Scala Celi,* 86 b, 502, no estudo de Minnie Luella Carter, *Studies in the Scala Celi of Johannes Gobii Junior,* manuscrito em meu poder.

*Contos de Animais:* com ou sem intenção moral, como neste "O veado e a onça" – O veado disse: – Eu estou passando muito trabalho, e por isso vou ver um lugar para fazer minha casa. – Foi pela beira do rio, achou um lugar bom e disse: – É aqui mesmo!

A onça também disse: – Eu estou passando muito trabalho, e por isso vou procurar lugar para fazer minha casa. – Saiu e, chegando ao mesmo lugar que o veado havia escolhido, disse: – Que bom lugar! Aqui vou fazer minha casa!

No dia seguinte veio o veado, capinou e roçou o lugar. No outro dia veio a onça e disse: – Tupã está-me ajudando!

Afincou as forquilhas, armou a casa. No outro dia veio o veado e disse: – Tupã está-me ajudando! Cobriu a casa e fez dois cômodos; um para si, outro para Tupã.

No outro dia a onça, achando a casa pronta, mudou-se para aí, ocupou um dos cômodos, e pôs-se a dormir. No outro dia veio o veado; ocupou o outro cômodo.

No outro dia acordaram, e quando se avistaram, a onça disse ao veado: – Era você que me estava ajudando? – O veado respondeu: – Era eu mesmo! A onça disse: – Pois bem, agora vamos morar juntos. O veado disse: – Vamos!

No outro dia a onça disse: – Eu vou caçar. Você limpe os potes, veja a água, a lenha, que eu hei de chegar com fome.

Foi caçar, matou um veado muito grande, trouxe para casa e disse ao seu companheiro: – Apronte para nós jantarmos!

O veado aprontou, mas estava triste, não quis comer, e de noite não dormiu com medo que a onça o pegasse.

No outro dia o veado foi caçar, encontrou-se com outra onça grande e depois com um tamanduá. Disse ao tamanduá: – Onça está ali falando mal de você!

O tamanduá veio, achou a onça arranhando um pau, chegou por detrás devagar, deu-lhe um abraço, meteu-lhe a unha, a onça morreu.

O veado a levou para casa, e disse à sua companheira: – Aqui está! Apronte para nós jantarmos! – A onça aprontou, mas não jantou e estava triste.

Quando chegou a noite os dois não dormiram; a onça espiando o veado, o veado espiando a onça.

À meia-noite eles estavam com muito sono; a cabeça do veado esbarrou no jirau, fez: tá! A onça, pensando que era o veado que já a ia matar, deu um pulo.

O veado assustou-se também e ambos fugiram, um correndo para um lado, outro correndo para o outro.

É uma estória africana inteiramente adaptada aos contos brasileiros, ambiente, fauna, flora, costumes. Registrada em René Basset, *Contes populaires d'Afrique* (nº 87, 210, ed. Guilmoto, Paris), dos negros de Togo, na Guiné; Coronel Ellis, *The Ewhe Speaking People*, 269, Londres, 1890, idêntico; William R. Bascom, *The Relationship of Yoruba Folklore to Divining*, Jafl, vol 59, nº 220, de Ifa, Nigéria; Couto de Magalhães, *O Selvagem*, XII, 220, Rio de Janeiro, 1876; Viriato Correia e João do Rio, *Era Uma Vez*, 75, Rio de Janeiro, 1936; Orestes di Lullo, *El Folklore dei*

*Santiago del Estero*, 257, Tucumán, Argentina, 1943; Maria de Noguera, *Cuentos Viejos*, 56, San José de Costa Rica, 1938; Carmen Lyra, *Los Cuentos de mi Tia Panchita*, 91, San José de Costa Rica, 1936; F. J. Santana Nery, *Folk-Lore Brèsilien*, 214, Paris, 1889; João da Silva Campos, *Contos e Fábulas Populares da Bahia*, 166 (in *O Folclore no Brasil*, de Basílio de Magalhães, Rio de Janeiro, 1928); Aluísio de Almeida, *50 Contos Populares de São Paulo*, 99, S. Paulo, 1947; Frank Henius, *Contos Populares das Américas* (S. Paulo, sem data), um conto do Paraguai; Remy Bastien, *Anthologie du folklore haitien*, México, 1946; Gustavo Barroso, *Ao Som da Viola*, Rio de Janeiro, 1921.

*Facécias:* "Persuasão", narrada por Luísa Freire, Natal:

— Era um homem chamado Pedro, muito astucioso e amigo de enganar os outros. Duma feita ia ele por um caminho e encontrou um velho que trazia uma marrã de ovelha. Pedro maginou logo um plano e foi dizendo ao velho:

— Bom dia, amigo! — Bom dia! — Para onde leva este cachorrinho novo? Tem a pinta de bom de caça. — Que cachorrinho? — Este aí! — Isto não é um cachorro; é uma marrã de ovelha que levo para comer... — Ora, marrã de ovelha!... Se isto é marrã de ovelha eu sou o vigário da freguesia...

E, depois de conversar, meteu-se no mato e deixou o velho desconfiado, olhando para a ovelha. Lá adiante disfarçou-se e voltou às falas:

— Bom dia, amigo! Esse cachorrinho é para venda? Vamos chegar a preço... — Não tenho cachorro para vender. Isto é uma marrã de ovelha! — Deixe de brincadeira, amigo. Marrã de ovelha é um bicho muito conhecido e cachorro também. Não se mistura...

Tornou a seguir seu caminho e o velho ficou assombrado, reparando se a ovelha era mesmo ovelha ou cachorro.

Um tempinho depois Pedro voltou, com outra cara e outra roupa, a encontrar o velho e perguntar se queria vender o cachorrinho.

O velho disse que não, muito triste, e Pedro meteu-se pelo mato, escondendo-se. O velho olhou a marrã de ovelha, olhou, olhou, e pensou: — Não vê que esse diabo virou mesmo cachorro novo?

Sacudiu a ovelha fora e continuou sua viagem. Pedro veio, agarrou a marrã de ovelha e com ela fez um muito bom jantar.

Tenho várias versões dessa estória, colhidas em muitas regiões. Nalgumas aparece o nome de Pedro, sinônimo de homem astucioso, encarnado não apenas no apóstolo Pedro como no tradicional Pedro Malasartes. Dizemos no Nordeste *marrã de ovelha* com referência a ovelha nova. A estória tem setecentos anos de registro e há uma bibliografia a seu respeito. Indiscutivelmente a transmissão do episódio para o Brasil foi oral, e as fontes impressas dirão apenas uma presença paralela. Nas versões que colhi e nas que tenho lido, o dono da ovelha ou do bode é ludibriado por três ou quatro ladrões. O conto com dois personagens só conheço no Brasil. Sugeriu-me a ideia de a estória ser antiquíssima o fato de o velho abandonar a ovelha logo que se convencera tratar-se de cão. Se fosse originária da Europa, o homem não deixaria o cão e mesmo sem a ovelha levá-lo--ia para a casa. A estória teria vindo da região onde o cão fosse o animal impuro e repugnante ao contato. A indicação da Índia impunha--se. A origem é realmente indiana e o conto figura pelo menos em quatro fontes mais antigas e prestigiosas: *Katha Sarit Sagara* (*The Ocean of Story*, V, 104, Tradução de C. H. Tawney, notas de N. M. Penzor, Londres, 1926); *Dalila y Dimna* (Ed. Bolufer, cap. V, Madri, 1915); *Panchatantra* (Ed. José Alemany Bolufer, liv. III, conto – III, Madri, 1922); *Hitopadexa* (versão de Mons. Sebastião Rodolfo Dalgado, Lisboa, 1897; *Hitopadesa*, tradução francesa de M. Edouard Lancereau, 193 e 195, Paris, 1855). Em todas o devoto brâmane depara sucessivamente três larápios que o convencem de o cabrito que ia ser sacrificado ser um cão, poluidor dos puros.

O mais antigo registro em português creio encontrar-se no *Orto do Espôso*, original dos finais do século XIV ou inícios do XV. Presentemente há uma edição crítica de Bertil Maler, em dois tomos, Instituto Nacional do Livro, Rio de Janeiro, 1956. O trecho está no I, 138. As eruditas notas não aludem à literatura oral, forma única onde ainda vive na alma do povo o *Orto do Espôso*, condenado à solidão clássica.

Comparem os dois textos; o ditado pela velha Bibi, analfabeta (1874-1953), e a linguagem do venerando manuscrito: – "Hũũ rustico aldeano matou hũũ carneyro e esfolou-o e leuou-o aas costas pera o uênder ēno mercado. E falarõ-sse quatro ribaldos que esteuessē ē quatro luguares ēna carreyra per hu auia de hir aquelle aldeãao, e que cada hũũ lhe dissesse que aquel carneyro era cam, por tal que o deitasse de ssy e que o ouuessem elles. E, quando o aldeão passou per hu estaua o primeiro ribaldo, dise-lhe: – Pera que leuas assy esse cã? – Respondeo o aldeão: – Jrmããò, nõ sabes o que dizes, ca certamẽte carneyro he e nõ cam.

E o ribaldo aperfiou cõ elle que era cam, e asy o ffezerõ os outros tres ribaldos. E o aldeão, vẽẽdo esto, disse antre ssy: – Eu cuidaua que era carneyro, mas, pois todos dizẽ que he cam, nõ hei que faça dele.

E lançou o carneyro ẽ terra e foy-se. E os ribaldos tomarõ-no. E bem asy comunalmẽte todo o mũdo fala mẽtirosamente."

Ao contrário do que pensava Teófilo Braga (onde primeiro li a estória), esse conto não entrou em Portugal pelo *Directorium Eumanae Vitae*, de João de Cápua. *O Directorium* é uma tradução latina, feita entre 1262 e 1278, mas impressa apenas em 1480, do *Calila y Dimna* no texto hebraico do rabi Jael. O veículo mais lógico é a tradição oral. De sua expansão pela Europa bastará a inclusão no *Gesta Romanorum*, na versão inglesa, conto XX, mas apenas o processo persuasivo – três *lechis* convencem a Averoys que ele sofre de lepra, curável com banho de sangue do bode que levava. Identicamente Boccaccio emprega no *Decamerone*, jornada III, Novela IX, a fórmula: Lebrun, Bulfamaco e Nelo convencem ao crédulo Calandrin de imaginária enfermidade. Teófilo Braga cita o *Cento Novelle Antiche* onde não encontrei tema que se parecesse, pelo menos na edição milanesa de Antônio Marenduzzo (Vallardi, 1924). O assunto, aproveitado na íntegra, está em Straparola, *Piacevoli Notti*, fábula II da primeira Noite, onde o padre Scarpacifico, tendo comprado um mulo, encontrou três ladrões que o disseram asno, e o reverendo abandonou o animal. Straparola faleceu em 1557. O livro é póstumo e a sugestão seria, entre outros, o *Decamerone* (1348-1353), anterior ao *Orto do Espôso* português, vindo da legitimidade oriental.

Dispenso-me, para não deformar a estória, de evocar as fontes divulgadoras do episódio pela Europa letrada, tratado o assunto nas notas às *Trinta Estórias Brasileiras*. Será suficiente lembrar que Joseph Bedier insurgiu-se contra a monomania que, nos meados do século XIX, atacara os estudiosos da novelística e da literatura popular na Europa, dando quase todos os contos como de origem indiana. Bedier apontava unicamente treze estórias como de autêntica fonte na Índia. Nosso episódio, que ele lera em Etienne de Bourbon e em Jacques de Vitry, ambos do século XIII, pertencia a esse reduzidíssimo número de originais (*Les Fabliaux*, 138, Paris, 1895).

Ainda em março de 1953, em Natal, um industrial, Sr. João Massena, contava-me uma variante. Os estudantes convencem a um vendedor de perus que ele conduzia patos. O homem acabou vendo nos perus os pés dos palmípedes. E seguiu, apregoando patos, embora realmente levasse perus. Não é possível maior persistência num conto popular, provavelmente da Índia, corrente e popular no tempo e no espaço, circulando unicamente de memória em memória e não de livro em livro.

*Conto Religioso:* "Santo Antônio e seu devoto" – Diz que era uma vez um homem muito devoto de Sant'Antônio. Rezava todos os dias treze uma oração e festejava o dia de Sant'Antônio com todo o gosto. Não falhava.

Uma vez esse homem estava num pagode em casa dos amigos, sentado à mesa e comendo muito satisfeito quando um criado veio dizer-lhe que um frade estava lá fora chamando. – Diga ao frade que vou já! O criado foi e voltou em cima dos pés. – O frade está dizendo que o senhor vá já, já, que é coisa de importância!

O homem levantou-se da mesa e foi. Assim que pôs os pés na calçada ouviu o barulho do mundo se acabando. A casa estava caindo toda, ferindo e matando quem estava dentro. Escaparam poucos. O homem, por mais que procurasse o frade, não o viu em paragem alguma.

Tinha sido Sant'Antônio que viera defender a vida do seu devoto.

Foi-me contado pela velha Luísa Freire. Minha mãe conhecia uma variante em que o devoto vira um frade na janela, acenando-lhe insistentemente. Atendendo-o, não o encontrara e vira o edifício ruir.

Nunca encontrei o episódio nos sermonários, vidas de santos, "Flos Santorum" mais populares. A divulgação tem sido unicamente oral. É de origem clássica. A menção inicial deparei-a no *De Oratore* (II), de Cícero, 55 anos antes de Cristo. Da tradução espanhola de

Menéndez y Pelayo (*Diálogos del Orador*, II, Buenos Aires, 1943) transcrevo o texto: – *Cuentan que cenando Simónides en Cranión de Tesalia en casa de Escopas, hombre rico y noble, como hubiese cantado unos versos que en alabanza del mismo Escopas habia compuesto, donde suelen los poetas, introducia un largo episodio en loor de Cástor y Pólux, dijole Escopas, con sórdida avaricia, que le daria la mitad de la que le había prometido por aquellos versos, y que lo demás se lo pidiese a los Tindáridas, a quienes tanto había elogiado. Poco después vinieron a decir a Simónides que saliera, porque había a puerta dos jóvenes que preguntaban por él; se levanto, salió, pero no vió a nadie. Entretanto vino a tierra el aposento donde comía Escopas, y entre las ruinas parecieron él y los suyos, sin que se pudiesen reconocer ni distinguir los cadáveres para enterrarlos. Y dicen que Simónides, por acordarse dellugar en que cada uno había comido, fué indicando donde se los había de sepultar.*

Simónides de Ceos vivera no século VI antes de Cristo. A estória era comentada na Grécia e passou a Roma, onde Marco Túlio Cícero a utilizou. O fabulista Fedro, sob os imperadores Augusto e Tibério, relatou-a no seu *Simonides a Diis servatus* (IV, XXIV), de onde La Fontaine glosou a fábula, *Simonides préservé par les Dieux* (I, XIV). Na literatura oral o caso convergiu para os santos católicos preferidos na simpatia coletiva.

*Jadis l'Olympe et le Parnasse*
*Étaient frères et bons amis.*

E de Cícero, Fedro terminou na retentiva memorial da velha Bibi, que morreu sem aprender a ler.

*Conto Etiológico:* "A cauda e a goela da baleia" – A baleia era o bicho do mar mais veloz e mais comilão. Nadava mais do que todos os outros peixes e comia por peste. Nosso Senhor torceu o rabo da baleia. Por isso ela nada mais devagar e é o único peixe que tem a barbatana do rabo virada para baixo, batendo água de baixo para cima, em vez de ser da direita para a esquerda como todos os viventes da água.

Também a baleia comia tudo. Uma feita uma moça, devota de Sant'Antônio, ia rezando com uma imagem desse Santo, pedindo que o navio entrasse logo na barra, quando Sant'Antônio escapuliu e *t'xim bum!* caiu no mar. A baleia vendo o clarear veio em cima e, sem reconhecer, engoliu a imagem. Sant'Antônio, para castigar a gulodice, fez a baleia ficar engasgada e tanto se engasgava mais a goela ia ficando estreita. Sant'Antônio desapareceu e a baleia ficou, até hoje, só engolindo peixe pichititinho.

> A baleia é peixe nobre,
> Não come senão sardinha!
> Abre a boca, pega "miles",
> Engole a mais miudinha!...

Contou-ma Francisco Ildefonso, pescador na praia de Areia Preta, Natal. Em todos os folclores do mundo o povo explica, ao seu sabor, as peculiaridades dos animais curiosos; o casco das tartarugas, o dorso enrugado dos sapos, as orelhas dos burros, a boca da solha, o pescoço da ema ou do socó, as cores das aves, os cantos, traduzidos em correspondências onomatopaicas. Mesmo a forma das montanhas, serras, pedras isoladas, sugeriu denominações tornadas comuns e naturais, Pão de Açúcar, Corcovado, Dedo de Deus, Gigante Deitado, Agulhas Negras, Bico da Arara, Galinha Choca. Os exemplos são incontáveis para a fauna e flora.

*Conto de Adivinhação:* "Frei João Sem Cuidados" – Frei João era um frade muito caridoso e simples e que não se envolvia com os negócios dos outros nem se preocupava com assuntos alheios à sua pessoa. Como dava muitas esmolas era estimado por toda a gente, que o chamava "Frei João Sem Cuidados".

Ora, uma vez o Rei passou pela terra em que morava Frei João e sabendo da tranquilidade em que vivia o frade mandou um criado dizer a ele que no outro dia viesse procurá-lo para responder a três perguntas: Onde é o meio do mundo? Quanto pesa a lua? Em que pensa o Rei?

O frade ficou desesperado, sem atinar com a explicação, e passou a noite estudando e chorando. Pela manhã um vaqueiro que trabalhava para ele veio vê-lo e, sabendo do caso, ofereceu-se para substituí-lo junto ao Rei. Frei João aceitou e o vaqueiro, vestido de frade, foi onde estava o Rei nas horas combinadas.

O Rei, cercado de seus amigos, perguntou:
– Onde é o meio do mundo?
– O meio do mundo fica onde está Rei meu senhor.
– Por quê?
– O mundo sendo redondo qualquer lugar é o meio.
– Bem respondido. Quanto pesa a lua?
– Pesa uma libra porque se divide em quatro quartos.
– Respondeu bem. Em que estou pensando?
– Rei meu senhor está pensando que eu sou Frei João Sem Cuidados e sou apenas o seu vaqueiro!

O Rei achou muita graça no desembaraço do vaqueiro, recompensando-o, e deixou Frei João Sem Cuidados em paz.

Contado por meu Pai (1863-1935) que nunca viu a estória impressa e a ouviu, menino, à volta de 1870, no interior do Rio Grande do Norte e da Paraíba.

Não há episódio mais divulgado pelo mundo letrado e popular. Estudou-o profundamente Walter Anderson (Kaiser Und Abt, *Folklore Fellows Communications*, tomo XLII, vol. IX, Helsínquia, 1923), analisando 560 variantes. É de origem oriental e a versão mais antiga que se conhece data do século IX, num conto de Ibn-Abdulhakam, historiador árabe, no seu *Futuhu Misra Walmagrib*, e as perguntas foram: Quantas estrelas há no céu? Quanto se deve pagar numa diária de trabalho a um filho de Adão? Que faz Deus? Rapidamente difundida, já no século XIII figurava nos sermonários (Etienne de Bourbon e outros) e seria esse o processo de maior divulgação no âmbito popular. No século XIV a terceira pergunta: "Que faz Deus?" desapareceu, substituída pela atual: "Em que estou pensando?" A primeira em Espanha está no *Patrañuelo*, "patranha", XIV, do Juan de Timoneda (1566): – *Yo cuánto valgo? Adónde está el medio del mundo? Que és lo que yo pienso?* A mais velha em Portugal contém-se em Gonçalo Fernandes Trancoso, *Histórias de Proveito e Exemplo* (1575), "As três perguntas do Rei": – Onde está o centro do mundo? Que há daqui da terra ao céu? Que está imaginando o meu coração? Teófilo Braga, *Contos Tradicionais do Povo Português*, I, 71, Porto, 1883, e Aurélio M. Espinosa, *Cuentos Populares Espanoles*, II, 13, Madri, 1947, deram longas resenhas bibliográficas, evidenciando o interesse erudito que a historieta determinou. O aparato literário não justifica a dispersão do conto que chegou ao Brasil trazido nas vozes evocadoras portuguesas.

*Conto Acumulativo:* "O menino e a avó gulosa" – O menino só possuía uma galinha-d'angola. Numa ocasião de necessidade matou o guinezinho e saiu para adquirir farinha. Quando voltou, a avó que morava com ele comera a ave inteira. O menino reclamou e a avó lhe deu um machadinho. Saiu o menino pela estrada e encontrou o Pica-Pau furando uma árvore com o bico.

– Pica-Pau! Não se usa mais o bico para cortar pau. Usa-se um machadinho como este!

– Oh, menino! Empresta-me o machadinho! – O menino emprestou o machadinho ao Pica-Pau e este tanto bateu que o quebrou. O menino recomeçou a choradeira: – Pica-Pau, quero meu machadinho que minha avó me deu, matei meu guinezinho e minha avó comeu.

O Pica-Pau deu ao menino um cabacinho de mel de abelhas. O menino continuou a viagem e lá adiante viu o Papa-Mel lambendo um barreiro que só tinha lama.

– Papa-Mel! Não se usa mais lamber lama. Usa-se beber um melzinho como este!

– Oh, menino! Dê-me um pouquinho desse mel!

Que pouquinho foi esse que o Papa-Mel engoliu todo o mel e ainda quebrou o cabacinho! O menino abriu a boca no mundo, berrando. O Papa-Mel presenteou-o com uma linda pena de pato. O menino seguiu.

Lá na frente deparou um escrivão escrevendo com uma pena velha e estragada.

– Escrivão! Não se usa mais escrever com uma pena estragada como essa e sim com uma boa e novinha como esta aqui!

– Oh, menino! Empresta-me sua pena... O bobo do menino emprestou. Num instante o escrivão estragou a pena. O menino caiu no pranto. O escrivão lhe deu uma corda. Depois de muito andar, o menino avistou um vaqueiro tentando laçar um boi com um cipó do mato.

– Vaqueiro! Não se usa mais laçar boi com cipó e sim com uma corda como esta aqui!

– Oh, menino! Me empresta essa corda! – O menino, vai, emprestou. Num minuto o vaqueiro laçou o boi mas rebentou a corda. Novo *chororô* do menino. O vaqueiro lhe deu um boi. O menino viu uma onça, uma enorme onça, comendo um resto de carniça.

– Onça! Não se usa mais comer carniça e sim um boi como este meu!

– Oh, menino! Dê-me o seu boi! – E comeu o boi inteiro. O menino ficou no soluço, choramingando e pedindo o boi:

– Onça, me dê meu boi que o vaqueiro me deu; o vaqueiro quebrou minha cordinha, a cordinha que o escrivão me deu; o escrivão quebrou minha peninha, a peninha que o Papa-Mel me deu; o Papa-Mel bebeu meu melzinho, o melzinho que o Pica-Pau me deu; o Pica-Pau quebrou meu machadinho, o machadinho que minha avó me deu; matei meu guinezinho e a minha avó comeu!

A onça, como não tinha nada para dar ao menino, disse, rosnando:

– O boi foi pouco e vou comer você!

E não comeu porque o menino fugiu.

Essa estória foi-me contada por minha mulher, ouvida em Macaíba, de pessoas familiares. Noutra versão, que publiquei, a onça devorou o menino. É o tipo dos *cumulative tales*. Cada vez que se verifica uma oferta, o menino repete as trocas anteriores, num refrão monótono mas extremamente agradável às crianças. O escrivão ainda escreve com pena de ave e não de aço. O assunto foi estudado pelo Prof. Martti Haavio, "Ketten marchenstudien" (*Folklore Fellows Communications*, volumes XXXI, nº 88, e XXXV, nº 99, Helsínquia, 1929 e 1932) e Stith Thompson, *Motif-Index of Folk--Literature*, V, 414, Bloomington, Indiana, 1935. Sílvio Romero, *Folclore Brasileiro*, 3º, Rio de Janeiro, 1954, e Sant'Anna Nery, *Folk-*

-*Lore Brésilien*, Paris, 1889, registaram contos na espécie. Blaise Cendrars, *Anthologie Negre*, Paris, 1927; René Basset, *Contes Populaires d'Afrique*, Paris, 1903; Basset e Cendrars registaram contos da África Ocidental; Paul Sébillot, *Contes des Provinces de France*, Paris, 1920; René Basset, *Nouveaux Contes Berbères*, Paris, 1897; Adolfo Coelho, *Contos da Carochinha*, Lisboa, 1897, a mesma versão de Sant'Anna Nery; René Basset, *Contes Berbères*, Paris, 1887. Apesar de conhecido o conto acumulativo na África, os nossos são de fonte portuguesa e não muito populares, embora sabidos no Brasil. Pertencem à técnica adormecedora.

*Conto Sem Fim:* "Deixe os patos passar" – Um Rei gostava tanto de ouvir estórias que disse dar um bom prêmio a quem lhe contasse uma estória sem fim. Apareceu muita gente contando estórias, mas todas tinham fim. Um dia chegou um rapaz e disse querer contar uma estória que não acabava. O Rei foi ouvir e o rapaz começou, por aqui assim: – Era uma vez um criador de patos que tinha a maior criação do mundo. Perto do sítio havia um riacho onde os patos brincavam. Numa feita choveu muito e o riacho encheu demais, ficando um rio muito largo. De manhã o rapaz veio com os patos para o outro lado e a primeira fila entrou na água, mas havia correnteza e os bichos custavam e custavam e custavam a vencer, nadando.

Aí o rapaz calou-se, e o Rei insistiu: – Vamos lá!
– Deixe os patos passar, Rei Senhor! – E ficou calado. O Rei tornou a perguntar: – Então, faz de conta que os patos passaram. E o resto?
– Deixe os patos passar, Rei Senhor, senão a estória perde a graça. – O Rei esperou, esperou, e perguntou de novo: – E os patos?
– Estão passando o rio! – E faltam muitos? – Faltam quase todos!
– Isto é uma estória sem fim! – Pois é como Rei Senhor pediu!
O Rei achou graça e deu o prêmio ao rapaz.

Contada por Luísa Freire. Dei longo comentário a esse conto (*Trinta Estórias Brasileiras*, 61-66, Porto, 1955). É o gênero da *die lange geschichte, endless tale, cuento de nunca acabar*. Anotando *Der Fuchs und die Ganse*, a raposa e os gansos, dos irmãos Grimm (*Anmerkungen zu den Kinder und Hausmarchen*, II, 209, Leipzig, 1915), Johannes Bolte e Georg Polivka citaram 35 fontes desse nosso episódio, europeias em maioria, com variantes hindus, persas, árabes, Esopo e a exposição sintética de Chauvin, *Bibliographie des Ouvrages Arabes*, IX, Liege, 1905, sobre a *Disciplina Clericalis*, de Petrus Alfonsi, o texto mais antigo que li, escrito na primeira metade do século XII. Refere-se a ovelhas, como no *Le Cento Novelle Antiche*, entre 1193 e 1350, onde Ezzelino da Romano queria ouvir uma estória interminável. No comum, ovelhas, cabras, carneiros. Gansos na versão chilena de Ramon Laval e *pavos*, perus, no conto de Rodrigues Marin, espanhol, mas posterior ao descobrimento da América, exportadora dessas aves para Europa. Em Portugal, carneiros. Cabras, na narrativa de Sancho Pança (*Don Quixote de la Mancha*, I, XX). As fontes cultas europeias são inumeráveis. No Brasil, Viriato Correia e João do Rio divulgaram uma adaptação aos gafanhotos. Julgo mera escolha de um dos autores, independendo de base popular. Ramon Laval publicou em 1910, Santiago de Chile, o seu *Cuentos Chilenos de Nunca Acabar*. É lá que se lê a infindável travessia de *los gansos*.

Deixo o encanto de ouvirmos como contemporânea uma estoriazinha que já era antiga há oito séculos.

*Ciclo da Morte:* "Não se engana a Morte" – Era um homem muito trabalhador e religioso que vivia bem, defendendo e ajudando aos pobres. Numa noite, voltando da feira bateu um pé-d'água parecendo que o céu estava-se desmanchando. O homem vinha a cavalo e encontrou, na beira do rio, um velho todo molhado, tremendo, sem poder passar. Montou-o na garupa, atravessou o rio e trouxe-o até sua casa onde o agasalhou, dando de jantar e uma muda de roupa. O velho não dizia coisíssima nenhuma e foi dormir. Pela manhã, depois do café, apareceu como um homem de barba branca, mas forte e sadio. Agradeceu muito a caridade e disse: – Peça aí uma coisa para você! Eu sou São Pedro, Chaveiro do Céu! O homem ajoelhou-se e, como era sabido por demais, apontou para um banco que estava fora da porta de entrada e pediu que ninguém pudesse levantar-se daquele banco sem que ele mandasse. "Está feito!", disse São Pedro. E desapareceu. Daí em diante o homem ficou mandrião e finório, enganando toda a gente. Fazia negócios, tomava dinheiro emprestado, e quando chegavam os credores pedia que esperassem sentados no banco. Não podiam levantar-se e aceitavam tudo para recobrar a liberdade.

Anos depois, numa tarde, o homem estava fumando seu cachimbo quando apareceu uma mulher alta, magra, com um chapelão. – "Sou a Morte, vim buscar você porque chegou sua hora!" – "Sente-se ali naquele banco, Dona Morte, que eu vou-me arrumar!" Vai a Morte sentou-se e quando quis levantar-se não pôde. Pediu, ameaçou, bradou, nada de sair do banco. – "Só sai se prometer voltar daqui a cinquenta anos!" – "Combinado!", disse a Morte, e sumiu-se.

Cinquenta anos depois o homem, velho, engelhado e sempre ladino, lembrou-se de que naquela tarde vinham buscá-lo. Raspou a cabeça, sujou-se de carvão, pôs um cacho de bananas nas costas e saiu pela estrada, como um vendedor. Lá para as tantas a Morte chegou, perguntando por ele. Entrou, procurou, rebuscou. Nada do homem. – "Ora essa! Para não perder a viagem, vou levar aquele velho das bananas!" E levou o homem.

Conto narrado por Galdino Pessoa. Publiquei uma variante no *Contos Tradicionais do Brasil* (Bahia, 1955).[**] A personalização da Morte não existia entre os indígenas. É elemento europeu e figura nas literaturas orais como exemplo da implacabilidade fatal.

Meu tio Martinho Ferreira de Melo, irmão de minha avó paterna, era homem chistoso e de agradável convívio. Poucas horas antes de morrer, desejou fazer barba para *a Morte não o conhecer* e deixá-lo em paz. A crença ainda comum e popular no Brasil, e em quase toda a parte do mundo, é que a Morte pode ser iludida por um artifício e a viagem fúnebre adiada. Tendo ordem de levar alguém para o "Outro Mundo", a Morte deve cumprir a determinação nos limites da identificação exata. É um mandato intransferível, mas não de impossível engano.

É clássico o sacrifício de Alceste, arrebatada pela Morte em lugar do seu marido Admeto, motivo de tragédias de Eurípedes (439 anos antes de Cristo) e de Sófocles, perdida esta. Uma notícia corrente na Europa é que o Papa Pio XI (1857-1939) teve a existência prolongada por mais dois anos por ter um sacerdote oferecido a Deus o que lhe restasse de vida em benefício do Sumo Pontífice. Luciano de

---
[**] Pela Global Editora, 13ª ed., 2004.

Samosata registra a narrativa de Cleodemo, levado ao Hades e lá recusado por Plutão, indignado com o equívoco. A sentença era para o ferreiro Démilo. Cleodemo recuperou a saúde e o ferreiro, seu vizinho, faleceu. O essencial da estória é provar a impossibilidade de enganar a Morte, apesar de todas as astúcias, manhas e simulações do condenado.

Alfred Russel Wallace (1823-1913) quando esteve no Amazonas ouviu uma versão do conto que ele tão bem conhecia na Inglaterra. Contaram-no na barra do Tocantins, em 26 de junho de 1856. Creio ser a mais antiga menção do tema recolhido no Brasil, há 108 anos, pelo grande naturalista, rival de Darwin. A estória foi contada a Wallace pelo piloto da embarcação, indígena católico. É presença indiscutível do temário europeu porque, repito, a Morte não se materializava entre os ameríndios.

O homem convida a Morte para madrinha do filho (Mt-332 de Aarne-Thompson, *Godfather Death*). Esta promete ao compadre avisá-lo oito dias antes de vir buscá-lo. Recebendo o anúncio, o compadre da Morte deliberou iludi-la. Vestiu a roupa dum negro velho que cuidava da cozinha, disfarçando-se o melhor possível. Quando a Morte voltou, a mulher do compadre disse que o marido viajara. "Aqui em casa encontra-se somente um negro velho, que está lá na cozinha, acabando de preparar o jantar. Sente-se, comadre! Descanse um bocado. Talvez assim dê tempo de meu marido voltar. Estou muito contrariada pelo incômodo que ele está causando. – Não, eu não posso demorar-me; não tenho tempo a perder! – retrucou-lhe a Morte. – Tenho ainda que fazer hoje uma grande caminhada. Levarei comigo outra qualquer pessoa. Nesse caso... Deixe-me ver... Quem sabe? Poderá ir o negro velho!"

Viajou com o falso negro velho, o legítimo compadre fugitivo. Com as naturais modificações, a estória se derrama por todo o Brasil. Gustavo Barroso registrou a do Ceará (*Ao Som da Viola*, Rio de Janeiro, 1921). Um sertanejo libertou a Morte que caíra num mundéu, armadilha de caça, e a libertada prometeu 120 anos de vida sadia e feliz. No dia do pagamento do tributo, o homem rapou a barba, bigodes e cabelos, ofereceu um baile aos camaradas, metendo-se a dançar, animada e ininterruptamente. A Morte não podendo reconhecer o devedor, encontrou solução explicando: – "Levo em lugar dele este pelado dançador!" E levou o homem, irremediavelmente. Semelhantemente, em Portugal, a Morte carrega um *barbadão bebedor*, que era o compadre fantasiado para confundi-la.

Um índice sugestivo desta crença, tão viva na Europa, encontra-se num livrinho alemão, referente ao domínio holandês no Brasil, fonte relativamente rara, quer no original alemão de Estrasburgo, 1677, quer na tradução brasileira de Alfredo de Carvalho, editada no Recife em 1897: *Diário de um Soldado da Companhia das Índias Ocidentais*, 1629-1632, por Ambrósio Richshoffer.

É escrito em forma de diário. No registo de 9 de agosto de 1629, na viagem de Texel para Olinda (que durou oito meses), Richshoffer informa: – "Na madrugada de 9 morreu no nosso navio um soldado, de nome Hans Linckhosz, o qual tinha gritado toda a noite: – *'Hans Linckhosz não está aqui! Hans Linckhosz não está aqui!'* Porém a Morte não se deixou despedir, e assim teve ele que ser o primeiro, em nosso navio, cujo enterro se fez, segundo o costume marítimo." O pobre Hans Linckhosz, soldado de Hendrik Corneliszoon Lonq e de Diederik van Waerdenburch, não podendo disfarçar-se, avisava, aos gritos, não viajar no navio aquele que supunha escolhido pela Morte. A Morte, entendendo o pregão angustiado, devia afastar-se e procurar noutras paragens outro companheiro para o retorno sinistro.

Curiosa é a transferência temática para as fábulas populares. Orestes di Lullo (*opus cit.*) recolheu em Santiago del Estero, Argentina, o mesmo caso já adaptado ao ciclo da raposa, *zorro*: – *"Habiendo aparecido la Muerte ante los animales de la selva, señaló el zorro como la futura víctima. Más éste, pretendiendo burlaria, pidió a sus allegados que le pelaran totalmente para evitar ser reconocido. Vino la Muerte, y no hallando al zorro en su pelambre verdadero, se llevó al zorro, aunque creyendo que era otro animal."*

*Natureza denunciante*: "As testemunhas de Valdivinos" – Dizem que um homem chamado Valdivinos atravessava uma mata quando foi assaltado por dois ladrões que lhe tomaram todo o dinheiro que conduzia. Depois, resolveram matá-lo para que o roubo ficasse impune.

Debalde rogou o assaltado que poupassem sua vida, mas os ladrões riam. Valdivinos, erguendo o olhar, viu duas garças que passavam voando. Disse, então:

– Garças, sede as testemunhas de Valdivinos!

Os bandidos assassinaram Valdivinos e o enterraram.

Anos depois estavam os dois ladrões conversando numa roda de amigos, na cidade próxima. Era pela tarde e duas garças voavam. Um deles, distraidamente, exclamou:

– Lá vão as testemunhas de Valdivinos!...

Os amigos que sabiam do desaparecimento de Valdivinos cercaram os dois ladrões de perguntas e eles acabaram confessando o crime. Foram presos e condenados.

Narrado pela minha mãe (1872-1962). Estudei o motivo do "Os grous de Ibicus voam" em português (*Anúbis e Outros Ensaios*, Rio de Janeiro, 1951) com a mais ampla documentação e divulgando as variantes existentes no Brasil. É o famoso tema dos "Grous de Ibicus", assunto que apaixonou a antiguidade clássica. Dizia-se fato ocorrido no século VI antes de Cristo, divulgando-se pelo Mediterrâneo para o Oriente, Europa, África. Depois convergiu para as coleções de Esopo, os *isopetes,* ampliações do fabulário grego imemorial. O poeta Ibicus fora morto e tomara os grous por testemunhas e uma alusão de um dos assassinos provocou a punição mortal. Antipatro de Sídon (118-100 antes de Cristo) escreveu epigramas votivos que possuímos nas antologias gregas. Também na de Maurice Rat (II, nº 745, Garnier, Paris, sem data), mas havia bem anteriormente o motivo ingressado na literatura oral, graças à causalidade sentimental e à intenção dos deuses castigarem os crimes ocultos. As menções são numerosas em quase todos os idiomas neolatinos e saxônicos. Victor Chauvin, *Bibliographie*, VII, já citada, dá expressiva bibliografia, mas incompleta notícia do tema nos livros, porém regista as versões do *Mil Noites e Uma Noite* nas coleções de Habicht, Burton e Payne. Talbot ouviu a narrativa emocional entre os ekoin, Junod entre os tongas da Zambézia, Marta W. Beckwith entre os pretos da Jamaica, Callaway entre os zulus, Jacottet entre os bassutos, Jacolliot entre os negros do Daomé, evidenciando sua divulgação no plano da simpatia assimiladora. René Basset, *Mille et un contes, récits & légendes arabes* (II, Paris, 1924), recolheu a bibliografia oriental. Os pesquisadores da novelística depararam Ibicus por todas as regiões da Europa, Reinhold Kohler, Wilhelm Hertz, Alfon Hika, Theodor Zachariae, e fizeram em língua alemã grande e notável colheita que se completou em Bolte e Polivka nos comentários aos contos dos irmãos Grimm. Ainda figura em Sébillot, *Le folk-lore de France*, III, 211, no Esopo do *Fabulário Português Medieval* na versão, n. XLIII, "O judeu, o escudeiro e as perdizes"; no *Scala Celi*, XIII século, estudado por Minnie Luella Carter (resumo n. 7800); no *El Palacio Confuso*, de Lope de Vega, e no *Silva de Varia Lección*, de Pedro Mejia (ed. 1603). As variantes brasileiras foram mais detidamente expostas no *Anúbis e Outros Ensaios*, XXIX. A menção de "Valdivinos" talvez seja associação imaginativa como o popular romance *Marquês de Mântua,* cujo sobrinho Valdevinos morre assassinado, traiçoeiramente, como Ibicus, *Baldouinos*, nas versões castelhanas (*Cancioneiro de Romances, impreso en Amberes sin ano*, edição fac-similar de R. Menendez Pidal. Madri, 1945). Inútil lembrar os exemplos de Virgílio, *Eneida*, III, 22, Ovídio, *Metamorphoseon*, XI, IV, não referentes ao poeta Ibicus. Stith Thompson, "The Cranes of Ibycus" (*Motif-Index of Folk-Literature*, V, 70, Bloomington, 1935). Uma estória emocional circulando há mais de dois mil e quinhentos anos...

*Ciclo do Demônio Logrado:* "O sócio do Diabo" – Era um homem muito trabalhador e atilado, mas infeliz em todos os empreendimentos. Para ele, tudo saía errado. Vendo seu roçado comido pelas formigas e o algodão roído pelas lagartas, perdeu a calma e gritou: – "Só queria trabalhar para o Diabo!" Uma voz respondeu: – "Aqui está ele!" Viu um camarada seco, comprido, morenão, de cavanhaque e bigode fino, perto dele. – "Você fica trabalhando para mim, meu sócio. Tome esse saco de dinheiro, compre terras e plante para nós dois!" Sumiu-se. O homem comprou uma boa propriedade e gritou pelo patrão. Satanás apareceu, aprovou tudo e explicou: – "Plante o que quiser. O de cima é meu e o de baixo é seu!" Sumiu-se. O homem plantou mandioca, inhame, macaxeira-aipim, amendoim, batatas. Quando foi na colheita o Maldito só tinha direito às ramas sem importância e tudo de valor o homem vendeu. "O trato agora é às avessas. O de cima é seu e o de baixo é meu", mandou o Sujo. O homem plantou milho, feijão, melancia, abóbora, melão. Na safra o Capiroto recebeu raízes imprestáveis e ficou furioso. Bateu o pé e propôs: – "Acabou-se a tarefa de meia. Tome três sacos de dinheiro e a metade dessa moeda de ouro. Trate de sua vida que ao cabo de vinte e cinco anos eu venho buscar você e a banda da moeda. Combinado?" O homem aceitou e com o dinheiro deu de garra a laborar e ficou que não sabia o que possuía, de rico. O tempo passando e ele maginando na vinda do Coisa-Ruim. Deu para ficar triste, sem querer comer, cismando na sorte. A mulher tanto perguntou que ele disse o segredo. – "Deixe comigo, marido, que eu arranjo saída para o caso". Pegou a metade da moeda e meteu-a dentro de uma vasilha com água-benta. Cercou o vaso com palha do Domingo de Ramos. Rezou um rosário. Na noite do prazo o Chifrudo riscou na sala, chamando o homem. – "Estou pronto, mas você tem de juntar as duas bandas da moeda antes de me levar. Trato é trato!" Belzebu foi tirar a moeda e deu um berro de dor quando molhou a mão na água-benta. Fez todas as manobras, mas não podia pegar na palha santa nem tocar na água que viera da pia da igreja. O tempo foi passando, passando, e o galo cantou. Com um estrondo, o Porco Preto desapareceu. O homem ficou rico e viveu sem preocupação ao lado da mulher.

Nos ciclos temáticos a Morte vence sempre e o Demônio é logrado pela astúcia humana, superior à sua maldade. Por toda a Europa a tradição aponta torres de castelos, pontes de pedra, estradas, moinhos, represas, muros imensos, calçadas, como obra de Satanás, no espaço de uma noite, sem que recebesse o pagamento de uma alma porque o enganam fatalmente. Nesse conto que registei, os elementos são muito antigos e europeus. A capciosa divisão do plantio, ludibriando o Diabo, ocorre em quase todas as literaturas orais, repetindo-se frequentemente, da Rússia à França e de Portugal ao Báltico, como um dos motivos mais expressivos da inteligência cristã contra a perversidade maldita. Os irmãos Grimm, na Alemanha, Gubernatis e Afanasieff nas regiões eslavas, Campbell na Inglaterra, Brueyre na França, Teófilo Braga em Portugal, são os mais antigos. Rabelais e o Infante D. João Manuel empregaram o motivo, *Pantagruel*, IV, cap.

XLVI, *El Conde Lucanor*, exemplo XLIII, e mesmo La Fontaine recordando Rabelais, escreveu um conto com o motivo, "Le Diable et Papefiguiere", por ser natural dessa terra o camponês que enganou o *petit diable*, plantando sucessivamente trigo e rabanetes. A defesa pela água-benta é uma imposição litúrgica, intransponível para o Anjo Mau. O assunto era popular no século XIII.

Dois outros gêneros vivem na preferência coletiva: a *Lenda* e a *Anedota*.

A *lenda* localiza-se frequentemente, dando renome aos lugares consagrados por ela. Normalmente está ligada a uma aparição divina ou intervenção de santos, provocando uma estória respeitosa que o povo guarda na memória e vai repetindo através dos anos. Em todas as províncias do Brasil existem lendas referentes às imagens ou milagres, determinando a ereção de templos ou ritmo de romarias. Aparição e desaparição de imagens que se evadem das igrejas e escolhem o sítio da futura veneração, são os aspectos mais comuns. Paralelamente vivem as lendas punitivas, cidades ou povoações, pessoas ou coisas, que foram castigadas pela submersão e no fundo dos rios ou lagoas continuam vivendo e fazendo-se sentir pelas vozes, sons de sinos, cantos de galos, rumor confuso de uma multidão encantada, cumprindo penitência. No Brasil, essas cidades punidas e eternas sob as águas têm vários modelos: na Lagoa Santa em Minas Gerais, Lagoa Negra, Conceição do Arroio no Rio Grande do Sul, no rio Gurupi, perto de Viseu no Pará, Sapucaia-oroca no rio Madeira, no Amazonas, na lagoa de Estremoz no Rio Grande do Norte, na praia de São Vicente em S. Paulo, no rio São Francisco e na lagoa de Abaetê, na Bahia, no lago misterioso de Grongonzo, São Bento, Pernambuco.

Vezes ocorre a existência de princesas transformadas em serpentes monstruosas como as Mouras em Portugal ou Espanha, guardando tesouros, Jericoacoara no Ceará, Pedra Talhada, Vila Bela, Pernambuco, a Salamanca do Jarau no Rio Grande do Sul. Riquezas escondidas denunciadas pelo fogo-fátuo, fogo-corredor, azul e vermelho, correndo atrás do viajante. Como estão em canto certo, a lenda nasce, como uma fantástica coordenada geográfica, limitada pelo pavor. Vezes a cobra imensa era homem e já terminou o seu fadário, como sucedeu com a Cobra Norato amazonense, cantada por Raul Bopp. A lenda pode constar de aparições, espectros luminosos, cavaleiros que passam, caçadores, lavadeiras, lenhadores invisíveis mas identificáveis pela bulha característica, vozerio insistente na fronde de certas árvores, gameleiras (*ficus*), por exemplo, fantasmas processionais, mil formas apavorantes. O Medo é crédulo, dizia o padre Antônio Vieira. Lenda, de legenda, *legere*, afirma a origem letrada do processo mas o povo conserva a faculdade criadora dos seus próprios assombros. Rara será uma delas que não tenha semelhança noutras paragens do mundo.

*A Lenda do "Carro Caído"*, lagoa de Estremoz, Rio Grande do Norte. Redação de Henrique Castriciano (1874-1947): – "O negro vinha da Aldeia Velha, servindo de carreiro. O carro tinha muito sebo com carvão nas rodas e chiava como frigideira. Aquilo não se acaba nunca.

Sua Incelência já reparou os ouvidos da gente quando está com as maleitas? Pois, tal e qual. O carreiro era meu xarapim: acudia pelo nome de João, como eu. Deitou-se nas tábuas, enquanto os bois andavam para diante, com as archatas merejando suor que nem macaxeira encroada.

Levavam um sino para a Capela de Estremoz. Na vila era povo como abelha, esperando o brônzio para ser batizado logo.

João de vez em quando acordava e catucava a boiada com a vara de ferrão: – Eh, Guabiraba! eh, Rompe-Ferro! eh, Manezinho!

Era lua cheia.

Sua Incelência já viu uma moeda de ouro dentro de uma bacia de flandres? Assim estava a lua lá em cima.

João encarou o céu como onça ou gato-do-mato. Pegou no sono, e o carro andando... Mas a boiada começou a fracatear, e ele quando acordava, zás! – tome ferroada! Os bois tomaram coragem à força. Ele cantou uma toada da terra dos negros, triste, triste, como quem está-se despedindo. Os bois parece que gostaram e seguraram o passo. Então ele pegou de novo no sono.

Quando acordou, os bois estavam de novo parados.

– Diabo! – e tornou a emendá-los com o ferrão. A coruja rasgou mortalha. João não adivinhou, mas a coruja era Deus que lhe estava dizendo que naquela hora e carregando um sino para a casa de Nosso Senhor, não se devia falar no Maldito.

Gritou outra vez: – Diabo!

O Canhoto então gritou do Inferno: – Quem é que está-me chamando!

João a modo que ouviu e ficou arrepiado. Assobiou para enganar o medo; tornou a cantar a toada, numa voz de fazer cortar o coração, como quem está-se despedindo.

Pegou ainda no sono uma vez. Se a luz da lua escorrendo do céu era que nem dormideira!

Quando acordou – aquilo só mandado! – a boiada estava de pé.

– Diabo!

O Maldito rosnou-lhe ao ouvido: – Cá está ele!

E arrastou o carro para dentro da lagoa com o pobre do negro, os bois e tudo.

Estou que ele nem teve tempo de chamar por Nossa Senhora, que talvez lhe desse socorro.

Mas ainda está vivo debaixo da água, carreando...

Sua Incelência já passou por aqui depois da primeira cantada do galo, no tempo da Quaresma? Quando passar, faça reparo: – canta o carreiro, chia o carro, toca o sino e a boiada geme..."

Manuel Ambrósio fala no "Carro que canta" nas águas do Sr. Francisco, ao redor da tradição: – *"tudo ouve, horas morta, inté dias que é hoje, o carro cantano no fundo do rio e vai desceno águas--abaixo, com o escravo tocano os boi"*. Castigo de D. Maria da Cruz que não respeitava o santo domingo. Essas lendas dos *cloches englouties* estão em toda a Europa cristã. São as memórias populares, evocando *pendant la nuit de Noël, on entend sonner les cloches au fond de l'eau ...on entend distinctement le son d'une cloche sortant de la source,* na informação de George Laport (*Le Folklore des Paysages de Wallonie*, FF. Communications, 84, Helsínquia, 1929). O mesmo pela França, Itália, Espanha, Portugal...

*Anedota* é a narrativa, curta, fixando nitidamente o motivo central, sentenciosa e satírica, sempre de efeito hilariante. Algumas são legítimas obras-primas pela condensação e suficiência temática. A velha acepção era o ineditismo, a raridade e, daí, o imprevisto da informação, do pormenor, do efeito surpreendente. Caracteriza-a o anonimato e a dispersão imediata, fulminante, de maior força quando aludem a figuras ou episódios contemporâneos. Em certas fases de opressão política, a anedota é a evasão cômica, legítima defesa oposicionista, num combate mais incisivo que qualquer campanha jornalística. É o gênero de literatura oral de mais rápida circulação. Algumas são cíclicas, em séries; outras autônomas. Os processos formadores e conservadores são os mesmos da estória. Criação, recriação, convergência, desaparecimento das contemporâneas, permanência das fundamentais, tornadas modelos excitadores.

*Uma Anedota Clássica:* "Mais vale a voz do burro que a do dono!" – Um fazendeiro muito inteligente e engraçado recebeu a visita de um compadre que vinha tomar emprestado um burro para fazer uma viagem.

– O burro soltou-se do cercado e não houve quem o pegasse, compadre. Por isso não empresto o animal.

Nesse momento o burro, que estava comendo atrás da casa, abriu o par de queixos zurrando como um desesperado.

– Mas, meu compadre! Como é que você diz que o bicho anda solto e ele está ali perto, zurrando, para todo o mundo ouvir?....

– Meu compadre! Que homem é você que acredita mais na voz de um burro do que na do seu compadre?

Contei essa anedota numa crônica, atribuindo-a ao coronel Tito Jacome, de Augusto Severo (falecido em 1906), de larga fama espirituosa pelos sertões. Contara-me meu Pai, dizendo-a de Tito Jacome. Pela versão de Luísa Freire, verifica-se que o episódio estava espalhado por todo o Rio Grande do Norte e desta vez a narrativa não personalizava ninguém. Era bem anterior ao próprio Tito Jacome e para ele convergira.

A fonte imediata é ibérica. Não conheço registo em Portugal, mas já era vulgar na Espanha do século XVI. Juan de Timoneda, *El Sobremesa y Alivio de Caminantes,* Medina del Campo, 1563, conto LXII, fê-la circular justamente com o título que lhe dei, quatrocentos

anos depois: – *Más crédito tiene el asno que yo?* – *Pidió un labrador a otro amigo suyo, dentro en su casa, que le prestase un asno que tenía, para ir com él a la ciudad. El ótro, excusandose que no lo tenía, que lo había prestado a otro, sucedió que en medio comenzó de rosnar el asno en el establo. Entonces dijo el que se lo demandaba:*
 – *Decid, compadre, no es àquel que rozna vuestro asno?*
 *Respondió el dueno:* – *Necia condición es la vuestra, compadre; qué, mas crédito tiene el asno que yo?*

Se a anedota era conhecida em Espanha no século XVI, seria certamente em Portugal de onde a teríamos.

Havia uma variante corrente na Itália do século anterior e que deu assunto a Lodovico Carbone (1435-1482), de Ferrara, na *Facezie* n. 39. Um amigo procurou outro em casa e a criada veio dizer-lhe que o amo não estava, sabendo o visitante que não era verdade. Dias depois, o visitado procura o visitante e este diz em voz alta: – "Não estou em casa!" E como o outro protestasse, ouvindo-lhe a própria voz, explicou: – "Eu acreditei na tua criada e por que não acreditas em mim?"

Dessa versão italiana a fonte era uma anedota popular em Roma, 55 anos antes de Cristo, e que Cícero incluiu no seu *De Oratore*. Da tradução espanhola de Menéndez y Pelayo transcrevo o trecho: – *"De Escipión Nasica cuentan que habiendo ido a visitar al poeta Ennio y preguntando por él, la criada que salió a la puerta le respondió que Ennio no estaba en casa. Nasica conoció que lo había dicho por orden de su amo, y que realmente estaba en casa el poeta. A los pocos dias fué Ennio a ver a Nasica, y el mismo Nasica le contestó a gritos:* – *"No estoy en casa!"* – *"Como no, si conozco tu voz?", le dijo Ennio. A lo cual respondió Nasica:* – *"Que atrevido eres: cuando yo te buscaba, creí a tu sierva que me dijo que no estabas en casa, y ahora tú no me quieres creer a mi."*

Não é bem a mesma coisa, mas há fonte idêntica e desta vez oriental, *Las Mil Noches y Una Noche*, seleção de J. C. Mardrus, XXI (versão espanhola de Vicente Blassco Ibañez, Valência, sem data). O episódio verificar-se-ia com o popularíssimo Goha, Nassr-ed-din--Hodja, do Cairo. *"Y otro dia, un amigo de Goha fué á llamar á su puerta y dijo:* – *Oh Goha! en nombre de la amistad, préstame tu burro, que le necesito para hacer con él un trayecto urgente. Goha, que no tenía gran confianza en aquel amigo, contestó: – Bien quisiera prestarte el burro, pero no está aqui, que le he vendido. – Mas en aquele momento mismo empezó a rebuznar el burro desde la cuadra, y el hombre oyó a aquel burro que parecia no iba nunca a terminar de rebuznar, y dijo a Goha: – Pues si tienes ahi a tu burro! – Y Goha contestó con accento muy ofendido: – Vaya, por Alah; Conque ahora resulta que crees al burro y no me crees a mi? Vete, que no quiero verte más.*

Naturalmente, o *Mil e Uma Noites* (com suas incontáveis edições e incoincidências nas seleções dos contos) não trouxe a anedota à Europa, onde só chegou em princípios do século XVIII, e Cícero já a dizia, na versão do *De Oratore*, meio século antes da era cristã. Apenas a narrativa era conhecida e popular no Oriente e Ocidente, sendo o *Mil e Uma Noites* um depoimento dos contos e anedotas mais tradicionais.

Meu Pai e a velha Bibi jamais leram essas fontes mas a estorieta estava no repertório de ambos, na distância social e letrada que havia entre senhor e empregada. A redação de Timoneda independia das *Mil e Uma Noites* quanto à lembrança de meu Pai e de Luísa Freire, meus saudosos colaboradores.

*Adivinhação* é passatempo e ocupação. No terreno das charadas e enigmas ainda vivem fiéis devotos brasileiros. Alberto Faria (1869-1925) dizia ser a adivinha a *"pedra de toque dos engenhos agudos, no conceito de todos os povos, desde eras mui remotas"*. Teófilo Braga, que estudou as adivinhas portuguesas em 1880, considerava-a *"estímulo mental para a especulação provocada pela analogia"*. Seu uso alcança milênios e a bibliografia, erudita e rica, valorizou-a como espécie significativa no exercício da inteligência. Fernão Cardim informa que, em 1583, na festa jesuítica em Olinda, *"se explicaram alguns enigmas e deram prêmios"*. O mais antigo livro impresso em língua portuguesa é o de Francisco Lopes, *Passatempo Honesto de Enigmas e Adivinhações*, Lisboa, 1603. Um exemplo de Francisco Lopes, falando o "Vinagre do Vinho":

> Nós somos dois irmãozinhos,
> Ambos de uma mãe nascidos,

> Ambos iguais nos vestidos,
> Porém não na condição;
> Para gostos e temperos
> A mim me procurarão,
> Para mesas e banquetes
> Falem lá com meu irmão,
> Que a uns faz perder o tino,
> E a outros a estimação.

Provocou a réplica brasileira, onde fala o Vinho:

> Somos iguais no nome,
> Desiguais no parecer;
> Meu irmão não vai à missa,
> Eu não a posso perder.
> Entre bailes e partidas
> Todos lá me encontrarão;
> Nos trabalhos da cozinha
> Isto é lá com meu irmão!

Todos os povos possuem o enigma com movimentação mental e os viajantes narram o interesse dos africanos, polinésios, ameríndios, por essas disputas que davam renome e nome de inteligência pronta. As adivinhas brasileiras, na magnífica coleção de José Maria de Melo (1950), são todas ajustadas aos modelos portugueses e distantes das fórmulas primárias e descritivas da África e da América. Do seu interesse, positiva a *Bibliography of Riddles*, de Archer Taylor (Helsínquia, 1939), que dá imagem do que existia na espécie naquela época. Hoje os volumes de enigmas populares, com a técnica dos confrontos, constituem um índice intelectual tão digno de admiração quanto outro qualquer. Em quase todos os países há volumes excelentes, divulgando as curiosidades e sutilezas do espírito nacional no intencional obscurecimento do objeto apresentado para a decifração.

O temário, mesmo variadíssimo, volta aos pontos essenciais, aos temas clássicos que determinam as variantes. Esta de Francisco Lopes, 1603, portuguesa, sobre o *sal*:

> Sem ser carne nem pescado
> Sou dentro d'água nascido,
> E se depois de criado
> For à minha mãe tornado,
> Serei logo consumido.

Duas brasileiras, sintéticas e saborosas:

> D'água nasce,
> Na água cresce;
> Se botar n'água,
> Desaparece...

> N'água nasci,
> N'água me criei;
> Se n'água me botarem,
> N'água morrerei.

Qualquer brasileiro sabe, pelo menos, dez adivinhações. Ouviu-as desde menino. Cabe aqui dizer que as adivinhas no Brasil se ajustam naturalmente aos modelos europeus, com ou sem rima, e assim nasceu a recriação nacional que ainda continua em safra copiosa.

Há, mais populares, as adivinhações constantes de uma pergunta, precedida pela fórmula: – *Que é, que é?*

– No mato está batendo e em casa está calado? – Machado.

– Do tamanho de uma bolota, enche a casa até a porta? – A luz da lâmpada.

– Que é que o rico guarda e o pobre joga fora? – Catarro.

– Que é que ninguém quer ter, mas tendo não quer perder? – Questão.

– Quem fura não segura e quem segura não fura? – Agulha e linha.

Outras que são armadilhas para complementos pulhas:

– Que é, que é?

– Salta para cima e faz bé?

– Branco é e a galinha põe.

– A cor do cavalo russo de Napoleão? (russo porque viera da Rússia).

Papel, sal, água, luz, açúcar, homem, boi, jumento, etc., são naturalmente motivos muito divulgados e constantes em todas as coleções estrangeiras.

Além dos contos de adivinhação, *Riddles Tales*, há contos onde o personagem fala por enigmas, dando traduções que se reduzem às coisas comezinhas e simples.

– Onde está seu pai? – Está no arrependimento (roçado, plantação).

– Sua mãe? – Pagando o gosto do ano passado! (trabalho de parto).

– O rio é fundo? – O gado do meu pai passa sem molhar o lombo (o gado era a criação de patos).

Enigmas velhos, dados pelos velhos sertanejos que saboreavam a dificuldade do interlocutor, faziam fama. "As pombas e o gavião", conhecida em Portugal, Espanha, América Latina, é um bom exemplo.

O gavião encontra um bando de pombas e saúda: – Bom dia, minhas cem pombas!

Respondem: – Nós, a metade de nós, a quarta parte de nós, outras tantas quanto nós, e você, meu gavião, cem pombas seremos nós. Quantas pombas o gavião avistara? Trinta e seis...

Um viúvo casou com a filha de um amigo, também viúvo, que, por sua vez, casou-se com a filha deste. Os casais tiveram filhos e as duas esposas diziam:

> Ali vêm nossos pais,
> Maridos de nossas mães,
> Pais de nossos filhos
> E nossos legítimos maridos.

Há uma tendência popular para propor e decifrar enigmas. Francisco de Assis Iglésias (*Caatingas e Chapadões*, 2º, 459, S. Paulo, 1958) ouviu no sertão do Piauí um desses exemplos, merecedores de divulgação. É uma mulher, rodeada de filhos, conversando com o autor, engenheiro, paulista, letrado, folclorista nato. Alto sertão, mulher pobre, morando em casa humilde.

– "Mas todos são seus filhos? – perguntei-lhe com certa malícia.

– Nhor, não! nem tanto assim, seu dotô. Meus filhos são quatro.
– E os outros?
– Os outros são do meu marido. Prá falá bem a verdade, quatro são meus e quatro são de meu marido.

Eu contei o grupo de garotos, e verifiquei que estavam ali somente sete, entre meninos e meninas, e então disse:
– Está faltando um.
– Nhor, não, estão todos aí.

Contei novamente, cuidadosamente, e sem dúvida lá só estavam sete crianças. E, meio intrigado, afirmei:
– Aqui está faltando um só: conto sete.
– Apois – retruca ela, com ar misterioso – não tá faltando nenhum, estão tudinhos; quatro meus e quatro do meu marido. Vamos vê como o seu dotô desata esta história.

Eu comecei a matutar e ela sorria vitoriosamente, dizendo de quando em quando:

Não falta nenhum: quatro são meus, quatro são do meu marido.

Não havia dúvida, a cabocla jogara um teste para eu resolver. Depois de alguns minutos, não sem esforço, resolvi a questão:

A senhora casou-se em segundas núpcias com um viúvo: cada um teve três filhos no primeiro casamento, e depois tiveram mais um que é comum dos dois. Assim, em verdade, neste grupo de sete crianças quatro são filhos da senhora e quatro são filhos do seu marido. Está certíssimo.

Uma gostosa risada da minha amável hospedeira veio confirmar a solução do problema.

– É isso mesmo, seu dotô; tão fácil e tem gente que não acerta".

E denominam, sibilinamente, animais, uma *penosa*, galinha, *cabeça baixa*, porco, *suplicante*, perua, *papo-grosso*, peru, *cantador*, galo, *morena*, paca, *vigilante*, cachorro, *zabelinha*, burra, *Romão*, gato.

*Ouvir estórias* é uma predileção humana e natural. João do Rio encontrou um bando de vadios, larápios, possíveis assassinos, agrupados, inebriados, ouvindo estórias de fadas, dragões e príncipes. O mesmo observou Luís Beltrão no Recife. Jorge Amado na Bahia. Mário Cabral em Aracaju. Em Cabinda, numa tarde quente, perto do mar, encontrei uma boa dezena de pretos, semideitados, imóveis, debaixo de uma árvore, escutando estórias de encantamentos.

De raro e quase nenhum registro é o *Caso, causo*, na prosódia comum, gênero popularíssimo, com possíveis milhares de exemplos, ainda não colecionados. É uma frase que resume estória cuja narrativa não ocorre, frase de sabor sentencioso, aplicada ao assunto do momento, argumentando-se o saber anônimo, fundamental na solução lógica. Quase sempre possui intenção humorística, e a citação empresta os valores de um antecedente real e cômico.

É o caso do esfomeado que comeu as cascas e não teve fome para comer as bananas. É o caso do urubu que cheirou um vidro de perfume. É o caso do macaco criticando o rabo da cutia. É o caso do bode falando mal do porco. É o caso do baiacu imitando a baleia. É o caso de Pantaleão que, quando os outros comem, adoece de indigestão. É o caso da saúva querendo guardar o jardim. É o caso do caboclo namorando a moça sem que ela soubesse. É o caso do saguim noivando com a onça. É o caso do jumento a quem deram um ramo de rosas. É o caso da raposa tomando conta do galinheiro. É o caso do sapo que dizia não saber nadar. De passagem, informo que Charles Darwin encontrou em Maldonado, Uruguai, um sapo que ia morrendo afogado, não sabia nadar (*Naturalist's Journal Researches*). Citam o *caso* como se fosse do conhecimento normal de todos os ouvintes. Ou ainda alusões ainda mais sucintas: – "Nem sempre sinhá Lili toca flauta"; "é a cachorra que mordeu Belo"; "aí morreu o Neves"...

Quem não ama ouvir essas estórias? Em 1532, no *Auto da Lusitânia*, dizia o Berzebu, de Gil Vicente:

> Bentos aqueles e aquelas
> Que só três ave-marias
> Os enfadão nas capelas
>  E folgão de ouvir novelas
> Que durem noites e dias...

Comentando os contos nórdicos, janeiro de 1859, concluía Max Muller: – *Qui peut dire ce qui donne à ces contes enfantins leur irrésistible charme?* Ninguém, nesses cem anos, conseguiu responder.

# BEBIDAS E ALIMENTOS POPULARES

> *– Le Créateur, en obligeant l'homme à manger pour vivre,*
> *l'y invite par l'appétit et l'en récompense par le plaisir.*
> BRILLAT-SAVARIN

Os homens que honram ou desonram a Humanidade descendem todos do Adão de Cro-Magnon, ou generalizando, do Adão do Aurignacense, há uns 250.000 anos atrás. Antes dessa ilustre criatura, tinham vivido os infra-homens, do Chelense, Achelense, Musteriano. Esses pré-homens matavam caça, assavam e comiam como fazemos nesta época da desintegração atômica. Já se vê que o *Homo sapiens* não descobriu o uso do fogo e muito menos a ciência de assar carne crua. Daí, para nossa vaidade, decorre o conceito de o Homem ser o único animal cozinheiro. Os "colegas" de outras espécies zoológicas servem-se, invariavelmente, *ao natural*.

O problema é fixar-se o que é folclórico e o que pertence à Etnografia nessa viagem pela alimentação popular brasileira. Os dedos da mão são independentes, mas a utilidade máxima é o movimento conjunto. O *lore* alimentar não compreende apenas a especificação dos gêneros e as técnicas da elaboração culinária de indígenas, portugueses e africanos sudaneses e bantos, formadores do cidadão brasileiro, mas também quanto se refira ao complexo de superstições e amuletos benéficos, vivo nas velhas cozinhas domésticas.

Naturalmente cada iguaria tem uma história através do tempo. A feijoada completa é uma glória maciça da culinária nacional porque nenhum outro povo a possui nos seus pormenores, embora se glorifique de pratos ainda mais complicados e perturbadores, "cozido à portuguesa" e a "olla española", com muitos dos ingredientes básicos da feijoada. Também sabemos que ela, tal qual existe, ainda não conta cem anos de existência providencial. Todos os pratos "nacionais" são convergências experimentais, construídos lentamente, fundamentados na observação e no paladar.

Tanto mais ornamental, variado e sugestivo for o acepipe, mais novo na quarta dimensão. Os alimentos milenares são indeformáveis e vieram aos nossos dias na integridade do aspecto pré-histórico: carne assada nas brasas, por exemplo. O espeto foi muitíssimo posterior. Assado no couro é, provadamente, contemporâneo ao mamute. Saboreavam-no na Europa quando, bem possível, o continente americano estivesse despovoado, no cálculo de Ales Hrdlicka.

O cardápio brasileiro é uma incessante manobra aquisitiva de valores sápidos. Quanto tivemos do ameraba e do africano no século XVI transformou-se nas vilas e cidades, ajustando-se ao sabor reinol, ao tempero português, às exigências da aparelhagem cozinheira europeia, o uso do sal, a grelha, o frigir, o refogar, às sopas verdadeiras, aos cozidos legítimos, ao fogão, ao forno de abóbada. Foram os pontos de partida para as nossas refeições. Houve um processo aculturativo incessante e que não terminou. Conservam, às vezes, o nome, africano ou indígena, mas quase nada existe de autêntico na substância real. No primeiro caso, o vatapá e a feijoada completa. No segundo, o caruru, a moqueca de peixe.

Que trouxeram os indígenas para a alimentação popular brasileira! A base alimentar no Brasil é a farinha de mandioca (*Manihot utilissima,* Pohl) e recebeu-a dos nossos amerabas, diária, indispensável para eles. Comiam a farinha e o bolo da farinha, mais torrada, o *mbeiju*, beiju, que vale dizer enroscado, enrolado. Os beijus, variados em forma, espessura, nomenclatura, eram consumidos tanto quanto a própria farinha. Amazonas, Pará, Mato Grosso, Goiás. O brasileiro não incluiu o beiju na obrigatoriedade nutritiva, embora seja comum a sua utilização. A farinha estende-se como o fundamento cotidiano das refeições nacionais. Naturalmente é mais cuidada e apresentável que a farinha indígena, feita pelo processo rudimentar que o tupi tivera do aruaco, sabendo eliminar o sumo que contém o ácido cianídrico, altamente tóxico.

Devemos-lhe a macaxeira, aipim, mandioca-doce (*Manihot dulcis*, Pax), cozida, assada, tornada farinha ou bolos, e os carás (Dioscoreáceas). O milho (*Zea mayz*) era vulgaríssimo, cozido, as espigas assadas ou cozidas e uma papa rala, canjica, canjiquinha, curau, jimbelê, sem açúcar. Também os caroços fervidos, acompanhando carne. Também as batatas-doces e os feijões, estes em menor porção. Comiam usualmente carne e peixe assados na brasa ou conservados no moquém, grade em que as peças secavam ao calor do fogo e era a única forma para a durabilidade relativa dos azotados. Muita pimenta e praticamente desconheciam, ou não empregavam, o sal. A pimenta não era posta diretamente na comida, mas constituía um molho, *inquitaia*, pimenta torrada com farinha e, depois do maior contato português, com sal. Mastigavam o bocado e punham depois uma pitada da inquitaia na boca.

Os peixes também apareciam cozidos, mas muito raramente. Alguns assados conservavam todas as vísceras. O marechal Mariano Rondon, com sua gloriosa experiência de sertanista, afirmava-me ser de excelente sabor.

Os temperos não existiam. Não havia a intenção de condimentar. Tudo era alimento integral, maciço, total. Faziam com folhas e ervas esparregadas, batidas a pilão, uma papa grossa e certamente saborosa, que denominavam *caruru*. Por aí se vê a distância entre o caruru contemporâneo e o caruru do século XVI, ponto de partida. Depositavam numa cavidade pedras aquecidas ou punham brasas, retirando-as quando o local estivesse suficientemente quente. Carne, peixe, raízes, frutas eram colocados, envoltos em folhas, e cobria-se tudo com galhos e areia grossa. Depois de algum tempo, abria-se e os alimentos estavam assados e com um sabor capitoso. Chamava-se *biaribu* e ainda resiste não somente no extremo norte e centro do Brasil, como no Paraná, onde o denominam *barreado*. É um processo comum na Polinésia. Durante algum tempo foi usado por todo litoral brasileiro. Os peixes embrulhados em folhas e assados nesse forno subterrâneo tinham o nome de *pokeka*, que deu *moqueca*, querendo significar "embrulhado, apinhado, enrolado". O que conhecemos por *moqueca*, veio dessa comida. Carne bem torrada, peixe também, misturada com farinha, pilavam e conheciam por *poçoka*, batido, pilado, esmigalhado à mão. É a nossa paçoca atual. O sumo da mandioca, espremida no *tipiti*, cesto cilíndrico contrátil, fornecia um polme de amido que dava o beiju, de tipo fino. Era a *tapioca*, tapioca atual. Bebiam caldo da comida, com farinha, *mingau*, e quando engrossado, *pirão*, dois vocábulos que passaram para o português, como os anteriormente citados, moqueca, caruru, paçoca, tapioca.

Não criavam animal algum para alimento. Tudo era caçado ou pescado. Plantavam mandioca, macaxeira-aipim, batatas, milho, feijão, amendoim. Nenhuma fruta ou adubo. Frutas, colhiam as do mato, durante as safras.

Conheciam as bebidas fermentadas. Frutas, caju, ananás (o nome de abacaxi é do século XIX), milho, beijus de mandioca, esmagando à mão, pondo na água quente e deixando três ou quatro dias para fermentar. Diziam caiçuma, caxiri, cauim, tiquira, etc. As raízes cozidas da mandioca, da macaxeira ou aipim, os grãos do milho, eram mastigados e a massa posta na água. A mastigação, pela diástase da ptialina, provocava a sacarificação, pela transformação do amido das raízes ou frutos em maltose e dextrina. Também mascavam o beiju. Forneciam a bebida incomparável e embriagadora de todas as festas. Esse processo não desapareceu nas tribos da floresta tropical sul-americana.

De onde teria vindo essa técnica de mastigar, para que a ptialina atacasse o amido, ação dos ácidos orgânicos sobre os açúcares, dando o que Karl von den Steinen denominava *um punch de ptialina?* Não houve na Europa nem na África. Descera dos Andes, das culturas dos incas. A bebida nacional do Peru, a *chicha* de milho, era obtida pela mastigação. Os indígenas hopis, do Arizona, nos Estados Unidos, mastigam o milho cozido para o *pikami*, bolo tradicional. A mesma mastigação prévia reaparece em Samoa, na Polinésia, onde as moças mastigam a raiz de uma pimenta, *Piper methysticum*, dando a "kawa", bebida nacional. E não fica na Samoa o processo, estendendo-se por outras ilhas dos mares do Sul. Todos esses produtos são popularíssimos e feitos unicamente pelas mulheres para o consumo masculino das festas. Curioso que uma técnica de bebidas leve o pesquisador do Brasil à Austrália (Arandas com o *pituri*) através de mulheres que mastigam...

Esse processo foi rejeitado pelo português que trouxe o alambique, com as estonteantes bebidas destiladas. Mas, pelo Amazonas, resistiu entre a população mestiça do interior até finais do século XIX, confessa o conde de Stradelli, que a bebia.

Com o escravo africano há dificuldade de identificação. Os africanos eram sudaneses e bantos, do litoral do Atlântico e alguns, em menor escala, do Índico. A alimentação africana no século XVI é muito pobremente sabida. Não possuíam eles os elementos, hoje básicos de seus cardápios, enviados do Brasil, mandioca, milho, amendoim (*Arachis hypogaea*), a pimenta (*Capsicum*), o onipotente caju e a participação da Índia, coqueiros, mangas, bananeiras, cana-de-açúcar para chupar. De suas comidas, as "permanentes" vindas para a cozinha brasileira foram o inhame, o quiabo (*Hibiscus esculentus*), o azeite de dendê (*Elaeis guineensis*), a melancia (*Citrillus vulgaris*), a galinha-d'angola ou galinha-da-guiné (dizem "galinha-do-mato" na Guiné e em Angola). Ponho um provisório etc. O preto africano consumia normalmente sorgos e milhetos que não se impuseram ao paladar brasileiro. Caça muito maior que pesca e os mesmos processos de preparação ao calor do lume ou tostando levemente. Nenhuma revelação culinária durante duzentos anos. O que denominamos orgulhosamente "cozinha afro-brasileira", notável na Bahia, dizem na Nigéria, pátria dos cozinheiros baianos, *brazilian food, brazilian dish*. Mas a razão será dividir, como o rei Salomão quis fazer com o filho de duas mães. Seriam pratos feitos na Bahia, com material brasileiro, pela mão africana, com elementos locais e distantes e tendo a influência poderosa do exemplo culinário português. Os mesmos sudaneses que vieram para a Bahia plantar e cortar cana-de-açúcar, foram para Cuba plantar e cortar cana. Tinham todos os recursos e a onímoda cozinha espanhola. Não deram aos seus quitutes o renome extensivo obtido pelos irmãos residentes na cidade do Salvador. Nem no Recife, Minas Gerais e São Paulo.

Os pretos bantos das Rodésias, África do Sul, Moçambique, tiveram a presença da Índia e esta um tanto da China. Os negros aprenderam muita coisa que julgamos deles e é hindu. Exemplo: – sarapatel; camarões secos como adubo, uso da pimenta-do-reino (*Piper nigra*), o leite do coco (*Cocus nucifera*), arroz com leite de coco (sem açúcar), peixe com coco, canja de galinha, são da Índia. Em Quelimane, Zambézia, estende-se o maior coqueiral do mundo, 10.500.000 pés. Não há prato com leite de coco e nem bebem água de coco.

O africano parece-me ser portador do cuscuz que ele tivera do árabe, bérbere setentrional, e era muitas vezes milenar. No Brasil é que foi feito com milho e tendo leite de coco. O *cuscuz paulista* é tipicamente árabe, com crustáceos, peixe, galinha, etc. Come-se mais na África do Mediterrâneo do que entre os negros. Era comum em Portugal, onde creio ter desaparecido, e citado por Gil Vicente (*O Juiz da Beira*, 1525). Comum no padre Joseph de Anchieta, Gabriel Soares de Sousa, etc. A mesma coisa sucedeu com a cuíca ou puíta, instrumento ritmador de uso oriental, conhecido e ainda usado na península ibérica (ronca, em Portugal, zambomba, na Espanha) e que o africano divulgou e não o português, que secularmente o manejava.

O guisado, refogado, frito, o africano decorou no Brasil porque, no seu tempo, não usavam pela África do poente. Misturavam o óleo do dendê no cozido. O assado era igual ao dos nossos amerabas.

As três bebidas principais africanas eram, no século XVI: – vinho de palma, extraindo-se a seiva do dendezeiro, como o indígena praticava com a palmeira uricuri (*Cocos coronata*, Mart.); vinho de milho (sorgo), a farinha na água para fermentar, o *millet beer*; vinho de mel de abelhas, com a cera das colmeias, três partes de água e guardado o líquido em cabaças. As outras bebidas são posteriores. Depois que o "branco" chegou, com sua sede proverbial.

Talqualmente ocorria com os amerabas, o caçador africano não era exigente do sal, sensível nas carnes com sangue. Sangue é sal. O peixe com as vísceras ou semipútrido (pela ptomaína) dispensava razoavelmente o sal. Negros e indígenas, suando muito menos que os "brancos", não são tão ávidos pelo cloreto de sódio. As pinturas de urucu e jenipapo nuns e a pele negra noutros, constituíam defesa da epiderme, evitando a demasia da transpiração, mesmo ao sol. Nos trópicos, permanentemente desidratados, bebemos muito maior quantidade de água do que eles. Mas isto é outra estória.

Quando chamamos *comida negra* no Brasil é, quase totalmente, uma feliz convergência de três raças gulosas.

Ninguém sabe, ao certo, da discutível existência do arroz brasileiro ou se o aluá, abacaxi, milho ou arroz, fermentado, com rapadura, é árabe, ameríndio ou negro. Todos três possuem bebidas semelhantes e qualquer uma delas poderia ter ocasionado o aluá.

A fruta mais popular no Brasil e que mais depressa se expandiu entre a indiada, tornando-se sua ausência um índice de isolamento cultural, é a banana (*Musa sapientum*), com variedades incontáveis. Veio da Índia por intermédio da África, onde foi batizada com o nome que usamos. A banana brasileira (*Musa paradisiaca*), muito variada também, dizia-se pacova, e comia-se habitualmente cozida, assada, em mingau, sopa, etc. As primeiras chegaram trazidas da ilha de São Tomé e eram velhas em 1561, no registo de Garcia de Orta. Contém menos tanino. No Brasil diz-se *dar bananas* a um gesto insultuoso, pondo-se o antebraço ou a mão no sangradouro do outro, este oscilando o punho fechado. O nome é que é brasileiro mas o uso é europeu e bem velho; *manguito* em Portugal, *far manichetto* na Itália, *hacer un corte de mangas*, na Espanha. Na França, onde A. Mitton o regista por *très vulgar et obscène*, foi motivo artístico de Joseph Marie Vien, no "La Marchande d'Amours", encomenda da marquesa de Pompadour, em 1754, para o castelo de Fontainebleau. Ficou às vistas de Luís XIV.

O português trouxe o gado bovino, cabras, porcos, patos, gansos, carneiros, galinhas e galos, pombos. Revelou o sal, divulgando-o. Indígenas brasileiros e escravos africanos provaram o açúcar quando os primeiros engenhos funcionaram no Brasil. Nenhum doce se originou entre os pretos e os amerabas, mesmo depois da nossa indústria funcionar. A doçaria é uma presença da mulher portuguesa, valorizando pelo uso as maravilhas do solo americano a goma da mandioca, os frutos para marmeladas, termo genérico, compotas, doces cristalizados, que já exportavam em 1610. Manejava a gema e a clara de ovos, as especiarias da Índia, canela, cravo, noz-moscada, o azeite de oliveira, a panela de metal, fechada, concentradora; o forno para os assados integrais, os molhos condimentadores, os primeiros licores aromáticos. O português destilou a primeira cachaça, reforçando a desobediência aos sete pecados capitais, *tiradeira do juízo*, como afirmava a negra Simoa, a Maria Parda no Natal do meu tempo de rapaz.

Aconteceu que a mulher portuguesa, humilde, fecunda, laboriosa, quando conseguia acompanhar o seu homem *pró Brasil*, deparava aqui outro cenário no plano doméstico. Era a multidão escrava, feminina, fácil e dengosa. Ela que *fazia*, encontrou a oportunidade de *mandar fazer*, de ensinar, fiscalizar, aos berros, no alto do estrado senhorial onde passava o dia. Entre 1569 e 1587 Gabriel Soares de Sousa informava que as cunhãs indígenas "têm muita habilidade, e para fazerem cousas doces, e fazem-se extremadas cozinheiras; mas são muito namoradas e amigas de terem amores com os homens brancos". Habilidade não muito valorizada aos olhos das mulheres brancas. Depois veio a negra rebolante e submissa, complicando a tentação. Mas ambos tiveram na *iaiá* portuguesa a professora incomparável, de capa e cozinha. Lembremos que o especial agrado do almirante Pedro Álvares Cabral, em abril de 1500, fora dar as comidas e os doces de Portugal aos tupiniquins de Porto Seguro. Tudo quanto eles comeram na câmara da nau capitânia continua existindo em Portugal. E aprenderam a fazer no Brasil, que ia amanhecendo.

Essa voz mandona, das velhas donas portuguesas, acabou mudando o timbre, masculinizando-o. Em 1817, viajando por Minas Gerais, notava Augusto de Saint-Hilaire "como quase todas as brasileiras que vira anteriormente, as senhoras de Itanguá tinham essa voz rouca, que, certamente, o hábito de mandar escravos faz contrair às senhoras desse país" (*Viagem pelas Províncias de Rio de Janeiro e Minas Gerais*, 2º, S. Paulo, 1938). Voz de mestra-escola. Mas, ensinaram a fazer quase tudo quanto comemos, as excelentes senhoras.

O português estabeleceu horário nas refeições. Come, falando e bebe, comendo. Os africanos e amerabas comiam calados e bebiam ao final. As unidades alimentares eram constituídas pelas próprias espécies. Uma refeição negra ou indígena podia constar unicamente de milho cozido, batatas assadas, farinha pura. Não havia "conduto", acompanhamento. Jantava-se farinha, apenas farinha, peneirando-a na mão e jogando-a à boca, pontaria certa. Quando o português, na segunda metade do século XVI, adotou a rede de dormir como um presente dos deuses preguiçosos, completou a imagem que Capistrano de Abreu recordava com a cantiga do século XVIII:

Vida do Pará,
Vida de descanso:
Comer de arremesso,
Dormir de balanço.

É preciso insistir que a ciência culinária é uma técnica da dosagem do sal. Ter "boa mão de sal", ou não ter, são sinônimos das grandes cozinheiras, ou das péssimas. O condimento dispõe o sabor que é o ajustamento com o paladar, mistério de culturas antes das raças e das raças antes de uma cultura formal. Os escravos negros e as cunhãs não podiam pressentir a delicadeza, finura, milagres de intuição, contidos numa pitada de sal. Depois do sal, o açúcar, outro problema capital. Ainda hoje não existem regras fixas para as quantidades do sal ou do açúcar nos bons cadernos doceiros e cozinheiros. Reserva-se para o bom gosto individual, para a experiência, *quanto baste, o suficiente, quanto preciso, o necessário,* sem jamais limitar o doseamento, abrindo-se a licença num vasto *ad libitum* consagrador. Outro ponto é a intensidade do lume, *moderado, vivo, brando, esperto,* dependendo da duração, da exposição do acepipe no fogo. São condições alheias a qualquer regulamentação definitiva. Cada "artista" possui sua maneira que corresponde a uma interpretação pessoal da mesma partitura melódica. Não estou pensando nas obras-primas da culinária, mas nas comidas simples do trivial. Tanto mais simples, mais difíceis. A mucama e a cunhã não podiam saber essa metafísica sempre experimental. Receberam as bases com a velha ama portuguesa e, as mais vivas, voaram sozinhas, nos firmamentos do bem-cozinhar, *uma Arte,* como respeitosamente dizia mestre Domingos Rodrigues (1637-1714), cozinheiro d'El-Rei de Portugal, quinto-evangelho na espécie.

Possuindo o gado bovino séculos antes dos indígenas, os africanos ocidentais consomem a carne nas raras festas fúnebres, desgostam o leite e faziam a manteiga para untar a pele, tornando-a mais brilhante. Quando o gado, pelo nordeste, determinou a pastorícia, o indígena caçou-o para comer nas regiões desprovidas de peças maiores. Nunca se tornou, com o *peuhl* africano, pastor, embora não comendo suas reses.

Como nenhuma outra bebida, negros e amerabas adoraram a aguardente, destilada do mel de açúcar. Era uma tarefa portuguesa e o nome, *cachaça*, aplicou-se no século XVII às borras da espuma do caldo, depois da primeira fervura, na primeira caldeira (Marcgrave, Piso) e essa *cachassa* servia unicamente para as alimárias. Mas Pyrard de Laval, em fins de 1610, na Bahia, já citava um "vinho feito com o suco da cana, que é barato, mas só para os escravos e filhos da terra". Em Espanha, como em Portugal, cachaça era vinho da borra das uvas, inferior à própria e atual "bagaceira". O nome "cachaça" só se popularizou no fim do século XVIII. Antes, falava-se tão somente no "aguardente da terra". Nas *Cartas Chilenas*, à volta de 1788, 5ª Carta, cita-se a *cachaça ardente*, bem diversa da louvada por Sá de Miranda. O vocábulo "cachaça" não é popular na África e nunca o ouvi em Portugal ou Espanha, de onde o tenho por nascido.

O folclore das cozinhas está desaparecendo, mas os vestígios denunciam a perdida importância anterior. "Simpatias" para não queimar a comida e tabus para o fogo conservar-se equilibrado no cozer ou assar.

Evita-se pondo um pouco da comida na chapa do fogão ou no testo da panela. Demorando ferver ou a lenha estalando (é o Diabo bufando) viram os tições, de cima para baixo. Sal no chão afasta barulhos na cozinha e segura o ritmo dos temperos. Pisar carvão, pimenta, alho, provoca distúrbios e a comida retarda. Verificar se a saia está ajustada na cintura senão o "de comer" não cresce. Mulher *de lua* não bate ovos, não prepara peixe, não assa galinha. As grávidas fazem "inchar" os bolos mas "desoneram" as caldas. Milho seco faz amolecer carne dura, assim como esfregá-la com limão. Quando a fervura demora muito a *abrir*, roda-se a panela e muda-se a posição da tampa. Não se conta o que se põe na panela. Não se remexem brasas com metal, garfo, faca ou colher. Comida de peixe é mais saborosa em vasilha de barro. Colher de pau é insubstituível para mexer canjica. Feijão que não amolece, subindo e descendo inteiro, bate-se com o testo, por três vezes, na panela. Queimar-se antes de começar o serviço é mau agouro. As almas do Purgatório estão pedindo orações. Escapulir da mão a primeira vasilha é sinal de que tudo irá às avessas. Rezar o "Credo", de costas para o fogo. Para curar engasgo com espinha de peixe vira-se um tição no lume. Galinha velha fica tenra se puserem uma cortiça na panela. Se a "prova" cair no chão, alguém da família está passando fome. Não "prova" comida mais de uma pessoa na mesma colher. Não deixe a colher atravessada em cima da vasilha no fogo. Cozinheira zangada, a comida *queima* sem ela querer. Não diga que o fogo está muito bom ou muito ruim. Apenas, está bom. Não bata nas panelas nem diga praga para o Demônio não tirar a "sustância" do alimento. Assando galinha ou peru não deixe as penas na cozinha. Fica rijenta. Matando, galinha, qualquer ave, limpe a faca nas penas do lombo. Amolece as carnes. Não deixe secar o sangue no chão da cozinha. Atrasa. Chama desgraça. Quando der cachaça ao peru antes de matá-lo, dê de três vezes. Só mate pombos em número ímpar. Para o leitão assado não ficar enjoativo, esprema-lhe um limão na boca. Ponha de lado a panela que queimou comida por três vezes. Ficou "viciada". Enterre e, tempos depois, tire e lave com água quente e voltará a servir. Deixou "o vício" debaixo do chão.

Na *História da Alimentação no Brasil*[*] (2º tomo) compendiei muitas superstições, ouvindo velhas cozinheiras.

Verifica-se que os utensílios têm uma vida misteriosa que é preciso atender. Para o povo todas as coisas desempenham funções "conscientes". Esse animismo instintivo ou sobreexistente explicará muitos dos "respeitos" acima aludidos.

Sobre as refeições, disposição e atitudes dos comensais, existia um verdadeiro código de tradições intransponíveis.

Não sentar treze pessoas à mesa. O mais moço, o mais velho, o que primeiro a deixasse, morreria dentro de um ano. Estudei essa superstição (*Superstições e Costumes*, Antunes Ed., Rio de Janeiro, 1958)[**] evidenciando sua quase universalidade e velhice. Nove séculos antes de Cristo, Hesíodo mandava evitar que se semeasse. Mommsen, que examinou 200.000 inscrições, não encontrou um único decreto de Roma com essa data. "Treze à mesa" será recordação da Santa Ceia com esse número. Não se cruza o talher antes de terminar. O lugar da cabeceira é do chefe da família e só deve ser ocupado, sob pena de agouro, por ele. Se convidar alguém a sentar-se, não haverá suspeita. Não pôr dinheiro na mesa. Não derramar

---
[*] Pela Global Editora, 3ª ed., 2004. (N.E.)
[**] Pela Global Editora, 3ª ed., 2002. (N.E.)

sal. Vinho derramado é alegria. Não beber ou comer sobejo do mais velho para não herdar-lhe os males. Ao inverso, ficará o ancião sabendo os segredos. Não colocar moça solteira na cabeça da mesa, passar palitos ou comer pés de galinha. Não casa. Antes de levantar-se, saúde com a cabeça o dono da casa. Não se come armado, despido ou com o chapéu na cabeça. O primeiro não deve passar o prato ao último da mesa. A parte mais "importante" da galinha é o sobrecu, mitra, uropígio, oferecido ao hóspede de honra. Era ato aconselhado no *Cozinheiro Nacional*. O dono da casa ou o convidado principal é o primeiro a ser servido e o derradeiro a começar. Entrega-se o prato vazio com a mão esquerda e recebe-se, cheio, com a direita. Não se troca o prato e nem se recebe coisa alguma por cima do ombro esquerdo. Comida caindo do garfo avisa que alguém da família está "passando necessidades". Não se deixa pão no chão. Apanhá-lo com a mão e não espetá-lo com o garfo. Quem diz "nome feio" durante a refeição, afugenta o Anjo da Guarda que está assistindo. Não bata com o dorso da mão na mesa. Sempre com a palma. Respeite a mesa, "sacra mesa", diziam os romanos. Pode limpar a boca na toalha, mas não limpe a faca. Deixe sempre um resto de comida no prato e umas gotas de vinho no copo, para as almas. Não beba o vinho de uma só vez. Beba um gole primeiro. Depois poderá esvaziar o copo. A primeira saúde do convidado será para o dono da casa. Dirigindo-se à dona em primeiro lugar, deseja que ela fique viúva. A saúde bebida de pé só deve ser a uma pessoa presente. A um ausente, significa agouro. Se a dona da casa estiver na mesa é quem se levantará primeiro, terminando a refeição. Dá o exemplo. Se for um convidado, está dizendo que "não gostou", da comida. O dono deve fazer *a menção*, fingir que se ergue mas continua sentado. Em caso contrário está pondo para fora os amigos. Durante a comida não se faz o gesto de abrir os dois braços. Sinal da cruz. Luto. Não se dobra o guardanapo. Deixando-o aberto, voltará. Fechado, despedida.

As mulheres serviam-se depois dos homens. Não vinham para a mesa. Normalmente os banquetes oficiais só admitem homens. Era costume muitas vezes milenar e que existia e ainda existe pelo mundo inteiro. As mulheres estavam "fazendo" a comida e não poderiam participar ao mesmo tempo. Idêntico para todos os nossos indígenas. Europa, mundo oriental, Oceania. Toda a África. Muito lentamente é que, nas cortes da França, Inglaterra, Alemanha, ducados italianos, a fidalga sentou-se à mesa com o marido, mesmo que fosse o rei. Servia-se em mesa separada, no máximo do prestígio. Era uma regra social que se tornara, nas altas classes da Europa, pura e rigorosa etiqueta.

D. Francisco Manuel de Melo (1608-1666), que era folgazão e letrado, entendedor dos preceitos do bem-viver, na sua *Carta de Guia de Casados* (1651), conta um episódio que é típico e suficiente para o entendimento do costume, já transformado no estilo prudente da reserva feminina. Foi modo comum na velha aristocracia pastoril dos sertões. Apresentar a esposa e fazê-la desaparecer das vistas estranhas.

Dizia D. Francisco Manuel de Melo: – "Convidava (em Espanha era) um senhor principal e bem casado a alguns amigos seus de alta condição; quis que vissem sua mulher; esta se recusou; mas enfim a visitaram. Depois à mesa quis seu marido que ela também comesse e honrasse os hóspedes; retirou-se, e sendo apertada com recados, respondeu em sua própria língua: – *Dicid al Duque, qui si me hiso baxilla, no me hará vianda*. Mostrando com agudeza castelhana, que já que como baixela a fizera ver, a não quisesse também facilitar como iguaria". Tal era a lei.

Ainda resiste, pelo interior, no Brasil.

A mais popular bebida brasileira é a cachaça, assim denominada nos finais do século XVIII, mas existente, creio, desde a primeira metade do século XVII, no plano de expansão do consumo. Foi a primeira bebida destilada pelo português imitando a técnica espanhola usada na América e sob o distante modelo dos *eau-de-vie* franceses, os produtos do Cognac. Para a cachaça convergiram todos os sumos das frutas nativas ou aclimatadas no Brasil, dando a série inacabável das *batidas* ou *bate-bate*, cujo número é multidão.

Os "vinhos" indígenas fermentados, na base do sumo de frutas ou raízes, desapareceram do uso normal na sociedade que se ampliava. Resta o aluá, de milho, de arroz, mais raro, ou de cascas do abacaxi, adoçado com rapadura ou açúcar bruto, com três dias de fermentação. Era vendido habitualmente pelo Rio de Janeiro, indústria doméstica, e derramava-se por todo Nordeste e Norte onde está resistindo, mormente na Paraíba, Rio Grande do Norte e Ceará, mas não mais em caráter público e sim pelas festas do São João. O mesmo ocorreu com a *jeribita*, aguardente das borras do caldo ou do mel, tipo mais espesso e forte e que também convergiu para a sinonímia cachaceira. Era bebida independente, nome vindo de Portugal e corrente pela África dos séculos XVIII e XIX. Creio ter sido apenas um dos nomes da cachaça, dizendo-se *jeribita da terra* para distingui-la da portuguesa, importada (1757). A *jinjibirra* era bebida quase nacional, indispensável nas festas pelos sertões e litoral no ambiente pobre. Hoje é outro sinônimo da cachaça mas resiste na sua autenticidade. Bebida fermentada, espumante, inicialmente foi feita com o gengibre, *ginger-beer* na Inglaterra, de onde nos viera a denominação, nacionalizou-se com o jenipapo, água, açúcar, cremor de tártaro, fermento de padaria ou um ácido cítrico. Já havia em 1829 venda regular no Recife, informa Pereira da Costa. Chamavam-na "cerveja de cordão" porque assim amarram as rolhas nas garrafas.

Os indígenas e africanos possuíam poucas bebidas refrigerantes e as usadas consistiam em farinha de mandioca e água, com ou sem adoçante, *xibé* amazônico, *jacuba* pelo Brasil, *gongoenha* em Angola, uma das mais antigas do mundo porque já fora bebida pela deusa Démeter na Grécia, e a diziam *kykheón*, farinha de cevada, água e um adoçante que seria mel de abelhas, porque os deuses olímpicos não conheceram a cana-de-açúcar (Ovídio, *Metamorfoses*, V, 450). A jacuba continua contemporânea. O gelo chegou ao Rio de Janeiro, trazido num navio americano, em 1834. Custou a popularizar-se porque afirmavam que ele *queimava*. Naturalmente o vinho de uvas foi bebido desde a instalação portuguesa no Brasil e era mais fácil o navio não trazer gente do que faltar vinho. A cerveja era oferecida pelos holandeses quando dominavam o Nordeste, 1630-1654, mas não se divulgou porque o português e o mestiço preferiam o vinho e a cachaça. Sua presença soberana data da segunda metade do século XIX. Os licores vinham de Portugal, mas nunca mereceram predileção popular. Bebida de mulher. E a sociedade média fazia-os com jenipapo, maracujá, caju, tamarindo, este vindo da Índia. Nenhum pôde enfrentar o predomínio avassalante da cachaça, com tantos nomes quanto de gotas possuísse (José Calasans, *Cachaça, Moça Branca*, Bahia, 1951).

> Não há banho, salão ou cajuada,
> Petisqueira, folia, jogatina,
> Mão de vaca, pastéis ou feijoada,
> Que não tenha um golinho da mais-fina.

"Não há mulher sem graça, nem festa, sem cachaça", diz o cearense.

Os pratos "pesados" da culinária brasileira, panelada, sarapatel, sarrabulho, mão de vaca, o cozido com carnes e vasta hortaliça, foram ciência de Portugal. Aqui receberam o contingente local, maxixes, jerimum ou abóbora, tomates, bredos, folhas de taioba, batatas-doces, macaxeira-aipim, nativos, o africano quiabo, o leite de coco hindu. Africano, o inhame. Brasileiros, o milho, a pimenta vermelha que o negro adoraria, esquecendo as próprias, a comida enrolada em folhas, o assado no couro, também brasileiros.

O indígena conhecia mas não utilizava tanto o feijão como faz o brasileiro, tornando-o indispensável, *feijão-todo-o-dia*. "Feijão é que escora a casa", lembrava Leonardo Mota. O português estava viciado com as favas e também o feijão-branco, guisado com porco ou carne de vaca, notadamente no Entre-Douro-e-Minho, no Alentejo e nas Beiras. Aqui no Brasil o cozido português, carnes e hortaliças, hospedou o feijão, com a mesma aparelhagem do cozido, tornando-se a feijoada que, há cem anos, não era o que presentemente conhecemos e continua evoluindo, no plano da complicação digestiva. É preciso separar a refeição festiva ou rica da alimentação do trivial popular, o serviço normal no terreno comum. O cardápio do brasileiro é o elogio da conservação histórica. Assim comiam quando D. João, Príncipe-Regente, chegou ao Rio de Janeiro, em 1808. Mesmo o hábito de não beber álcool durante as refeições é uma norma brasileira. O brasileiro é, como o africano, um bebedor de água. A bebida destilada ao almoço ou jantar, em casa, empresta um ar de festa, solenidade, comemoração, ao ágape.

O indígena tinha o pirão, mas não tinha a farofa. Não empregava nenhum óleo na alimentação. O africano trouxe o azeite de dendê. O português o azeite doce de oliveira e a manteiga. Indígenas e pretos nunca se habituaram com a manteiga. Não sabiam frigir, refogar, guisar. Nem misturar batatas, maxixes, quiabos, com a carne na panela e cozinhar tudo junto. Comiam cada coisa separadamente. Nós temos o pão, farinha, farofa, pirão, para "acompanhar" carne ou peixe. Os pretos africanos e os nossos amerabas não sabiam desses "acompanhamentos". Constituíam, cada um, uma iguaria autônoma, como na Polinésia almoça-se bananas, inhames ou batatas, isoladamente. Na Itália o macarrão é autônomo, um prato soberano. No Brasil foi rebaixado à classe das ordenanças. Acompanha carne ou peixe. O queijo na França, Itália, Inglaterra, Alemanha, Portugal, Espanha etc., come-se sozinho. É suficiente e substancial. O brasileiro casou-o, inseparavelmente, com o doce. Queijo sem doce é casal desquitado. Esse costume, um crime de lesa-majestade à soberania do queijo, transmite-se ao estrangeiro que residiu no Brasil. Fica, com grande escândalo para os ortodoxos circunvizinhos, reclamando doce quando aparece o solene carrinho dos queijos rescendentes. Levamos, de uma feita, uma lata de doce de jaca, em calda, para um restaurante em Paris, frequentado pelos *gourmets* superfinos. Na sobremesa, mandamos abrir a lata e juntamos os queijos aristocráticos ao ouro daquela barbaria saborosa. A fisionomia do garção, polida e desdenhosa, era inesquecível. Deixamos a lata não vazia. Tenho a impressão de que experimentou. Lembrava-me Octave Saunier que repelia o pirão, dizendo a Oliveira Lima: – *C'est trop nourrissant...* Gostava, certamente, da *bouillabaisse provençale*, que vale três pirões.

Um prato de doentes e que tem seus méritos é a canja de galinha com arroz, que tivemos da Índia e era histórica já na primeira metade do século XVI. Não é vulgar na Europa, escondida ciumentamente pelos portugueses. O presidente Teodoro Roosevelt recebeu receita da mão do general Mariano Rondon, e dizia ser um manjar dos deuses, saboreada na viagem que fez pelo Rio da Dúvida, em 1914. Assim o modesto jacu, que Richard Burton afirmava superior ao faisão. O prato mais fidalgo do século XVIII, e que mantém sua distinção, é a galinha ao molho pardo. Foi outra oferta dos bons comedores de Portugal, começando pelo rei D. João V. Seu 4º neto, o imperador D. Pedro II, preferia canja de macuco (Tinamídeos) e para refrescar-se, água com açúcar. Tinha de morrer diabético, deduziu, coerentemente, o historiador Hélio Viana.

As galinhas não são "comida de pobre". Os pretos africanos as tiveram muitíssimo antes dos indígenas, mas tanto estes como aqueles criavam os galináceos para vender os ovos aos "brancos". Ainda hoje continua a tradição pelo interior do Brasil como pela África Ocidental e Oriental. O mesmo em Portugal onde a galinha é acepipe fidalgo, muito pouco consumido pelo lavrador e mais comumente oferecido aos hóspedes e visitas cerimoniosas. Nuns versinhos de 1821 contra o capitão-general e governador de Pernambuco, Luís do Rêgo Barreto, cantava-se no Recife:

A mulher de Luís do Rêgo
Não comia senão galinha;
Inda não era princesa
Já queria ser rainha.

Antônio Prestes, um contemporâneo de Gil Vicente, na primeira metade do século XVI, no *Auto dos Cantarinhos*, faz Custódio aconselhar a mulher que não fosse morar num sobrado, porque

*cuidarão que estaes de estrado,*
*e que merendaes galinhas.*

A mulherzinha teria estrado, como fidalga, e a galinha de merenda era manjar das açafatas e moços de Sua Majestade. "Pobre comendo galinha é sinal que não tem dinheiro para comprar carne", ditado que Leonardo Mota ouviu no Ceará. Explica-se assim por que devemos a doçaria à mulher portuguesa e não à mucama africana ou à cunhã ameraba. Ovo e açúcar jamais foram intimidades negras e indígenas.

O peixe popular é o frito, azeite de dendê ou banha de porco, nas quitandas, mercados, esquinas, assado no fogareiro improvisado, ali mesmo consumido pelo apressado ou desocupado comprador. *On devient cuisinier, mais on nait rôtisseur*, decidiu Brillat-Savarin. O peixe, a carne assada, foram realmente os mais antigos alimentos do homem. É a forma que ainda o homem, em qualquer quadrante do mundo, sabe fazer. Cozinhar é mais difícil, requerendo experiência, cuidados, intuições que escapam ao sexo fraco, ou masculino, não sendo profissional. A regra etnográfica é que o homem assa e a mulher cozinha. Como uma permanente de surpreendente antiguidade, a preferência popular é pela carne, ave e peixe assados. Come-se maior quantidade de alimentos com essa preparação que com qualquer outra. Era, para amerabas e negros africanos, uma solução lógica para a comida um pouco mais salgada, pela tostação do couro ou da pele da caça, concentrando o cloreto de sódio.

Indígenas e africanos, do Atlântico e do Índico, estes em bem maior percentagem, gostam das carnes meio deterioradas, como na Europa ama-se o *se faisander* que não agrada a todos os olfatos. Vi na Zambézia comer-se peixe positivamente podre. E o exposto nos mercados públicos não tinha, para nós, bom perfume. Mas, como um negro do antigo Congo Belga respondeu ao Doutor Cureau, *não se come o cheiro*, e a ptomaína terá recursos acidulantes, respondendo aos obscuros reclamos do apetite. Como a maior influência alimentar no Brasil foi a portuguesa, esse processo não alcançou o povo, assim como desprezamos a carne do cavalo, com açougue em Paris, Alemanha e Londres, justamente porque a carne equina não se consome em Portugal. Mas o Brasil, vez por outra, tem exportado carne de cavalo para as refeições na Europa.

O gato, trazido pelo português e pouco simpático ao indígena, é um alimento saboroso em Portugal. Também na França e no Brasil come-se muito mais carne de gato do que possa sonhar a nossa vã filosofia.

# VISAGENS E ASSOMBRAÇÕES

*– O medo é crédulo.*
Padre Antônio Vieira

*T*odas as *assombrações* e *visagens* que povoam as águas, serras e cidades do Brasil, as que aparecem nas estradas e ruas desertas às *horas abertas*, meio-dia e meia-noite, crepúsculos matutino e vespertino, modificaram-se sensivelmente desde o século XVI. Receberam influência recíproca e a fauna espantosa, que os cronistas encontraram nas primeiras décadas do descobrimento, teve cores e formas impostas pelos entes mágicos recém-chegados das terras de Portugal e dos sertões africanos. Todos os que se pareciam, irmanaram-se, permutando valores equivalentes. *Qui se ressemble s'assemble.* Só poderiam, evidentemente, cumprir a mensagem do terror ajustando-se ao entendimento receptivo dos futuros apavorados. Indispensável que tomassem aspectos capazes da determinação terrífica. Assim, os nossos monstros aceitaram o processo aculturador para a adaptação psicológica ao novo ambiente, com os brancos portugueses e os pretos da África Oriental e Ocidental.

A *Mãe-d'Água* para o ameraba foi uma serpente fluvial, COBRA-GRANDE, *Mboiaçu*, COBRA-PRETA, *Mboiuna*. O português tinha suas *Mouras-Encantadas* que, sob forma ofídica, cantavam à beira das fontes, atraindo os valentes para lhes terminarem o fadário. Eram alvas, louras, olhos azuis e voz melodiosa. Nunca um indígena brasileiro concebería a Cobra-Grande transformada em moça bonita, de pele branca, olho de xexéu, cantando. Não concebia e continua não concebendo. A *Mãe-d'Água* que surge nos livros é a Sereia do Mediterrâneo, a Ondina do Reno, da família tentadora da Lorelei.

Criou-se um nome literário e nasceu a *Iara*, vocábulo da segunda metade do século XIX. Qualquer ameraba não se seduziria vendo emergir dos igarapés um vulto pálido, louro e nórdico. Ficaria espantado e não enamorado. Para que desejasse era lógico que a figura repetisse o modelo natural das cunhãs circunvizinhas, langues e bronzeadas. Os mitos autênticos das velhas águas brasileiras, *Ipupiaras* e Cobras-negras, matavam. Não amavam. E falam no *beijo* sedutor das Iaras, esquecidos que os indígenas não conheciam o beijo. Tudo tem sido um sortilégio literário que acabou criando um complexo de credulidade na alma dos mestiços. *Fortis imaginatio generat casum*, afirmam os teólogos. Não é mais possível arredar da cabeça nacional a imagem airosa e clara das Iaras, contraltos e sopranos. E menos persuadi-la que foi produto de importação. Os negros do Daomé e da Nigéria jamais acreditarão que o milho e a banana não sejam nativos quanto eles. A banana viera da Índia e o milho do continente americano. Mas dezenas e dezenas de gerações sudanesas viveram com o milho e a banana crescendo ao alcance dos olhos. A Iara já completou cem anos de nacionalização. Usucapião centenário. Inderrogável.

Essa conversa propedêutica facilitará uma visão conjunta dos nossos assombros. Fantasmas e seres pavorosos que estarreciam o português há cinco séculos, embarcaram para o Brasil e aqui tomaram nomes indígenas.

Gigantes, sereias, cobras que são donzelas encantadas e guardam tesouros (Jericoacoara, Ceará; Pedra Talhada, Vila Bela, Pernambuco; Arraias, em Goiás); Barba Ruiva, Cabeça de Cuia das lagoas do Piauí; cavalos, carneiros, cachorros fantásticos, porcas de sete bacorinhos, galinhas de pintos de ouro; Lobisomem, mula sem cabeça, cabeças errantes como a Curacanga do Maranhão e do Pará; vaqueiro, lenhador, lavadeira, misteriosos e denunciados pelo rumor característico; o negrinho do pastoreio gaúcho, cuca e coca, o papa-figo, o velho do surrão ou do saco, furtador de crianças, gorjala, alamoa de Fernando Noronha, o bicho-homem, os mitos luminosos; joão galafuz, casa de mbororó, carbúnculo, zaoris, mão-pelada, pisadeira (pesadelo), salamanca do Jarau, os mitos do ouro, do fogo, das cidades vivas e submersas, mais uns vinte, são exportações da Europa para essa *Terra Santa Cruz pouco sabida*. Esses emprestaram elementos aos que viviam no Brasil. Coexistência funcional.

Um mito pode possuir nome indígena e ser puramente europeu como a Iara. A tradição dos gigantes não é muito ameríndia, geração miraculosa que desapareceu na confusa mitologia centro-americana, com vestígios no "Popol-Vuh" dos Maias da Guatemala e do Iucatão, deixando palácios de pedra onde *no entran ni salen ya más que el viento y la sombra,* diz Arturo Capdevilla. Alguns duendes locais foram agigantados pelo medo tropical do colonizador. Como a *Caipora,* pequenina no Nordeste, homenzarrão possante amazônico, "demônio das matas", rotulava Charles Frederik Hartt há cem anos. Esses monstros, como fantasmas de borracha colorida, foram soprados pelo português. O indígena deixou ao brasileiro alguns dos seus espantosos companheiros da treva e do silêncio das matas e dos rios: Curupira, Caapora, Saci-Pererê, Mboitatá, a cobra de fogo, Mapinguari, Capelobo ou Bolaro, a Cobra-Grande amazônica que pode tornar-se navio fantasma. Jurupari e Anhangá não se projetaram na população nacional. Ficaram, notadamente o primeiro, subindo e descendo o labirinto potamológico do rio-mar.

E o africano? Quibungo, para mim, é o mais legítimo, mesmo com tintas gerais alienígenas.

Muitos anos ofereci do meu tempo provinciano a essa laboriosa inutilidade erudita de caçar monstros e medos e guardá-los numa *Geografia dos Mitos Brasileiros,*\* terminada em 1940, publicada em 1947. É um documentário que ainda permitirá hóspedes, apesar da volumosa presença específica.

Quando se diz "europeu", entenda-se que a Europa, no mínimo, foi o entreposto exportador, mas nem sempre a origem. Assim para os mitos indígenas. Desceram do norte; mas de onde? Houve no continente algumas civilizações poderosas: incas, astecas, maias, que foram centros convergentes. Tiveram colaborações identificáveis e também obscuras. Naturalmente existe uma bibliografia respeitável no assunto mas, no plano da informação limpa e lógica, muito pouca coisa realmente conhecemos. Interpretações. Intuições. Palpites, com ares de revelação estonteante. Muitos creem e outros livros seguem, na pegada do mestre. Mas, para os que não ficam

---

\* Pela Global Editora, 3ª ed., 2002. (N.E.)

facilmente deslumbrados pelas glórias atordoadoras, os mistérios continuam, abrindo a fileira das interrogações. Falando das glaciações, um mestre mexicano, Pablo Martinez del Rio, escreve que *ha habido la tendencia por parte de muchos expertos a aceptar como plenamente comprobadas muchas cosas que en el fondo no lo están*. Pode aplicar-se esse critério a muitas conclusões "científicas". E, quando Deus permite, mesmo aprovadas em congressos importantes, como todos os congressos. Assim, um bichinho amável e fácil como o Saci-Pererê, pondo o nome de parte, estira-se pela Europa e Ásia e não há como segurá-lo em ninho certo, indiscutível. Por esse meio há muita *coragem de afirmar*, escurecendo a indagação honesta. Os livros e as viagens trazem as surpresas das coincidências e semelhanças imprevistas. *Todos os cemitérios se parecem*, dizia Machado de Assis.

Quando alguém estuda a mecânica funcional desses entes fabulosos, a maneira pela qual cada um deles exerce a função aterradora, e compara, confrontando o processo de agir com outros modelos distanciadíssimos no tempo e no espaço, os resultados são acabrunhantes para quem os julgasse típicos e característicos de uma região determinada. Não falo do lobisomem, que é universal, mas do Saci-Pererê, tão brasileiro na zona meridional. Mas, negro ou branco, com um único pé, usando carapuça vermelha que dá tesouro a quem a arrebata, e faz cabriolas e malvadezas engraçadas, espalhando um medo misturado com curiosidade e compreensão, está em muitas paragens desse mundo e nos cartapácios mais vetustos das bibliotecas mais venerandas.

Em qualquer corte geológico encontramos o basalto fundido, inicial, seguindo-se o basalto sólido; o granito subsequente e, ao final, à superfície do solo, os depósitos sedimentares. Esses mitos do pavor constituem o basalto das crenças do povo em qualquer paragem do mundo. No princípio, não se explica o fenômeno ameaçador, teme-se. *Temor deorum origo*, de Petrônio, Lucrécio, Estácio. As aquisições sistemáticas obtidas nos cursos primário, secundário, universitário, funcionam como o granito sólido, a informação orientadora, oficial, comum, indispensável, estabelecendo a unidade regular e normativa da cultura "nacional". As leituras, metódicas ou tumultuosas, viagens, intercâmbios, atividades da inteligência individual, as iniciativas mentais, valem os depósitos sedimentares, constantemente resolvidos pela renovação do conhecimento. É o esquema da geologia fundamental da nossa percepção.

As diferenciações da cultura, entre os homens isolados e os grupos coletivos, estão no derradeiro grau, no mais elevado nível, no vértice da pirâmide. Descendo, ampliando-se a base demográfica, até alcançar o alicerce basáltico dos sentimentos primários do homem, todos os povos têm, mais ou menos, as mesmas reações em face aos idênticos motivos provocadores. As crianças e os povos de cultura primária ficam na mesma possibilidade crédula, na mesma disponibilidade para temer e amar o maravilhoso, o inexplicável, o sobrenatural, porque todas as coisas são para eles maravilhosas, inexplicáveis e sobrenaturais. Estão mais próximos das fontes iniciais da sociedade, memórias e sensibilidades sem o acervo orientador da cultura posterior, e oficialmente básica. Na igualdade dos níveis as águas se reúnem, naturais e fáceis, na horizontalidade das superfícies intelectuais. É o mesmo perfil das cordilheiras. Unidade nos fundamentos e distinção orgulhosa nos píncaros.

Há, evidentemente, um clima para a vivência de todos esses fantasmas e monstros, vivos e deparados na viagem mental e popular. Como houve um tempo para os trabalhos de Hércules e a navegação dos Argonautas. Apenas, em ciclo de movimento ininterrupto, cada geração atravessa a órbita desses astros mortos e ainda iluminados pelo Medo, *Phobus*, deus a quem o próprio Alexandre prestava culto.

Assim, não é humilhante nem anormal que tenhamos nossos pavores personalizados e nossas superstições suficientes, talqualmente todos os povos possuem e temem. O caçador amazônico que, perdido na mata, faz uma cruz de cipós para afugentar o Curupira, não está longe do cidadão apressado que se acautela para entrar com o pé direito, *dextro pede*, no elevador do *Empire State Building*, de Nova Iorque, usando a pata de coelho, *rabbit's foot*, prendendo o molho de chaves.

Correspondendo às *áreas de função*, esses entes espantosos dividem-se em gerais, regionais e locais, ou, mais administrativamente: federais, estaduais e municipais.

O lobisomem, almas do outro mundo, são federais, gerais, nacionais. O Saci, a Caipora, são regionais, abrangendo vários Estados. A Cobra-Grande, Capelobo, Mapinguari, são municipais, locais, agindo em zonas adequadas e propícias à sua ecologia. Capelobo e Mapinguari nas selvas, matas, escuro da floresta equatorial. Cobra-Grande onde passem os afluentes da artéria fluvial do Amazonas. Não alcança os sítios interiores, acima da barragem das cachoeiras. Precisando: – certos seres ocorrem em vários lugares, mas de ação subalterna, sem que assumam valores de ação geral: – onça-maneta, cavalo de três pés, cavalo sem cabeça, fogo encantado ou corredor, carro de fogo, casas com rumores insólitos, árvores com vozes confusas e sussurrantes (quase sempre gameleiras), cresce e míngua, sombras fugitivas, apitos, assobios, galope de animais invisíveis, fogachos que denunciam dinheiro enterrado, lavadeira batendo roupa, lenhador cortando pau, caçador andando, reconhecíveis pela bulha característica e jamais vistos; vozes chamando, músicas sem músicos, porca dos sete leitões, galinha dos pintos de ouro. São centenas.

A circulação desses mitos dependeu da movimentação demográfica. Os indígenas não se deslocaram tão intensamente quanto os portugueses. As migrações do tupi, do sul para o norte, não explicariam a difusão dos seus mitos na população brasileira posterior. Os africanos ficaram nas zonas de trabalho e quando fugiam, criando os quilombos, jamais foram esses muito distanciados das áreas iniciais da fixação. A divulgação deveu-se principalmente aos mestiços, mamelucos, cafuzos, mulatos, curibocas, acompanhando a marcha bandeirante e pesquisas do ouro e diamantes. Assim o folclore indígena reviveu no sangue fiel dos primeiros brasileiros. Guardaram e transmitiram a herança comunicante dos assombros.

Com as lutas pela colônia do Sacramento nasceu o Rio Grande do Sul, e povoou-se litoral e sertão desde as praias paulistas. A vizinhança do Rio da Prata permitiu a transplantação de mitos, bailados, costumes, indumentária, além-fronteira. Aí ficariam mitos espanhóis, as salamancas, os zaoris, que veem através de corpos sólidos, a mãe do ouro que guarda as minas, e que não teriam ambiente depois do rio São Francisco. Mas o indígena deixara o Curupira, o Saci, o Jurupari, a Mboitatá, como trotariam o lobisomem e a Mula sem Cabeça, lusitanas.

Largado do norte, o Boi-Barroso aclimatar-se-ia nas querências, mugindo nos pampas. Não houve uma recíproca no plano influencial, como milhares e milhares de nordestinos que emigraram para o Pará e Amazonas levaram seus mitos mas não trouxeram nenhum da planície, das matas e das terras molhadas pelos imensos rios perenes.

O folclore do Rio Grande do Sul, tão copioso e rico, evidencia, como em nenhuma outra parte do Brasil, a força aglutinante do elemento português. Explica-se essa predominância em São Paulo, Minas Gerais, Bahia e Pernambuco, mas a extrema austral sofreria a impulsão osmótica dos povos *plateños*, não apenas orientadora mas julgadamente modeladora. Mas o gaúcho, como expôs brilhantemente Moysés Vellinho, manteve sob o poncho e a bombacha as bolas e o chimarrão, a substância medularmente lusitana, visível nos elementos cardeais de sua literatura oral, nas fórmulas com que modificou o material fronteiriço para apresentá-lo dentro dos esquemas compreensivos do complexo cultural português no Brasil.

Por isso o folclore é um fator preponderante no sentido da unidade emocional brasileira, incessante e poderoso na força de aproximação, intimidade, sentimento, fusão psicológica, ternura lírica, vibração moral. O idioma não é um vínculo permanente de coesão. Exemplo irrespondível nos povos da língua árabe, alemã e castelhana, aqueles na África e Europa, estes na América. Nem os próprios elementos étnicos, partindo, para nós, do indígena, que o jesuíta Altamirano afirmava *ser o animal mais raro e inconstruível que Deus criou*. Um fundamento de constante coesão é a cultura tradicional, legítima, radicular, sentida, vivida pelo povo. O milagre da fidelidade judaica deverá imensamente a esse patrimônio, não unicamente à doutrina religiosa, hirta, implacável, imperiosa, mas à incessante colaboração popular nos usos e costumes, em séculos, ampliando no plano sentimental os dogmas mosaicos: o *Talmud, a Mischná* codificadora, e nas *Agadás*, os *midraschim*, pesquisadores da vida comum, embora espalhada pelo mundo, no exílio milenar.

No folclore, essa fauna miraculosa classifica-se, quanto à função, nos Mitos de Transformação, subdividindo-se em Punição e Encantamento, e os Permanentes, que mantêm a imutável forma exterior.

Os Mitos de Transformação, na classe "punitiva", são os lobisomens, filhos de incestuosos; a Mula sem Cabeça ou Burrinha de Padre, que também toma o aspecto canino, sempre negra e alentada cachorra, uivante e feroz, punição da amásia do sacerdote; Fogo Corredor, também "Fogo do Compadre com a Comadre", uma tocha única que funde as duas almas pecadoras porque o compadrio é um título de sangue fraternal, indissolúvel. Os de Encantamento são cumprimento de penas sobrenaturais, passíveis de terminação por um ato heroico de criatura viva, ou satisfação da sentença, expiração do prazo. A Cobra Norato, no Pará, era o mameluco Honorato que, na pele de enorme serpente aquática, atemorizava os navegantes. Libertou-se da sina porque um valente soldado de Cametá sacudiu um pouco de leite humano às goelas e acutilou-a na cabeça, merejando sangue. O Cabeça de Cuia, do rio Parnaíba e também do Maranhão, assombro dessas águas, devora uma Maria donzela cada sete anos. Com a deglutição da última, voltará à forma masculina. Perdi a solução para o Barba Ruiva ou Barba Branca, matador de banhistas na lagoa de Paranaguá, no Piauí, findar o fadário. As serpentes que são princesas vigiando tesouros no Ceará, Pernambuco e Goiás, desencantar-se-ão se abraçarem um homem sem medo. Ocorre semelhantemente com certas Mouras em Portugal.

O lobisomem e a Mula sem Cabeça cumprem sentença de uma noite. Ao cantar do galo voltam ao natural. Os "permanentes" são todos os demais, conservando o aspecto tradicional, Curupira, Mapinguari, Capelobo, Caipora, Boitatá, Alma Penada, Mão de Cabelo, os Curuanas que vivem no fundo dos rios amazônicos, Chibamba, Negro Velho, cavalo, cães, galinha, porcos, onças, com formas peculiares e afamadas, na missão do pavor.

Certos feiticeiros podem, voluntariamente, tomar a forma animal, no exercício de tarefas especiais.

Dessas ciências bruxas há um depoimento de Silva Campos, colhido no Maranhão, expressivo e típico.

*"Os Dois Feiticeiros"*. Dois feiticeiros afamados estavam um dia brocando um roçado. Cada um deles desejava, há muito tempo, experimentar a força do outro. Não podia haver, então, melhor oportunidade, pois estavam sozinhos e em lugar deserto.

Um dos homens, dizendo que ia fazer uma precisão, afastou-se. O companheiro, desconfiando da massada, abaixou-se atrás de uma moita e ficou de espreita. Daí a pouco viu sair da vereda por onde o outro se sumira, andando no rumo da moita, uma onça-*trigue* que era uma milhada.

Quando a bruta chegou junto da moita deu de cara com um rolo de surucucu, que era uma medonha. A bicha estava com a cabeça em pé e a língua de fora, canariando, que estava mesmo danisca. A onça deu um pulo para o lado e entrou, que entrou desadorada.

Depois de alguns minutos o feiticeiro que tinha desaparecido na vereda voltou para o trabalho, encontrando o companheiro bem de seu, de foice em punho; e, calados, continuaram a broca. À tardinha, quando largaram o serviço, o que se virara em onça disse ao parceiro:

– *Home, tu sois* bom *devera...*

– Ou! quem tem inimigo não dorme!... ("Contos e Fábulas Populares da Bahia", *in O Folk-Lore no Brasil*, de Basílio de Magalhães, Rio de Janeiro, 1928).

É crença firme, recebida de Portugal, que as bruxas têm essa propriedade transformista. Numa denunciação ao Santo Ofício, em 16 de agosto de 1591, na cidade do Salvador, dona Lúcia de Melo acusava "huã molher prove, casada com ho Godinho, carcereiro... a qual disse a ella denunciante sabendo que ella era medrosa que lhe avia de fazer hum dia hum medo. E hum sabado a noite estando ella com sua irmãa cosendo a candea veo huma borboleta muito grande com huns olhos muito grandes e tanto andou ao redor da candea que hapagou e não apareceo mais e despois day a alguns dias lhe perguntou a dita molher que já é defunta se vira ella alguma cousa que lhe fizesse medo e ella denunciante lhe contou da dita bolboreta ... então ella lhe respondeo que *ella mesmo era a borbolheta...*"

Noutra denunciação, outubro do mesmo 1591, Isabel de Sandales informa "que huã pessoa indo da cidade pera Villa Velha de noite no caminho de Sam Sebastião ou de Agua dos Meninos achara duas donas honradas desta cidade *em figura de patas* e que huã delas era dona Mecia."

Em Ubaeira (Augusto Severo, RN), havia em 1912 quem tivesse a virtude de mudar-se em raposa ou peru, dependendo dos dias da semana e situação lunar. Era conversa dada como verídica pelos casuístas sertanejos das redondezas do Logradouro, onde eu então vivia.

Manuel Ambrósio (*Brasil Interior*, S. Paulo, 1934), que tão bem conhecia o folclore do rio São Francisco ao derredor de Januária (Minas Gerais), especifica as condições formadoras da bruxa e que, *mutatis mutandis*, explicam o feiticeiro nato, *por sina*.

– "A muié que pare incarriado seis fía femea, condo é pra tê as sete, bota logo o nome de Adão, tudo trocado, sinão a menina vem, e logo sahe bruxa. Assim que chega no sete anno vira aquella barbuletona, entre p'la fechadura da porta da muié parida e xupa o embigo das criança que morre o c'o mal de sete dia, conde a parteira não é bôa mestra e esquece de botá a thesoura aberta debáxo da cama da parida, onde a criança nasce."

A mãe de seis filhos machos, esperando o sétimo, deve pôr-lhe antecipadamente o nome de Eva, para torná-lo mulher e livrá-lo da sina de ser um lobisomem, correr sete freguesias na noite da sexta-feira, *cumprindo o fado*. Todos esses preceitos vieram de Portugal.

A tesoura aberta para afastar a bruxa hematófaga é tradição espalhadíssima pela Europa, compreendendo os Balcãs. Para guardar a parturiente romana dos assaltos brutos de Silvanus, punham ao redor do leito um objeto de ferro, um dos utensílios dos deuses Picumnus e Pilumnus, guardiões dos trabalhos rurais (*Superstições e Costumes*, "A Bruxa e a tesoura aberta", ed. Antunes, Rio de Janeiro, 1958).

As bruxas, que chamamos "feiticeiras", gozavam do mesmo privilégio, ficando borboletas, patas, gansas, cadelas, quando necessário. Esses *poderes* foram murchando no século XX. Eles e elas *trabalham nas rezas*, fazendo também *despachos, canjerês, muambas*, feitiços para a transmissão de infelicidades pelo contato, e depositados nas encruzilhadas ou ao pé do batente da casa. A figa ou a ferradura, detrás da porta, anulam essas perversidades intencionais.

Os pajés com mais de sete fôlegos podem ficar invisíveis, andar debaixo de água e *mudar-se à vontade no animal que lhes convém*, informava o conde de Stradelli. Estamos, infelizmente, em plena decadência mágica porque, em fins do século XIX, o velho Taracuá confessava a Stradelli: – *Hoje não há mais pajé, somos todos curandeiros*, isto é, gente de cinco fôlegos para baixo. Os indígenas, como

feiticeiros, estão em declínio e a própria *Pajelança* do Pará-
-Amazonas (capitais), outrora orientada pelos médiuns amerabas, passou ao domínio da sabedoria negra. Numa dessas sessões, em Belém, contou-me o saudoso Bruno de Meneses, sendo o espírito *acostado* saudado como pajé, protestou, cantando:

> *Não me chame de pajé!*
> *Não me chame de pajé!*
> *Sou filho do rei de Mina*
> *E sou barão de Goré!*

Autêntico príncipe sudanês, filho de soberano em Gana e com baronato em Dacar.

Na minha pesquisa sobre o *Catimbó* (*Meleagro*, Rio de Janeiro, 1951),** ouvia sempre dos "mestres" catimbozeiros a confidência de que não mais havia o conhecimento das *forças* antigamente possibilitadoras de o homem *virar* qualquer animal, preferencialmente mamíferos. Mestre Remígio, de Papari (Nísia Floresta, RN), vivo na última década do século XIX, ainda tinha esses *bons saberes* excepcionais. Era mais fácil *ir* do que *voltar*, isto é, recobrar a forma humana. Havia casos em que o feiticeiro ficava animal para o resto da vida, como sucedeu com a *Onça Borges*. Borges era o mais extraordinário dos vaqueiros do rio São Francisco, invencível e misterioso. Para experimentar o sangue-frio do um discípulo, transformou-se em onça canguçu. Voltaria a ser homem pondo-se-lhe na boca uma folha verde, que deixou na mão do aluno. Este, vendo a fera, fugiu espavorido e não reapareceu. O vaqueiro ficou sendo a Onça Borges, possante e cruel, conservando a voz humana, para lamentar-se, na solidão, da covardia do rapaz e da tragédia da própria existência.

O lobisomem é o motivo mais antigo e universal. *Versipélio,* dos romanos; *licantropo*, dos gregos, *loup-garou* francês, *oboroten* russo, *hamrammr* nórdico, *volkodlak* eslavo, *werwolf* saxão, *wahwolf* germânico, *lobisomem* (com várias grafias) na península ibérica, de onde viajou para toda a América, continuando contemporâneo. Origina-se de três justificações vulgares: (a) fruto de incesto, (b) sétimo filho homem, (c)

---
** 2ª ed., Rio de Janeiro: Agir, 1978. (N.E.)

os hipoêmicos, opilados, anêmicos, *amarelos*, procuram dessa forma ressarcir a carência sanguínea devorando animais vivos, notadamente leitões e mesmo pessoas. Despem-se, guardam a roupa, escondendo-a, revolvem-se na estrumeira ou chiqueiros de porcos, encruzilhadas, tornando-se um animal de grandes orelhas balouçantes cujo rumor atrai a perseguição dos cães; tamanho de jumento ou bezerro novo, correm sem deter-se, exceto para comer, sete freguesias, na noite da sexta-feira para o sábado. É vulnerável a bala e arma branca. Ferindo-o, que *faça sangue*, "quebra o encanto" para sempre. Muitas estórias mostram o lobisomem, mortalmente ferido, voltando à forma humana ainda com um bacorinho nos dentes. Come excremento de galinhas, couro, pano velho. Contam no Brasil de uma mulher que foi atacada numa estrada deserta por um lobisomem que lhe estraçalhou o xaile vermelho. Na manhã seguinte viu os farrapos nos dentes do marido adormecido. Conto popular em Portugal, Espanha, França, Bélgica. No Nordeste, a bala ou chumbo destinados ao lobisomem devem ser untados com cera de velas bentas. Normalmente, o lobisomem procura matar quem lhe terminou o destino, para guardar o segredo comprometedor.

Há coincidências notáveis no plano da transmissão temática. Francisco Teixeira, *seu* Nô, empregado de meu Pai em Natal e depois soldado do Esquadrão de Cavalaria, contava: − Trabalhando num engenho de açúcar no vale do Ceará-Mirim (RN), passava ele o serão dizendo não acreditar nas aparições que os companheiros evocavam. Um deles, homem robusto mas pálido, de nome João Severino, meio zangado, declarou-lhe que dentro de breves dias talvez se arrependesse de zombar dos lobisomens. Os companheiros do eito avisaram que João Severino *virava* e que *seu* Nô andasse armado e nunca se afastasse das casas do engenho. Uma noite vinha este atravessando uma pequena várzea quando um bicho preto, do tamanho de um bezerro, com imensas orelhas tatalantes, coberto de pelos, precipitou-se sobre ele, roncando de furor. A luta foi desesperada e o trabalhador defendia-se atirando facadas que não apanhavam o animal agilíssimo e esfomeado. Depois de muita aflição, *seu* Nô conseguiu furar o bicho no pescoço. Imediatamente este rosnou de cólera e saltou para o mato, desaparecendo. O vencedor, morto de medo, mal dormiu. Pela manhã, não vendo João Severino entre os companheiros para a faina diária, perguntou por ele. Disseram que amanhecera doente. Foi visitá-lo. Encontrou-o deitado, gemendo, tomando remédios, com a nuca amarrada e ferida. Se *seu* Nô soubesse latim teria citado Petrônio: *intellexi illum versipellem esse*.

É exatamente a mesma estória de Niceros (Petrônio, *Satyricon*, LXII), vivida no tempo do imperador Nero. Absolutamente idêntica. Difícil uma localidade onde não haja alguma tradição referente ao lobisomem.

A Mula sem Cabeça, Burrinha de Padre, ou simplesmente Burrinha, é a materialização punitiva da concubina do sacerdote católico. Mula possante e veloz, com os cascos cortantes como navalhas, percorre num ímpeto furioso grande número de léguas e, mesmo sem cabeça, relincha e há quem haja visto seus olhos flamejantes. Despedaça tudo às patadas, até o terceiro cantar do galo, quando retoma a feminina aparência, arrastando-se para casa, malferida e sangrenta. Galopa por toda a América. *Mula Anima* na Argentina ao México, onde é a *Malora*. Mesma técnica desencantadora do lobisomem. Divergem as informações quanto à época da metamorfose – de sete em sete dias, semanas ou meses. Chamando-se Ana, nome da avó de Nosso Senhor, sofre o castigo apenas de sete em sete anos. Para evitar o suplício, deverá o amásio amaldiçoá-la antes de ir à igreja celebrar a missa.

Luís Velho, morador no engenho "Cruzeiro", Canguaretama (RN), encontrou uma Burrinha, empenhando-se em luta desesperada, ferindo-a com um chuço. Apareceu uma moça, filha de família rica e poderosa, de grandes proprietários. Deixou-a em casa, enrolada na roupa que lhe emprestou porque a menina estava despida. Recebeu bom dinheiro para não contar o caso mas preferiu mudar-se para Goianinha, temeroso das emboscadas que a ex-Burrinha mandava fazer-lhe, para que não se divulgasse a fama da sua "moléstia". Ouvi o depoimento do próprio Luís Velho.

*Alma do outro mundo* vem pedir orações, cumprir penitências ou indicar dinheiro enterrado, sob pena de impossível salvação. É o mesmo feitio espectral e clássico; amortalhadas, hirtas, andando sem rumor e erguidas do solo, iluminadas com uma luz baça e trêmula, falando nasalmente, aparecem em grupos processionais ou isoladas, enchendo de pavor quem as percebe. As *em penitência* são sempre numerosas e evitam assistência humana. Os perturbadores sofrem desagradáveis consequências pela curiosidade. As demais vêm com missão determinada, avisos, indicações, súplica de sufrágios. Outras satisfazem tarefas incompletas: celebrar missas defraudadas, repor marcos arredados dos limites legais, auxiliar famílias perseguidas injustamente. São todas *mandadas*, permitidas por Deus, naquela ambulação sinistra. Deixaram, momentaneamente, o Purgatório. Do Inferno não sai alma nenhuma. A Alma *em pena* conduz uma luz constante e discreta, clareando-lhe os pés ou a túnica alvinitente. Tanto mais docemente luminosas quanto mais próximas do Paraíso. Falam o mínimo possível.

Os animais fantásticos conquistam prodigiosa notoriedade apavorante pela anomalia física. Cavalo de Três Pés, com ou sem cabeça, tendo ou não asas, coiceando, voando, relinchando por todo o Brasil. Karl von den Steinen registara-o em Mato Grosso, sinônimo da Mula sem Cabeça. Cavalo do Rio, fazendo soçobrar as embarcações do rio São Francisco, evitando atacar a barca que conduzir na proa uma efígie equina. Daí as esculturas de "cabeça de cavalo" nas barcaças do São Francisco, lindo ornamento que está desaparecendo. O Cavalo Encantado ou Fantasma ninguém consegue ver, distinguindo-lhe o ritmo das pisadas nas ruas noturnas de Angra dos Reis. O Cavalo sem Cabeça em S. Paulo é o castigo do sacerdote prevaricador contra o sexto mandamento. Há no folclore brasileiro as Onças exóticas e perturbadoras. Onça-Boi, com cascos bovinos, Amazonas, Acre, Pará, infatigável na caça obstinada aos seringueiros e caçadores desnorteados. Onça Cabocla, norte-mineira do São Francisco, mudando-se em velha indígena, esfomeada e violenta, devorando o fígado e bebendo o sangue das vítimas. Onça da Mão Torta, alma penada de vaqueiro, invulnerável, errando pelas nossas fronteiras setentrionais, correspondendo à Onça-Maneta do Brasil austral. A Onça Pé de Boi é modalidade da Onça-Boi. Apenas possui uma pata dianteira como um boi, reconhecível no rasto, deixado nas extremas do norte brasileiro. Anta-Cachorro, de Pará-Goiás, caçando os caçadores inexperientes. A Porca dos Sete Leitões que acompanha roncando os noctívagos amorosos de S. Paulo, Minas Gerais,

Mato Grosso e que Mistral registou na Provença. Imagem da luxúria carnal, castiga a mãe infanticida, assombrando o vagabundo erótico. O Gogó-de-Sola, do Acre, tão diminuto no porte quanto agressivo na conduta e que o Prof. Padberg Drenkpol sugeriu-me tratar-se da irara (*Galictis barbara*) ou um mustelida, o *Grisou vittatus*, de Schreb. O Boto, vermelho, delfim fluvial, transformando-se em rapaz de graça irresistível, dançador, bebedor, cantor e conquistador infatigável, pai de todos os filhos anônimos amazonenses, figura inexistente nas fontes da antiga bibliografia e aparecendo no século XIX. A Cobra-Grande, poderosa, informe, comandando as águas do rio-mar, mito proteiforme, primário, explicador de erosões e desnivelamentos ribeirinhos; *Natura God*, possível reminiscência ofiolátrica cujos elos mais nítidos se perderam na memória do extremo norte do Brasil. Pode mudar-se em Navio Fantasma, veleiro ou motorizado. Na lenda paraense, que Couto de Magalhães recolheu, a Cobra-Grande manda a Noite dentro de um caroço do tucumã (*Astrocaryum tucuma*, Mart.), para que a filha possa consumar o matrimônio. Nas tradições antigas a Cobra-Grande jamais tomava a forma humana. Ultimamente, democratiza-se, mas é uma visível aculturação com os delfínidas namoradores.

Nas fronteiras do Piauí-Maranhão havia o Carneiro Encantado, animal gigantesco com uma estrela resplandecente na testa, alma de monge missionário, assassinado por ladrões que se arrependeram. Em Campo Maior, Piauí, surgia o Carneiro de Ouro, *vestido de luz*, guarda de tesouros próximos.

Algumas *assombrações* e *visagens* conservam o aspecto de homem, como o amazonense Mapinguari, coberto de cabelos, invulnerável exceto na região umbilical, antropófago, pele encouraçada, pés invertidos ou não, temível sempre como o seu distante parente *Koungarraissu* que o coronel Prjévaslski encontrou na Mongólia. Devora, o Mapinguari, todos os homens que se perdem nas estradas da mata. O Capelobo, corpo de homem e focinho de anta ou tamanduá, mastigando os cães e gatos recém-nascidos, confundindo-se com o Pé de Garrafa, também Pará-Amazonas-Acre, e nas matas maranhenses do Pindaré trepanando o crânio dos indígenas para sugar-lhes a massa cefálica. É o mesmo Bolaro dos indígenas tucanos. Gorjala, gigante moreno, imobilizando a presa debaixo do braço e rasgando-a às dentadas, segundo Gustavo Barroso. O Gorjala (de *gorja*, garganta), encouraçado com os cascos das tartarugas, é ainda o Mapinguari, final encantado dos chefes indígenas que viveram demais. Barroso compara-o ao Polifeno, um Polifeno sem Galateia. O Pé de Garrafa, assobiador, gritador, desnorteando os colhedores de poaia (*Cephalis ipecacuanha*, Rich.), para atraí-los e matá-los para comer, em Mato Grosso e Goiás. O infixo, variado, desconforme Bicho-Homem, alto como uma montanha, semeador de pavores. O vago e temeroso Arranca-Línguas dos sertões do Araguaia, devastador dos rebanhos, e que era uma epizootia. O Corpo-Seco e o Bradador, do Brasil meridional, assombros de um cadáver ressequido e atordoante na ação amedrontadora, ou da voz atroadora, incessante, enlouquecendo os viajantes, como a Zorra Berradeira em Portugal. O Zumbi, outrora prestigioso, tomando vinte formas, provocando rumores inexplicáveis, aumentando e diminuindo a estatura como o Cresce-Míngua do Piauí, pavor que os pretos do Angola haviam trazido e aclimatado entre os "senhores brancos" e que Vale Cabral estudou.

Resistem ainda as cabeças errantes e luminosas, Curacanga, no Maranhão, bola de fogo que para os caxinauás acrianos é a Origem da lua, bruxa para Basílio de Magalhães, *la concubine d'un prêtre* para o barão de Santana Nery, *khatekhate* na Bolívia, *kefke* do Peru, e que Wiener descreveu na China e existe um pouco por toda a parte. O Fogo Corredor, Fogo-Fátuo, Fogo Vadio, Batatão, a forma popular da quinhentista Mboitatá, Cobra de Fogo, terror de viajantes. O Homem da Língua de Fogo, fantasma dos tabuleiros do agreste nordestino. O impreciso Mão-Pelada que deu a página magistral de Afonso Arinos. O Mão de Cabelo, ameaça para crianças insones. A Chibamba, também de Minas Gerais, legitimamente angolana, vestida de esteira de bananeiras, roncando como porco e dançando compassadamente.

Todas as províncias brasileiras têm seus assombros e visagens particulares cuja existência será participada aos estudiosos que demorem na pesquisa local. São os denominados *mitos secundários*, dificilmente recenseados totalmente pela variedade dos tipos e, em maioria, apenas mudanças de nomes designativos.

O Quibungo é personagem central e constante na literatura oral da Bahia, figurando-se um negro velho, papão, ogre, com uma abertura no meio das costas que se alarga quando ele baixa a cabeça e fecha quando a ergue. É seu estômago e depósito de crianças e mulheres que engole sem mastigar, de onde, às vezes, são retiradas vivas. Negro africano quando fica macróbio, vira Quibungo, macacão peludo, assim como o indígena centenário vai ser Mapinguari. Podem matá-lo a bala, facas, cacete. É malvado, faminto, traiçoeiro, covarde. No idioma quimbundo, de Angola, Quibungo é o lobo, feroz, agressivo, impopular. Mas o Quibungo não é assombração nem visagem. Não aparece a ninguém nos recantos ermos. Vive unicamente nas estórias, exemplo de canibal noturno, negro do surrão, Papa-figo, ladrão de meninos. Deduz-se que a sua inclusão no folclore da Bahia veio por intermédio dos *missossos* angolanos, os contos populares de Luanda. As características do Quibungo reaparecem noutros monstros pela Europa e Ásia.

O Zumbi está praticamente desaparecido nas suas antigas áreas de permanência. Não amedronta como outrora. Era o que Max Müller dizia ser um *mito de confusão verbal*. Em quimbundo, *Nzambi* é nome supremo da divindade, poder sobrenatural no absoluto, e *Nzumbi* é espectro, fantasma, espírito de gente morta. O Zumbi, nacionalizado no Brasil, tivera mais formas que um profissional de transformismo. Presentemente a mais espantosa presença é o Zumbi do Cavalo, o fantasma do cavalo defunto, aparecendo, galopando, visível, reconhecido, nas várzeas do Açu, no Rio Grande do Norte e em Alagoas. O espectro animal é provocado sempre que se enterra a carniça de um irracional. Sepultura é para corpo batizado. Dando-se um túmulo ao cavalo é inevitável o aparecimento do Zumbi do Cavalo, assustando os viajantes. O Sr. Ernest Bozzano publicou em Paris (ed. Jean Meyer. B. P. S., sem data) um ensaio sobre as *Manifestations Métapsychiques et les Animaux*, com muitos exemplos no assunto. Nesses campos alucinantes *yo en esto ni entro ni salgo*, como dizia Menéndez y Pelayo.

*Jurupari* nunca figurou realmente no folclore brasileiro. É uma presença literária, valendo um Demônio ou o Pesadelo, conforme os missionários de ontem e os etimologistas de hoje. Os indígenas ainda mantêm seu culto na extensão do rio Negro, por onde parece haver descido das tribos aruacos do Orenoco, via Cassiquiare. Não o deparo no Sul entre os cronistas dos séculos XVI e XVII. Claude d'Abbeville registrou-o em 1612 no Maranhão, *est meschant*, e os tupinamhás o diziam *ipochi* Jurupari, o mau, repelente, o sujo Jurupari, parece-me para distingui-lo de outro que não merecesse os apodos. Nos *Diálogos das Grandezas do Brasil*, 1618, fixa-se ainda Diabo, Juruparim. Marcgrave, 1640, irmanava-o, em Pernambuco, ao Anhangá, ambos satânicos, *Jurupari et Anhanga significant simpliciter diabolum*, e o mesmo escrevia, sem vir ao Brasil, o cronista Barléu, citando o Irupari. Sabe-se que nem Tupã era deus ameraba e nem Jurupari ou Anhangá foram demônios brasileiros. Jurupari, reformador de costumes, égide de religião nova, criador de cultura, está distanciadíssimo de qualquer aproximação infernal. O estudo de Stradelli é suficiente (*Leggenda dell'Jurupari*, Roma, 1890), e D. Frederico Costa, bispo do Amazonas, e o etnógrafo padre C. Tastevin libertaram o deus amazônico da excomunhão catequista do século XVI. A menção do seu nome no plano maldito e o emprego subsequente, nessa acepção, pelos indígenas batizados, decorrem da falsa convenção, esvaziada de todo conteúdo verídico. Jurupari não se divulgou entre o povo brasileiro embora continue cultuado pelos fiéis do rio Negro. J. Simões Lopes Neto citou-o no Rio Grande do Sul (*Lendas do Sul*, Pelotas, 1913) mas a fonte seria letrada e não recolta folclórica. Jurupari é um motivo erudito.

*Anhangá* foi um demônio indígena do século XVI no sul do Brasil e que ainda resiste como fantasma contagiante pelo Amazonas. Jean de Lery acusava *Ainhan* de perseguir insistentemente e torturar os cariocas de 1557. O frade André Thevet fazia libelo semelhante ao *Agnan*. Pelo que sabemos, Anhangá punia culpas sem que exercesse atividade sádica, que corre por conta dos desenhistas da época. Marcgrave, no século XVII, nivela-o ao Jurupari. Hans Staden deparara-o em S. Paulo, *Ingange*, frequente e malévolo nas aparições. Na segunda metade do século XIX era muito encontrado no Pará-Amazonas (Couto de Magalhães, Barbosa Rodrigues e sem dar-lhe nome, Brandão de Amorim). Era um veado, branco, com os olhos de fogo, castigando os caçadores desapiedados e ávidos.

Os veados possuem, pela Europa, Ásia e América Latina, um complexo supersticioso, obrigando restrições e respeitos quanto a caça, dias e fases lunares porque provocariam infelicidades aos desobedientes. Votivo da deusa Diana, sempre foi cercado de certos mistérios. No século VIII apareceu ao futuro Santo Huberto, com uma cruz luminosa na cornadura. No Morro Branco, arredores da cidade do Natal, vivem três deles, espelhantes e fantásticos.

O Anhanga contemporâneo apresenta-se como um estado mágico, uma forma espectral de certos animais, correspondendo ao Zumbi nordestino, Stradelli mencionava o *pirarucu-anhanga*, a *iurará-anhanga*, "visagens" do peixe e da tartaruga. Jorge Hurley, em 1919, no Gurupi, Pará, ouviu um estridente e prolongado assobio que os indígenas tembês, que o acompanhavam, disseram ser da *Anta-anhanga*. Eduardo Galvão (*Santos e Visagens*, São Paulo, 1955), no Baixo Amazonas de 1948, cita uma *inhambu-anhanga*. Couto de Magalhães elevou o Anhanga às responsabilidades de protetor dos animais terrestres, *contra os índios que quisessem abusar de seu pendor pela caça*. A tutela anterior do Anhanga parecia limitar-se aos cervídeos e agora denominar uma forma de ser para os animais *visagentos*, tornados "visagens". Fora da Amazônia o Anhanga, assombrando desde São Paulo, desapareceu.

A possibilidade de qualquer animal "encantar-se", conservando a aparência da espécie mas possuindo valores mágicos, é uma compreensão inteiramente lógica nos nossos dias presentes. Para o povo o animal é uma forma e não uma substância diferente da humana. Todos foram "feitos por Deus" e participam da unidade vital. Animal e homem podem tomar a forma um do outro, dependendo dos *poderes* que possam dispor e manejar.

É uma concepção "normal" que Frobenius encontrou por toda a África e Walter Krickeberg pelas regiões setentrionais da América. Os fabulários ameríndios estão fartamente cheios desse conceito e os feiticeiros-dançarinos da gruta "Trois Frères" (Ariège, França), vestidos de cervos, bailando para atraí-los, não pensavam, desde o Madaleniano, de outra maneira.

Os três duendes vivos e temíveis são o Curupira, Pará-Amazonas--Acre, o Saci-Pererê, centro e sul do Brasil, a Caipora, por todo

Nordeste, sertão e praias. São inesgotáveis de artimanhas, astúcias, vadiações mais ou menos pitorescas para os que não as sofreram, e com poderes excepcionais. Não atravessam água. Têm horror à pimenta. Queimar pimenta ou misturá-la nos alimentos oferecidos é a solução radical para expulsá-los de qualquer convivência. Creio que a luz elétrica obriga esses velhos diabretes a recuar e diluir-se para os recessos mais obscuros. Para que vivam, alguns sofrem adaptações atualizadoras, mas outros, indeformáveis, fogem do contato dos homens e residem bem longe de suas pompas e problemas. O Saci não abandonou as cercanias aldeãs e proximidade das estradas paulistas, reaparecendo, inconfundível e burlão, vez por outra. A Caipora não esqueceu as trilhas de caça no sertão e suas estórias constituem patrimônio da própria reminiscência dos caçadores mais ou menos profissionais. Há provas expressas de que não morreram, atropelados pelos automóveis, esmagados pelos grandes caminhões de carga, de tráfego noturno, quando atravessassem as rodovias.

O Curupira segue vivendo na sua região histórica. Eduardo Galvão informa: "Na cidade ou nas capoeiras de sua vizinhança imediata não existem Curupiras. Habitam mais para longe, *muito dentro* da mata. A gente da cidade acredita em sua existência, mas ela não é motivo de preocupação porque os Curupiras não gostam de locais muito habitados".

Realmente, o Curupira era sempre encontrado nas matas, pelos caçadores ou mulheres que iam apanhar frutas, lenha, ou voltavam das plantações.

Couto de Magalhães, em 1876, ensinava: "O Curupira é o deus que protege as florestas. As tradições representam-no como um pequeno tapuio, com os pés voltados para trás, e sem os orifícios necessários para as secreções indispensáveis à vida, pelo que a gente do Pará diz que ele é *muciço*. O Curupira ou Currupira, como nós o chamamos no Sul, figura em uma infinidade de lendas, tanto no norte como no sul do Império. No Pará, quando se viaja pelos rios e ouve-se alguma pancada longínqua no meio dos bosques, os remeiros dizem que é o Curupira que está batendo nas sapupemas, a ver se as árvores estão suficientemente fortes para sofrerem a ação de alguma tempestade que está próxima. A função do Curupira é proteger as florestas. Todo aquele que derruba, ou por qualquer modo estraga inutilmente as árvores, é punido por ele com a pena de errar tempos imensos pelos bosques, sem poder atinar com o caminho da casa, ou meio algum de chegar entre os seus".

Barbosa Bodrigues (*Poranduba Amazonense*, Rio de Janeiro, 1890) discorre sobre a diversidade morfológica do Curupira: – "No Amazonas é um tapuio pequeno, de quatro palmos (Santarém), calvo ou de cabeça pelada, com o corpo todo coberto de longos pelos (rio Negro); muciço e sem ânus (Pará); com um olho só (rio Tapajós); de pernas sem articulações (rio Negro); de dentes azuis ou verdes e orelhas grandes (Solimões); e sempre com os pés voltados para trás e dotado de uma força prodigiosa. Mostra e esconde a caça conforme a simpatia que o caçador lhe inspire. Dizem que quando o indivíduo vê-se perdido no mato, encantado pelo Curupira, para quebrar o encanto que faz esquecer completamente o caminho, deve fazer três pequenas cruzes de pau e colocá-las no chão triangularmente (rio Negro); ou fazer outras tantas rodinhas de cipó que colocará também no chão (rio Juruá e Solimões) e que o Curupira dá-se ao trabalho de desfazer ou então fazer ainda pequenas cruzes de cauré (leguminosa de casca aromática, empregada em banhos) que atira pelas costas (rio Tapajós). O Curupira também persegue os caçadores em casa com os seus assobios (rio Negro) e para o fazer calar-se basta bater em um pilão".

Quando se agrada de alguém leva a caça para o alcance das armas, como faz a Caipora, ou presenteia com flechas ou chuços que jamais erram alvos, garantindo abundantes peças diariamente. Exige segredo de sua aliança. Vezes recebe presentes de mingau, delícia para ele. Pondo alguma pimenta, o Curupira tornar-se-á rancoroso inimigo. Morto, tempos e tempos, ressuscita, íntegro. Somente pode auxiliar fornecendo peixes ou caça. Não dispõe de tesouros nem se transforma nalguma entidade zoológica. Vive também do Paraguai à Venezuela, *el Curupi*, com as mesmas aptidões e atributos funcionais. O do Paraguai é demasiado lascivo, assaltador de mulheres.

Um depoimento recente obteve Eduardo Galvão no Baixo Amazonas em 1948, mostrando a contemporaneidade mágica do Curupira, seu respeito pela cruz, anuladora da potência pagã.

"Veiga, um homem já entrado em anos, é um dos que sem jamais terem tido um contato com Curupiras acredita firmemente em sua existência. Sua convicção advém das histórias que o avô lhe contou, entre elas, a seguinte: O velho subia o Arinoá em canoa quando topou com outro homem embarcado que descia o igarapé. Sua canoa carregada de peixe. O velho aproximou-se e, curioso, indagou da proveniência do pescado, ao mesmo tempo que observava a perna do outro, enfaixada e entalada como se a tivesse fraturado recentemente. O homem contou-lhe a história. Era novato na região. Queria estabelecer-se nas cabeceiras do igarapé mas os seus antigos moradores o advertiram que aquela era uma zona proibida. Muito rica de caça e peixe, mas morada de Curupiras que afugentavam os animais e os peixes, sendo debalde o esforço dos mateiros. O homem decidiu-se a enfrentar os Curupiras. Muniu-se de uma cruz feita de cera benta que prendeu ao pescoço, e de um pedaço da mesma cera que guardou na patrona de munição. Subiu *muito dentro* do igarapé até encontrar um local que lhe pareceu bom de caça. Quando encalhava a montaria deparou com um cabocolinho, escuro e não maior que uma criança, que o fitava com insistência. Era um Curupira. Este perguntou por que penetrava em uma região que era proibida aos homens. Respondeu-lhe que seu propósito era justamente enfrentar os Curupiras. O cabocolinho avançou, mas logo estacou, a cruz de cera o impedia de aproximar-se. Pediu ao homem que a jogasse fora, ao que ele acedeu. Uma vez mais o Curupira foi impedido de aproximar-se devido à cera guardada na patrona. O homem, que era valente, despojou-se da patrona e atacou o Curupira, derrubando-o. Mas antes que pudesse tentar um gesto de defesa sentiu-se erguido no ar e arrumado no chão com tal violência que teve a perna quebrada. Mas teve a felicidade de sentir a patrona com a cera benta a seu alcance e impedir pelo seu poder que o Curupira desse novo golpe. Após algum tempo o cabocolinho falou-lhe que o reconhecia valente e por isso ia presenteá-lo com uma flecha mágica com a qual poderia matar caça ou peixe que atravessasse sua frente. O homem adormeceu, tonteado por uma terrível catinga. Quando voltou a si estava embarcado na montaria que descia *de bubuia*. A flecha mágica estava a seu lado. Resolveu experimentá-la; desde então jamais perdia um tiro".

Saindo da Amazônia, o Curupira perde o nome ao pisar terras do Maranhão. Daí em diante é a Caipora, até o Espírito Santo onde retoma a denominação de Curupira. Para o sul, cede o domínio ao Saci-Pererê, voltando a ser Curupira no Rio Grande do Sul, onde ostenta cabeleira rubra, dentes azuis, pés virados, atrapalhando cavaleiros e viandantes. Nessa região resistem, ao par e ao lado, o Saci-Pererê e o Caapora (J. Simões Lopes Neto). Nota-se que o Curupira reaparece nas terras onde os castelhanos dominaram, sul do Brasil. Com outras formas e as mesmas funções existe o Pai do Mato, de forma humana, agigantado e, entre os xerentes (acuãs), está um Bicho do Mato, caboclo grande e cinzento, governador das caças, proibindo e castigando quem mate *bicho novo* ou fêmea pejada. Deixam, como Anchieta viu fazer com o Curupira, presentes na floresta, normalmente beijus de mandioca ou bolos de goma, sem açúcar e sem sal. A crença de seres com os calcanhares para a frente é antiga e mencionada em Aulo Gelo, Horácio, Santo Agostinho e no Brasil, além do Curupira, viviam indígenas com essa disposição teratológica. O jesuíta Simão de Vasconcelos (1663) noticiava que essa *casta de gente* "nasce com os pés às avessas de maneira que quem houver de seguir seu caminho há de andar ao revés do que vão mostrando as pisadas. Chamam-se Matuiús". Já o padre Cristóvão de Acuña, em 1639, descendo o rio Amazonas, mencionava essa anomalia, dando-lhe o mesmo nome. A *Crônica de Nuremberg*, 1492, denomina-os *Opistópodos*, os tipos clássicos citados na Europa letrada.

O Curupira foi um dos primeiros a ser registado no Brasil, no litoral de São Vicente, 1560, e pela mão de Anchieta, ao lado do Baetatá, Batatão, Boitatá, Cobra de fogo, e do Igpupiara, o homem das águas, espécie de tritão faminto e bruto, autêntico na mentalidade indígena e que foi sendo, através dos anos, transformado na Iara, moça loura, alva, olho azul e cantora com potência atrativa. Das praias paulistas às profundezas das matas amazônicas, o Curupira dominou e ainda lhe resta alguma força intimidante para quem estiver, não numa sala iluminada e tranquila, mas numa pista da floresta tropical, ao anoitecer, desatinado da orientação.

A Caipora comparece no século XVI mas nos registros franceses e não nos cronistas portugueses, incluindo os prodigiosos jesuítas. É a Kaagerre de André Thevet (novembro de 1555 a janeiro de 1556). A Kaegerre de Jean de Lery (março de 1557 a janeiro de 1558). Ambos no Rio de Janeiro no governo de Villegaignon. Gonçalves Dias identificou-as com o Caapora, de *caá*, mato, *gerre, guarra, quara*, habitante. Presentemente, *caá*, mato, *pora*, o mesmo que *quara*, morador. O padre João Daniel, 1780-1797, no Amazonas, denominava Caaporas os indígenas não aldeados, bravios, morando nas matas. Não se falava numa Caapora amazônica porque era território reservado ao Curupira. Pelo Nordeste, e além, Maranhão à Bahia, dizem Caipora. Daí em diante é domínio do Saci. Reencontram-se no Rio Grande do Sul, então gigante peludo e tristonho, comandando grandes bandos de porcos-do-mato (*Dicotyles*), e não entidade de porte reduzido como na figuração nordestina. No nordeste e norte do Brasil o Caapora é a Caipora, indígena pequenina, robusta, coberta de pelos, de cabeleira açoitante, dona da caça, doida por fumo e cachaça. Há também o Caipora macho, caboclo baixo, hercúleo, ágil, montando um porco-do-mato e empunhando a vara de ferrão ou galho de japecanga (*Smilax japicanga*, Griseb.) cujo contato ressuscita os animais abatidos na caça sem sua permissão. Assobia constantemente. Diz-se no sertão: – *assobiar feito Caipora...* Como poetava Melo Morais Filho em 1884:

> É caboclinho feio,
> Alta noite na mata a assoviar.
> No Norte, diz o povo convencido:
> – Não indo prevenido,
> Não é bom viajar!

Antigamente bastava sustentar a Caipora de cachaça e fumo para ter caça garantida e farta. O Curupira também exigia tabaco para fumar. O Saci não larga o cachimbo de barro. Os símiles nos países da fronteira pedem alimentos e fogo. A dádiva do fumo é brasileira.

Nas matas do Pará, Amazonas, Acre, a Caipora moderna aceita comércio amoroso com os homens, exigindo fidelidade absoluta. Quando um dos amigos quer casar, emigra da região porque a Caipora, encontrando-o, matá-lo-á com uma sova de cipó espinhento. É o mesmo processo sexual da Mãe da Erva, erva-mate, a Caá--Yari, argentina e paraguaia. No Nordeste quase sempre é mulher, e ciumenta. Vezes suplicia o namorado com cócegas prolongadas.

Dos seus poderes mágicos há um depoimento de caçadores em Augusto Severo (RN). Acampados, de noite, depois de caçada feliz, assavam um tatu no próprio casco quando a Caipora irrompeu, trovejante de ira, cavalgando um "queixada" (*Dicotyles torquatus*). Sem diminuir a velocidade, tocou o jantar com o galho de japecanga, bradando: – *Vambóra Juão!* (Vamos embora, João!). E João, o tatu, meio assado e sem vísceras, acompanhou-a como um relâmpago.

Não cabe aqui debater as transformações físicas da Caipora sem que lhe afetem substancialmente a vida errante. O *Caáporá* argentino é homem *velludo, gigantesco, de grau cabeza, comiendo crudos los animales que el hombre mata y luego no encontra*, informa Ambrosetti. Couto de Magalhães cita esse *grande homem coberto de pelos negros*, o Cahapora-Auçu. Os indígenas não tinham vocábulo significando *gigante*. Se a Caipora tivesse altura desmarcada, normalmente, não precisaria o aumentativo, *auçu, açu, guaçu*, grande. Subentendia-se. A obrigação é guardar e defender a caça do mato e afirmam que o domínio limita-se às varas de porcos selvagens.

Zangada, surra os cães. Ouvem o ganido angustiado dos açoitados, o rumor dos golpes, mas ninguém vê o algoz. Não dá dinheiro. Não atravessa água. Não tem poder transfigurador. É sempre a caboclinha veloz, de cabelo longo, escanchada num grande porco de dentuça reluzente, correndo sem cessar. Não muda de forma com o Kilaíno, dos bacaeris, caraíbas do Mato Grosso.

No Chile a Caipora diz, aproximadamente, *Anchimalen*, anão e protetor de animais, podendo tornar-se fogo-fátuo, Fogo Corredor. Na Argentina essa profissão da custódia zoológica pertence ao *Yastay*, homem baixo, gordo, chapelão de lã de guanaco, seguido por um cão negro, como a Caipora pernambucana é acompanhada pelo cachorro "Papa-Mel". Parece que o *Caáporá* da Argentina especializou--se em furtar caça ao caçador. O *Yastay* será o nome verdadeiro.

*Está com a caipora*, caiporismo, é infelicidade, insucesso contínuo, ausência de êxito. Dir-se-á, inicialmente, do caçador perseguido pela Caipora por ter sido burlada nas ofertas de cachaça e fumo ou traída nos amores ferozes. O Curupira tem os pés virados ao avesso. O Saci tem uma perna única. A Caipora possui as duas, sólidas e funcionais. Qualquer informação em contrário será técnica confucionista, com agravantes da premeditação. É o mito mais vivo no Nordeste brasileiro. Do Maranhão aos limites capixabas.

O Saci, Saci-Pererê, é de popularidade máxima e prestigiosa contemporaneidade pelo sul do país. Vem até a Guanabara. É um anão preto, luzidio, inquieto, com uma carapuça vermelha na cabeça, fumando cachimbo de barro, espalhando estrepolias e desassossegos onde estiver agindo. Prefere, naturalmente, as horas crepusculares e noturnas. Aborrece a luz e é, como seus dois companheiros, invulnerável. Pode determinar remoinhos, quando lhe apetece, bailar em espiral dentro de um pé de vento que se torna então girante e arrebatador. O Saci está no centro, distraindo-se. Joga-se um rosário de contas brancas, cruz de palha do Domingo de Ramos, grita-se: *Aqui tem Maria!* O redemoinho toma outra direção ou se desfaz, vencido.

Mereceu o mais delicioso inquérito folclórico realizado no Brasil (*O Saci-Pererê. Resultados de um inquérito*, S. Paulo, 1917), dirigido por Monteiro Lobato, referente a S. Paulo e fronteiras.

No Paraguai há o *Yasi Terê* ou *Yasi Yaterê, hombrecillo de cabelos dorados, senor de las siestas*, informa o Sr. Narciso R. Colman. Tem uma varinha mágica, e costuma transviar os viajantes. Na Argentina é o *Yasi Yaterê, enano rubio, bonito, sombrero de paja, bastou de oro en la mano*, fala Juan Ambrosetti. Mas a função é roubar crianças e abandoná-las, enredadas de cipós. No Chile é o *Ketronamun* dos araucanos, encantado, *que anda en una sola pata*.

O Saci é responsável por infinitas diabruras inexplicáveis. Mesmas travessuras dos anões europeus, atrapalhadores da tranquilidade caseira, assobiando, gritando, chamando os viajantes, pulando na garupa da montada, trancando as crinas dos animais, espantando o gado, sacudindo a ramada das árvores, assombrando os caminhos, esgotando os cavalos, assustando os currais. Quem consegue arrebatar-lhe a carapuça vermelha terá ouro quanto deseje porque o Saci tudo fará para recobrar o objeto que o faz invisível e lhe permite a velocidade maravilhosa. Não comanda caças nem ajuda caçadores. Possui a lúdica desinteressada e vadia.

Em Roma certos fantasmas usavam barrete rubro e quem o conseguia ficava rico para sempre (Petrônio, *Satyricon*, XXXVII). A carapuça vermelha é pormenor vulgar em figurinhas fantásticas na Europa.

O Saci é o mais recente dos assombros nacionais. É a mais nova aquisição folclórica, em notável extensão influenciadora. Surge, porém, na segunda metade do século XIX. "É um dos que figura continuamente nas tradições do povo no sul do Império", escrevia Couto de Magalhães. Era um *pequeno tapuio* e não um negrinho, como atualmente. Possuía o barrete vermelho. Manco de um pé e com uma ferida em cada joelho. As feridas continuavam em 1917, em alguns depoimentos. *O Selvagem* de Couto de Magalhães é de 1876. Os outros registos, Cesimbra Jacques, Barbosa Rodrigues, conde de Stradelli, são posteriores. A perna única constava na literatura reveladora dos *Ciapodos*, do naturalista Plínio, os *monocoles* de Aulo Gelo e de Santo Agostinho, estes com uma perna e dois pés. Podiam os *Ciapodos* dormir à sombra do imenso pé, erguido como guarda-sol. Herbert H. Smith cita um *Flat-Feet* em Santarém, Pará, com essa cômoda propriedade: *it has only one foot, but that is so large and flat that the dwarf uses it as parasol (Brasil. The Amazon and Coast,* Nova Iorque, 1879). Herbert H. Smith e Charles Frederik Hartt não mencionam o Saci, vivo nas regiões austrais do Império. Barbosa Rodrigues aproxima o Pererê do Perera da Matinta, a coruja agoureira, núncia de desgraças, na Amazônia. Para Stradelli era *casta de pequena coruja*, embora já falasse no mito antropomórfico no Sul, Minas Gerais e São Paulo. No Norte não havia. E não há o Saci, unípede e perturbador.

A origem do Saci não tem preocupado os nossos investigadores folclóricos. Creio tratar-se de uma origem ornitológica, convergindo posteriormente para um mito antropomórfico, Curupira ou Caipora.

Há muitos pássaros denominados Saci e todos com o canto infindável, persistente, obstinado, causando irritação mas sem que constitua elemento de fixação do cantor, sempre invisível, distante ou próximo. A identificação do Saci-pássaro é um problema pela quantidade dos tipos e unidade do canto estranho e obsessivo. A *Tapera naevia* é chamada no Nordeste Peitica e Sem-Fim. Peitica é também a *Empidonomus varius* (Vieill), a popular Maria-já-é-dia. Peitica vale dizer importunação, insistência desagradável:

> Cantador que anda
> Tomando peitica,
> Apanha que fica
> Com a orelha bamba.

Com igual nome há uma *Elaenia flavogaster*. Saci é outro cuco, o *Cuculus cavanus*, que Barbosa Rodrigues dizia ser a famosa Mati--Taperê ou Matintapereira. Emília Snethlage apontava a Matintapereira como a *Tapera naevia*, no Amazonas Fem-Fem, o Vem-Vem nordestino. A Marrequita-do-Brejo, ou Curutiê (*Sinallaxis cinnamomea*) é outro Saci. O Alma-de-Caboclo (*Diplopterus naevius*) é dado como um Saci. E o mesmo *Piaya cayanus*, tem três nomes, ensinava Snethlage: – Xicoã, Alma-de-Gato e Ating-Aí. É ainda o *Coculus cornutus*, o Ticoã ou Tincuã, "Pássaro Feiticeiro, Pássaro Pajé", Uira--Pajé. Guarda o espírito dos mortos, *chupa a alma dos defuntos*, na definição de Batista Caetano. No Paraguai é o *Dromococcyx phasianellus*, de Spix, Peixe Frito, ou Peixe Ferido em Minas Gerais, segundo Basílio de Magalhães. O Saci argentino, paraguaio, uruguaio, será realmente o *Yasi-Iaterê*, o *Crispim* da Argentina (*Tapera naevia Chochi*, Vieillot) que Lehmann-Nitsche estudou longamente no *Las Trés Aves Gritonas* (Buenos Aires, 1928). Todas têm canto esparso, difuso, misterioso, provocando lendas, receios, justificações populares.

Justamente essa característica do duende Saci, da Caipora e do Curupira, distingue os pássaros citados, enganando pelo canto, de impossível localização. "Esse modo de ser enigmático e juntamente o brado triste deram, talvez, azo a toda a coroa de fábulas, que nimbam o nome do Saci", concluiu Goeldi.

A razão é que o Saci no Norte é sempre pássaro e sua personalização ocorre no Sul onde a Caipora e o Curupira não podiam concorrer para a convergência das características. A existência do mito, embora disperso, nos países do Prata e no Paraguai, ajudaria a fixação brasileira em torno da figura do Saci (pássaro), com a carapuça mágica europeia e a perna única do Curupira. O nome era popular nos povos de língua espanhola. Mais um ente fabuloso, mas sem missão expressa, destinado a ser *numem mentium*, explicador das numerosas sonoridades da mentira auditiva.

O último, mas não o menor, será a Cobra de Fogo, Mboitatá, Batatão no Norte e Nordeste, Boitatá, Bitatá, Batatá, Baitatá, no Sul, Biatatá na Bahia, e Jan Delafosse em Sergipe. Para Couto de Magalhães era a defensora dos campos, tomando forma ofídica para punir os incendiadores perversos. Em maio de 1560, o venerável Anchieta anotava, prudente: *o que seja isto, ainda não se sabe*.

Continua-se na mesma situação.

No *Geografia dos Mitos Brasileiros* (Rio de Janeiro, 1947)[***] expus o documentário, bibliografia, os fundamentos das interpretações preferidas. Mas, isto é outra estória...

---

[***] Pela Global Editora, 2ª ed., 2002. (N.E.)

# Dança, Brasil!

*– Après la panse, la danse.*

Antes de o primeiro brasileiro nascer, indígenas, portugueses e escravos africanos dançavam há muitos séculos. Era fórmula de louvar a Deus, agradecer ou suplicar favores, comemorar vitórias na caça ou na guerra. Aves, pássaros e mamíferos têm seus bailados. Independente de excitação sexual. De qualquer utilidade visível. Dança dos tangarás (Piprídeos) clássica. O galo-da-serra (*Rupicola rupicola*) para Alfred Russel Wallace. O pavãozinho-do-pará (*Eurypyga helias*) para Henry Hurd Rusby. Este sozinho, isolado da fêmea e da fome, folgando. Não existe na Índia a tradição espantosa de que os imensos elefantes dançam? É um milagre ver esse baile assombroso. Toomai, conta Rudyard Kipling no *The Jungle Book*, contemplou-o com seus olhos mortais, uma noite inteira, nas montanhas de Garo. Para que lembrar os jogos cadenciados dos leões de juba escura, as fulvas panteras, os tigres negros de Java?

As danças, inicial e unicamente religiosas, no Brasil acompanhavam as procissões e viviam dentro das igrejas até o século XVIII. O padre Fernão Cardim cita-as, normais, nas festividades sagradas. Os visitantes estrangeiros registam, zangados, nos dias santos da pompa baiana setecentista. Inútil acordar a bibliografia estudiosa dos inícios paleolíticos, com os vestígios no calcário das grutas francesas e espanholas. E nos desenhos rupestres.

Começaram pela divisão dos sexos e bailados inevitavelmente em roda. Ainda hoje são assim os mais legítimos, entre os amerabas nas matas e as crianças nas cidades. Palma, de mão. Braços agitados como flâmulas. Batidas de pé. Depois, muitos séculos e séculos depois, é que nasceu o primeiro instrumento intencional para ritmar a euforia coletiva.

As danças-de-roda são a velocidade inicial. Homem e mulher dançando juntos, unidos, contará pouco mais de quinhentos anos. Mesmo no século XV, bailava-se apenas de mãos dadas, na Europa, onde a técnica foi nascer, dando à dança o conteúdo sensual. As mais antigas, primárias, permitiam a mão no ombro em determinados volteios. Mas, à volta da Idade Média. Assim foi testificada no Brasil do século XVI, entre os tupinamhás ornamentais de Jean de Lery.

Nenhum povo inventou a dança, a roda jubilosa, o bater das mãos. *Pocema*, diziam os nossos amerabas.

Do antigo caráter religioso das danças resta a apresentação no adro das igrejas na noite do Natal, pelo Brasil velho. Todos os grupos festeiros, antes da exibição comum, iam reverenciar o Deus Menino, cantando e dançando no patamar sagrado. Os *seizes* espanhóis ainda bailam na Capela-Mor de Sevilha, como os "Gigantones" diante do túmulo do Apóstolo Santiago em Compostela e na procissão das "Calendas", em Vila do Conde, Portugal.

Exceto nas fases de deslocamento, cantando e dançando em marcha, ou nas danças ginásticas coletivas de que é exemplo o Frevo no Carnaval do Recife, inimitável e contagiante, todo divertimento popular toma o movimento circular para sua execução: o velho samba, também chamado batucada, jongo, coco de roda, zambê, bambelô, indo um dançarino-solista para o centro, com improvisação coreográfica, escolhendo seu sucessor pela vênia, batida de pé ou a umbigada, trazida de Angola. A ausência dos instrumentos de sopro e de corda autentica a espantosa antiguidade.

Fazer o círculo, *entourage*, é a forma natural para dançar ou ouvir alguém em pequeno número atento.

As danças com duas filas paralelas, posteriores, não ficaram tão comuns e foram influência europeia embora adaptadas ao ambiente, como a Batucada Paulista que conserva essa disposição, alas frente a frente, sem o solista central. Se a roda girar de mãos dadas a origem não é africana nem ameríndia. É da Europa, das danças aldeãs ao som de gaita de fole, rabeca ou pífano, cujo melhor tipo, ainda vivo, é a Farândola. Essa Farândola tanto é dançada em círculo como numa fila, enorme, percorrendo ruas e ruas. Uma adaptação da Farândola viveu em nossas velhas "quadrilhas", ao findar, no passo do *chemin de fer*.

Ao lado dessas danças vulgares e sem idade no tempo existem as de formação mais estilizada, recriações ou ajustamentos para salões, com os pares unidos e ao som de melodias concordantes. "Ajustamentos" porque a maioria provinha de danças campestres que se tornaram famosas pela elegância e *donaire* dos participantes, como a *country-dance* deu as contradanças aristocráticas e a valsa senhorial nascera de bailados alemães ou das *voltas* provençais.

A sociedade dançou muito depois do povo. As festas oficiais começaram com as recepções dos vice-reis no Rio de Janeiro na segunda metade do século XVIII. As festas, antes, eram as da Igreja. O povo é que sempre dançou suas danças, como ainda costuma, acima de qualquer figurino momentâneo. Tem suas predileções seculares e é fiel aos seus ritmos. A "gente bem" aceitará todos os exotismos contorcionistas e bárbaros. O povo segue "sambando", inalterável.

O padre Miguel do Sacramento Lopes Gama (1791-1852) publicou no Recife, de 1832 a 1847, o periódico *O Carapuceiro*, repositório precioso da época. Combatendo quase tudo, registrou maravilhosamente quanto existia nos últimos cinquenta anos, desde o final do século XVIII a meados do século XIX.

Assim falava ele de danças mortas para nós, Sorongo, Cachucha, Montenelo "e outras patifarias", em fevereiro de 1838. As danças, isoladas inicialmente, fundiram-se algumas na "quadrilha", reduzidas a simples "partes".

> Nas baiucas mais nojentas,
> Onde a gente mal se vê,
> Já s'escuta a rabequinha,
> Já se sabe o balancê.

> Em festas e batizados,
> É que se dava função.
> Dançavam-se os minuetos,
> Comporta, o Coco e o *Sabão*.

> Ao som de citra e viola
> Também era muito usado,
> O *dançar às umbigadas*
> O belo *landum chorado*.
>
> Aqui pelo nosso mato,
> Qu'estava então mui tatambo,
> Não se sabia outra coisa
> Senão a dança do *Samba*.

Era assim em 1838 em Pernambuco, vale dizer, pelo Nordeste inteiro. No Rio de Janeiro não seria totalmente diverso. Em janeiro de 1838, desabafava: "Basta que os meninos vão às primeiras letras, e em casa aprendam a dançar: porque está decretado pelas luzes do século que o Ril, a Gavota, o Sorongo, o Afandangado, o Montenelo, e as Quadrilhas, são instrução muito mais interessante do que o Pelo-Sinal, o Padre-Nosso, o Credo em Deus Padre e os Mandamentos da Lei de Deus."

> *Quadrilhas* e *Balancês*
> São favoráveis ensejos,
> Se não de futuros beijos,
> D'abraços, e d'apertões,
> D'introduzir petições.
>
> Se a *valsa* pouco se usa,
> Vem *Galope* e *Montenelo*,
> Que não fazem bom cabelo,
> Principalmente o primeiro,
> Que é logro verdadeiro.

As quadrilhas e valsas foram as favoritas no Primeiro Império. A Regência foi fase festiva em que se conheceu o gelo, sorvete, bailes longos, elegâncias profissionais. Com o modelo sereno da França equilibrada do rei Luís Filipe, a vida social tornou-se comunicativa e dançarina. Apesar da gravidade melancólica de D. Pedro II, 1850-

-1870 foi um esplendor festivo. Em 1851 fazia furor o *schottish*. A "Quadrilha Imperial" de Napoleão III teve brilhantes réplicas cariocas, paulistas, baianas, pernambucanas. Visitas de príncipes. Jantares delicados. Importação de curiosidades gastronômicas. Requintes franceses, *delikatessen* alemães. Gelo, vinhos ricos, modinhas sentimentais, tristezas líricas, saia-balão, baixelas de ouro, porcelanas transparentes, valsas de Viena, canções de atrizes de bonito corpo e nenhuma voz.

De 1800 a 1864 centenas de danças tiveram sua voga e morte fatal. Foram aos salões fidalgos e aos cassinos, aclamadas. Desapareceram. As do povo, em maioria, seguem vivendo indeformadas, insubmissas aos padrões da notoriedade imperiosa. Mesmo aquelas que dominaram compositores e dançarinos, as Polkas, por exemplo, ninguém as dança mais. Nem o amável *schottish* soberano. Raríssimas quadrilhas a sério, comumente mutiladas e pitorescas pelas festas do São João, com os falsos "matutos" citadinos. Vagas Valsas nostálgicas. Boleros e Sambas remam nos tronos indisputáveis.

A popularidade do Lundu e do Fado, este anterior e brasileiríssimo, murchou e secou, ambos cantados e dançados até finais do século XIX. Mas eram alegrias da classe média. O mundo do *Sargento de Milícias*. A lúdica que Manuel Querino, Melo Morais Filho, Sílvio Romero ainda entenderam.

O Fado nasceu dança no Brasil, amadíssimo no "tempo do rei velho", D. João VI, 1808-1821, e com vida prolongada muito além. O nome viajou para Portugal, fixando-se em Lisboa como uma canção trágica e pessimista, cantando fatalismos e abandonos, com as guitarras em tom menor. Diz-se lá *bater o fado*. Não me consta que o dançassem. No Rio de Janeiro, primeiras décadas do século XIX, dançavam o Fado animadamente. Manuel Antônio de Almeida (1831-1861) evoca-o no seu *Memórias de um Sargento de Milícias* (1854-55), reportando-se ao Brasil-Reino: "Todos sabem o que é o Fado, essa dança tão voluptuosa, tão variada, que parece filha do mais apurado estudo da arte. Uma simples viola serve melhor do que instrumento algum para o efeito. O Fado tem diversas formas, cada qual mais original. Ora uma só pessoa, homem ou mulher, dança no meio da casa por algum tempo, fazendo passos os mais dificultosos, tomando as mais airosas posições, acompanhando tudo isso com estalos que dá com os dedos, e vai depois pouco a pouco aproximando-se de qualquer que lhe agrada; faz-se diante de algumas negaças e reviravoltas, e finalmente bate palmas, o que quer dizer que enfim acompanha-se de novo. Assim corre a roda toda até que todos tenham dançado. Outras vezes um homem e uma mulher dançam juntos; seguindo com a maior certeza o compasso da música, ora acompanham-se a passos lentos, ora apressados, depois repelem-se, depois juntam-se; o homem às vezes busca a mulher com passos ligeiros, enquanto ela, fazendo um pequeno movimento com o corpo e com os braços, recua vagarosamente, outras vezes é ela quem procura o homem, que recua por seu turno, até que enfim acompanham-se de novo. Há também a roda em que dançam muitas pessoas, interrompendo certos compassos com palmas e com sapateado às vezes estrondoso e prolongado, às vezes mais brando e mais breve, porém sempre igual e a um só tempo. Além destas há ainda outras formas de que não falamos. A música é diferente para cada uma, porém sempre tocada em viola. Muitas vezes o tocador canta em certos compassos uma cantiga às vezes de pensamento verdadeiramente poético. Quando o Fado começa custa a acabar; termina pela madrugada, quando não leva de enfiada dias e noites seguidos e inteiros."

João Emanuel Pohl vê-lo dançar em Vila Rica (Ouro Preto), dezembro de 1820, como Fandango: "Entre as danças, há o *Fado* ou *Fandango*, que é apreciado apaixonadamente, especialmente pelo belo sexo".

Ponhamos que tivesse o Fado os matizes que ainda caracterizam certos bailados da Argentina, Uruguai e Chile, mas a "perseguição" do homem pela mulher e vice-versa era essencial no Lundu, mesmo nos apresentados no teatro, como Tollenare viu na Bahia em 1818, que ele dizia ser *a mais cínica que se possa imaginar.*

Fandango contemporâneo não é mais uma dança, como em Portugal e na Espanha. É sinônimo do Auto da Marujada, o Fandango no Nordeste, e o baile campesino no Rio Grande do Sul e São Paulo, reunião específica de muitos bailados independentes, acompanhados à viola e hoje com a sanfona, acordeão ou "gaita".

Como funções autônomas, essas danças morreram. Lundu, Fandango, Fado.

Semeado na imensidão da terra brasileira, o português não podia conservar as grandes danças rurais, as indispensáveis no fim das colheitas, trigo, uvas, azeitonas, a esfolhada do milho, as "malhadas" dos grãos, na sinergia das toadas tradicionais, vindas de geração a geração, como um patrimônio sonoro. Os seus trabalhadores no Brasil eram negros africanos. Não podiam substituir os companheiros álacres das "festadas" distantes. Só salvaram as danças de par, bailadas em recintos fechados. O cerimonial folclórico festejando o término das tarefas agrícolas era impossível no Brasil. As crianças ficaram com as cantigas-de-roda, ensinadas em casa, mas os pais, notadamente o homem, para divertir-se nas aldeias brasileiras, assistia às batucadas negras, vez por outra aderindo a elas. Voltava a Portugal nas raras reuniões com os seus pares, jantares ruidosos com vinho, carnes salgadas, doçaria, pão de farinha do Reino e não da mandioca ou do milho. Aquelas que Fernão Cardim mencionava em 1583.

O escravo encontrou possibilidade para guardar seu batuque. A Igreja Católica impunha o respeito aos domingos, o preceito de não trabalhar nos "dias santos". Os negros fundaram as Irmandades de Nossa Senhora do Rosário, pintando de preto as imagens, num solidarismo simbólico. Santa preta, a deles, protetora e madrinha. Quando os dias santos se reuniam era um baile contínuo. Ninguém impedia ou mandava parar. As *Ordenações do Reino* (Livro V, Tít. LXX) mandavam que "os escravos não façam bailes em Lisboa, nem tangeres seus, de dia nem de noite, a dias de Festa, nem pelas semanas". No Brasil essa lei jamais se cumpriu. Ao comandante militar de Goiana que se queixava das batucadas dos escravos nos engenhos, respondeu o ríspido e autoritário capitão-general e governador de Pernambuco, D. Tomás José de Melo, em 10 de novembro de 1799: *Quanto aos batuques que os negros dos engenhos dessa Vila costumam praticar nos dias santos, juntando-se na mesma, não devem ser privados de semelhante função, porque para eles é o maior gosto que podem ter em todos os dias de sua escravidão.* Note-se que os escravos não dançavam nos engenhos, mas vinham batucar nas ruas de Goiana, perturbando o sono dos brancos. "Não devem ser privados", decidiu D. Tomás, um dos mais violentos e arrebatados governadores que Pernambuco hospedou. Os escravos faziam *bailos* e com *tangeres* seus, impune e livremente. Em 1813, podia Henry Koster informar: – *When two holidays followed each other uninterruptedly, the slaves would continue their noise until day-break.* O Batuque, necessariamente, não parou, através dos séculos brasileiros.

O indígena depressa consumiu-se no contato português. Pelo século XVIII desaparecera praticamente na orla do Atlântico e era raro pelo interior. Inadaptado ao serviço dos eitos nos engenhos, insubmisso ao trabalho diário e normal, refratário ao labor da casa--grande, limitado aos terrenos que lhe foram doados em 1701 e incessantemente expulso pela ganância fazendeira, o indígena, cumprida a missão ambientadora, foi-se apagando, fugindo, morrendo, sem deixar a permanência visível de fortes elementos culturais. Foi deixando mitos e a rede de dormir, alguns processos culinários e a dívida que o Brasil não lhe pagou.

Os nossos ameraba dançavam de roda e cantavam. O mesmo faziam portugueses e os pretos africanos que vieram escravos para o Brasil. José Veríssimo, em 1882, visitou uma maloca dos Maués, do rio Uariaú, afluente do Andirá, no Amazonas. Batem num *gambá* (tambor cilíndrico) e dão castanholas e sapateados que não deveriam ter conhecido, algumas centúrias anteriores. O mais curioso é a dança do Jacundá (Ciclídeos), um peixe fluvial, predileto dos Maués. Roda de mãos dadas e alguém fingindo o Jacundá, no centro, homem ou mulher. "O Jacundá procura escapar-se do círculo para o meio do qual é empurrado pelos que o formam, até que por fim escapa-se indo aquele ou aquela que o deixou safar-se, substituí-lo na roda, continuando assim o jogo por muito tempo ao som monótono da cantiga repetida interminavelmente."

Diz a letra:

Vamos gapuía, *(pescar)*
Jacundá,
Debaixo do pau,
Jacundá,
Gapuiá, gapuiá,
Jacundá,
Vamos gapuiá,

Jacundá,
No buraco da pedra,
Jacundá,
Ai! não deixa fugi,
Jacundá,
O peixinho é gostoso,
Jacundá,
Jacundá pintadinho,
Jacundá,
No meio da roda,
Jacundá,
Pelos garapé,
Jacundá,
Ai! segura, segura,
Jacundá,

Barbosa Rodrigues ouve no rio Solimões, e traduziu do nhengatu, a cantiga de roda do *Tatuí*, tatuzinho, no estilo idêntico:

Você procura minhoca,
Tatuí?
Comida da minha criação,
Tatuí,
Eu estou alegre,
Tatuí,
Pelo meu dia grande,
Tatuí,
Eu me vou embora,
Tatuí,
Até algum dia,
Tatuí,
Se eu não morrer,
Tatuí,
Eu apareço por cá,
Tatuí,
Eu procuro minha criação,
Tatuí!

Gabriel Soares de Sousa já notara que os indígenas tinham solistas e *os outros respondem com o fim do mote*, isto é, com o refrão. É, como se vê, um mero recitativo rítmico, unicamente destinado a cadenciar o bailado. A letra não interessa para a execução coreográfica que é essencial para o grupo.

Esse processo não é português e não tenho documentação para afirmá-lo africano. O refrão intercalado é, sabidamente, antigo e consta dos cancioneiros mas nunca num plano simples de prosa declamada, indispensável à movimentação dos dançarinos. Essa fórmula resiste no povo brasileiro e muitos Cocos de roda são ainda fiéis aos modelos seculares que sobrevivem nas perdidas malocas do Pará e do Amazonas.

Aqui está uma das *danças* do velho Congos, entoado o canto pelo Rei e o refrão por todos os participantes.

Não quero mais canário,
Dá-lhe pirá,
Dentro do meu remado,
Dá-lhe pirá,
E é mumbica e é mumbaça,
Dá-lhe pirá,
E é mumbaça e é mumbica,
Dá-lhe pirá,
Estou dançando este baile,
Dá-lhe pirá,
Sem ninguém me empatá,
Dá-lhe pirá,
Danço aqui, danço ali,
Dá-lhe pirá,
Também danço acolá,
Dá-lhe pirá,
É a dança de rei,
Dá-lhe pirá!
Dança de generá,
Dá-lhe pirá,
Quem não pode com ela,

Dá-lhe pirá,
Não se meta a dançá,
Dá-lhe pirá!

E por aí vai, tal-qualmente dançavam os indígenas, a leve apenas sensível melodia seguindo a "batida" do verso, acidentalmente rimado, dando fundamento à dança.

Para os portugueses a tendência é a quadra, com rimas simples e que, no Brasil, soa com o refrão em cada verso, como no antiquíssimo "Maneiro-Pau":

*Vou-me embora, vou-me embora,* Maneiro-Pau, Maneiro-Pau,
*Segunda-feira que vem,* Maneiro-Pau, Maneiro-Pau,
*Quem não me conhece, chora,* Maneiro-Pau, Maneiro-Pau,
*Que dirá quem me quer bem,* Maneiro-Pau, Maneiro-Pau.

Muitas cantigas animadoras do bambelô, em Natal, são apenas consonantais, em sua maioria toantes. O refrão garante o entusiasmo pelo solidarismo do ritmo. Ninguém se anima sem cantar e a significação dos versos quase nunca merece atenção real.

O nosso ameraba possuíra uma das lúdicas mais ricas e complexas. Cantos e danças para todas as atividades normais. Caça aos mamíferos, maturação dos frutos alimentares, cardumes dos peixes, colheitas das féculas indispensáveis, caçadas felizes, pescas abundantes, nascimento de crianças, puberdade, iniciação, matrimônio, morte, evitação dos espíritos, tudo motivava canções e bailados. Danças personalizando animais temíveis ou generosos, onças, cobras, tatus, tartarugas, grandes aves carnudas e saborosas, davam assuntos coreográficos que ainda não morreram. Festas dos mortos, homenagem aos alimentos vegetais, animais, viviam nos bailados expressivos. Festas quando certas frutas eram abundantes. Festas em que cada grupo trazia sua participação alimentar. Mil sugestões para comer, beber, dançar. Não desapareceram na motivação contemporânea, mas já não se acusam nas alegrias do ritmo popular brasileiro. Pertencem aos domínios especiais da Indianologia, mas não ao folclore brasileiro. Continuam cantados e bailados, mas não alcançam a contemporaneidade nacional. É como vivessem no século XVI, soando aos ouvidos de Hans Staden e de Claude d'Abbeville. Muitas festas regionais têm esse destino. Uma limitação estranha nas fronteiras da percepção. As deliciosas danças gaúchas que não vencem a fronteira para Santa Catarina e Paraná. O bambelô das praias norte-rio-grandenses, que não repercute no Rio de Janeiro. O jongo que não chegou ao Recife.

O brasileiro, entretanto, nasceu bailarino. Com o ritmo no sangue, a recriação animada, imprevista, surpreendente. Os africanos e ameríndios dançam uma noite inteira, impressionantes de vitalidade e soberbia consciente, mas o desenho melódico é inalterável, idêntico, uniforme. Veja-se a multidão brasileira no Carnaval, quando a orquestra "rasga" a fantasmagoria sonora das marchas-frevos. Cada um improvisa bruscamente o seu *ballet*, inesgotável de atitudes, soluções incríveis, concordantes na quadratura da estrofe e ao findar da frase musical. Outra solfa provocará novas sugestões, bamboleios, reviravoltas, parafusos, dobradiças, pernas ao gazear das tesouras incessantes, treme-treme dos *charlestons* esquecidos, numa miraculosa e ágil continuidade.

Três elementos, em algumas danças brasileiras, merecem informação – a castanhola ou castanheta, o sapateado e a umbigada.

A castanhola ou castanheta é o rápido estalido obtido pela fricção violenta dos dedos, médio e polegar. Os indígenas e africanos escravos não o conheceram e foi uso europeu, vulgar nos bailados de Portugal e Espanha. Comum na Grécia e em Roma (Cícero, Tíbulo, Martial, Terêncio). Nove séculos antes de Cristo aparecia numa estátua de Sardanapalo. Mas não figurou marcando compasso senão na Península Ibérica, de onde nos veio.

Nenhum bailado indígena compreendia a *Umbigada*. Registou-a von Martius em 1818 entre os Puris de Minas Gerais. Era influência de africanos vivendo na tribo. George Wilhelm Freyreiss anotou-a, há 150 anos, assistindo a um *Batuque* também em Minas Gerais, entre gente do povo: "o dançador do centro é substituído cada vez que dá uma umbigada; e assim passam noites inteiras".

Indispensável nos "sambas" de Angola, tanto no Sul (Capelo e Ivens), quanto no Norte (Alfredo de Sarmento), veio para o Brasil com o escravo angolano. Deve ter-se introduzido através das danças mais vulgares, Lundu, Coco, Sabão e o Batuque em que era característica. Em Portugal vive a umbigada em muitas danças tradicionais, notadamente pelo Norte, Verde-Gaio, Sarapico, Vira, Caninha-Verde, talvez contagiadas pelas *cheganças*, que D. João V proibiu em maio de 1745, por indecorosas.

O sapateado não é constante nas danças do povo e nem é brasileiro, ameraba, africano. Digo ameraba do Brasil e nos indígenas conhecidos. Parece-me habilidade de indígena norte-americano porque não consta na velha Inglaterra e menos na França o *danser en frappant du talon*. Não confundir sapateado com as batidas do pé, alternadamente, usual nas danças "brasilianas" do século XVI. E menos com o passo arrastado e lateral, com ambos os pés, que vemos nalguns bailes bororos.

Em 1816, Augusto de Saint-Hilaire vê africanos e indígenas dançarem. Aqueles em círculo, com tambor e *reco-reco*, contorções, trejeitos, "remexendo os pés", com uma "agitação convulsiva" que ainda existe nas danças da Zambézia e que se chama *macara*; estes em fila, um atrás do outro, batendo os pés, dando curtos saltos, curvando-se, punho na anca, saltando, numa simbólica comemoração pela morte de uma onça, que Saint-Hilaire diz jaguar.

Antes do francês, o inglês Henry Koster assistia a indígenas e negros, escravos e libertos, dançarem em Itamaracá, 1813. Os indígenas dançam em fila e depois "fecham a roda". Tocam flauta "de tom agudo" e cantam, "pulavam sobre um pé e outro". Rodaram enquanto durou a provisão de bebidas. Os pretos livres faziam o círculo e um violeiro cantava, repetindo o refrão, já uma presença portuguesa quanto à técnica animadora. Ia um homem para o centro, "dançava minutos, tomando atitudes lascivas, até que escolhia uma mulher, que avançava, repetindo os meneios não menos indecentes, e esse divertimento durava às vezes até o amanhecer". Os escravos empregavam o tambor, pele de carneiro sobre um tronco de árvore e arco-musical, gobo, bucumbumba, uricungo, rucumbo, urucungo, berimbau de barriga. O arco com corda metálica, tocada com o dedo ou um pauzinho, e uma quenga servindo de ressonador, posta sobre o ventre nu do artista. "Quando dois dias santos se sucediam ininterruptamente, os escravos continuavam a algazarra até madrugada."

Diga-se da colaboração portuguesa que é fundamental. Para sua atração coreográfica convergiram as lúdicas indígenas e negras. Nenhuma "presença" realmente indígena mantém-se na dança popular brasileira. Os grupos vestidos de selvagens batem compasso e mímica habituais e não típicos. O "samba" nacional é dançado os pares juntos, em ritmo regular bailarino, distante do modelo negro que é a velha Batucada, de roda, instrumentos de percussão, no bamboleio coletivo até que seja chamado para o centro do círculo, momento da atuação estonteante e solista. No mais, a feição musical é portuguesa, normal, facilmente confrontável nas origens, diferenciada pela orientação popular inflexível. O escravo negro imprimiu na música o ritmo e nas cantigas batuqueiras a solfa que permite, e mesmo determina, o encadeamento infindável, facilitando o prosseguimento ininterrupto da cantiga cujo refrão aparece como uma pausa para o coro. A música coral negra, acompanhando a dança, é essencial pela ausência de instrumentos solistas, *dizendo* a melodia. Todas as cantigas africanas, quase todas para dançar, ficam sempre dando, quando terminadas, a impressão de incompletas. Funcionam insistentemente como um convite à continuação. E como essa continuação tem na voz humana sua expressão única, a consciência da criação, da colaboração negra no canto, é mais profunda e exteriorizadora do profundo sentimento melódico possuído. As canções "brancas" findam no compasso final. É preciso cantar outra quadra. Para o negro não se recomeça, continua-se. Esse é o caráter essencial da presença africana na dança brasileira; a integração humana no complexo musical pela consciência de sua indispensabilidade.

A mais alta percentagem portuguesa vinda para o Brasil no primeiro século, as raízes vitais do povoamento, era do Norte, do Douro à fronteira galega. Porto e Viana do Castelo pelo litoral. Barcelos, Guimarães e Braga, pelo interior. Depois vieram beirões e trasmontanos, alentejanos, homens da Estremadura e menos do Algarve. Todos os documentários dos séculos XVI e XVII falam nesses portugueses do Norte, atrevidos, tenazes, ganhando e gastando, gritando como pregão de guerra o *Aqui de Viana!* em vez do *Aqui d'El-Rei!* Fernão Cardim fixou-os em 1584, em Olinda, dominando 66 engenhos, "mui dados a festas", cavalos de 300 cruzados, jogando "canas, pato, argolinha", bebendo 80.000 cruzados de vinho, tratando-se na "lei da fidalguia". O mesmo na Bahia, senhores com orquestras de escravos, prataria espelhante, riqueza vivida em prato, copo e cama, canto e dança.

Esse Norte é a colmeia musical portuguesa, inesquecível para quem a percorreu, devagar. Todas as tarefas rurais realizam-se ao som de cantigas, desgarradas, desafios, os bailes abrindo e fechando as colheitas. As crianças e os velhos, as mulheres e os homens, cantando sempre, mesmo na oração, velório dos mortos, *amentar* das almas. Centenas de danças que não morrem. Toda a gente sabe improvisar uma copla e rodar num bailarico. Danças de roda, em filas, rapazes e raparigas, batendo o pé, dando-se as mãos, cirandando como folhas secas. A gente vivaz, espirituosa, pronta ao remoque, maliciosa e sentimental, que está em Gil Vicente, veio para o Brasil, trabalhar, cantar, dançar, morrer, deixando a raça brasileira sem problemas étnicos, anulados pelo abraço ecumênico do português.

As cantigas infantis plantaram-se no Brasil perenemente. Os ritmos quaternários deram o matiz brasileiro ao material informe e complexo que chegava das matas e da costa da África.

Em 1530, cantava Gil Vicente:

Em Portugal vi eu já
Em cada casa pandeiro,
E gaita em cada palheiro!
..................................
A cada porta um terreiro,
Cada aldeia dez folias,
Cada casa atabaqueiro!

Pandeiro, gaita, atabaque, folias, bailos, festadas! Essas sementes ficaram na *Terra Santa Cruz, pouco sabida.*

Partindo dessas bases reais é fácil verificar as transformações do "samba" para não apenas a canção, o tango, mas o samba-*ballet*, com "baianas", volteios tufando as amplas saias rodadas, de aspecto bonito e demonstrador da ampliação incessante da velha dança de roda, palma de mão, tambor, ganzá e reco-reco, destinada à fruição do próprio grupo que a executava. Distância entre as danças legítimas e as "preparadas" para exibição teatral ou turística.

Os cocos de roda pelo Nordeste, o bambelô praieiro de Natal, estão resistindo aos instrumentos de corda e sopro, mas é sensível a penetração de outras agilidades, passos dos "frevos", as inconscientes heranças do *shimmy* e dos esquecidos *black-bottoms* e *charlestons*. Têm, incontestavelmente, mais efeito e menos legitimidade. A geração dos velhos "mestres" desapareceu e com ela o rigor ciumento pela preservação das danças autênticas. A intenção contemporânea é no sentido do agrado concordante da assistência e não da revelação coreográfica.

Os bailados indígenas não tiveram penetração no folclore brasileiro. Os antigos dissiparam-se com os derradeiros bailadores e os registados pelos naturalistas na Amazônia (von Martius, Wallace, Bates, Koch-Grünberg), alguns já contaminados pelo europeu, enquistaram-se nas regiões dos seus fiéis, como se verifica no documentário de Felicitas (*Danças do Brasil*, 1958), na mais recente pesquisa. As populações mestiças dos arredores não os recebem e o indígena alfabetizado, vindo para os centros demográficos de vida mais intensa, esquece ou se recusa recordá-los. Mais conservador é o africano que não os olvida.

Com o escravo banto houve a Batucada, o Batuque, Samba de roda, e com o sudanês as religiões jejê-nagô, bailadas e cantadas, mas sem que se possa auferir-lhes da continuidade, partindo dos modelos da Nigéria e do Daomé. Na rítmica há investigação a fazer porque a verdadeira arquitetura da música popular portuguesa, embora estudada em sua pátria, tem sido muito pouco comentada no Brasil. Os que se interessam, não sabem música e os que sabem música, não se interessam. *Così va il mondo*, com as exceções lógicas.

Para a exposição do assunto, as danças naturalmente são gerais ou regionais. As gerais são o Samba, de par, com posições *ad libitum* do cavalheiro, respeitando o compasso. Em qualquer ponto do Brasil onde o Samba for ouvido, será dançado. Ninguém o ignora.

Em qualquer paragem onde baterem uma Batucada, tambor, pandeiro, cuíca, maracá, reco-reco, não faltará quem apareça bamboleando, riscando os pés, contraindo os ombros, seduzido, arrastado, possuído pelo Batuque. Não se compreende a possibilidade da abstenção participadora para Samba e Batucada. Essas são, positivamente, as duas danças populares em todo o território nacional. A Batucada é o mesmo Coco, Coco de roda, bambelô, o defunto Zambê, todos dançados por intuição. Ninguém aprendeu, regularmente. Como dizia o poeta Belmiro Braga,

*Tudo que a gente faz melhor na vida*
*é aquilo que se faz sem aprender.*

Acresce a circunstância, não ocorrente nas demais danças, de sua continuidade normal. Quando as outras dependem de épocas, festividades, antepreparação, o Samba e a Batucada funcionam em qualquer momento e em qualquer lugar. Independem da parafernália custosa, indumentária, instrumental típico, dançarinos ou cantores especializados.

As danças reúnem-se ao redor dos grandes ciclos de concentração festiva no Brasil, determinantes do ambiente justo para a exibição: Carnaval, Divino, São João e Natividade.

Reaparecem os velhos autos, contendo bailados e não estes vivendo aqueles, Bumba meu boi ou Boi-calemba, Pastoris, Congos, Congadas, Cheganças ou Cristãos e Mouros, Fandango ou Marujada, Quilombos, Reisados, Guerreiros. As danças de representação, Caboclinhos, Caiapós, Pajés, Moçambiques, Maracatus, Cucumbis. As realmente lúdicas, coco ou bambelô, cateretê ou catira, carimbo, ciriri, os vários tipos de sambas, urbanos e rurais, a série dos bailes gaúchos, de matiz *plateño*, açoriano ou nacional, de sociedade, como as nortistas, de salão, araruna, camaleão, jararaca. As devocionais, diante de altares, cruzeiros ou nos dias votivos, S. Gonçalo, S. Benedito, Santa Cruz; as danças que são improvisações desafiantes, reguladas na cadência das "carreiras", como o cururu.

Nem os autos e menos a coreografia ao cerimonial do Candomblé, Macumba, Xangós, incluem-se na classe normal das danças. São continentes e não conteúdos. Como o Fandango gaúcho, paulista, de Santa Catarina ou Paraná, vale baile e não bailado, específico.

Toda a já longa bibliografia estudiosa ou registadora das nossas danças evidencia a diversidade do seu exercício, nacional ou regional, dependente de época festiva ou autônomo para a execução rítmica. O português festejava o Corpo de Deus fazendo bailar seus dançantes, ordenados obrigatoriamente em cada corporação. Apenas D. João V fez substituir as danças sagradas pela exibição processional dos andores. Mas até o século XIX, irresistivelmente, como na Lapa de S. Francisco ou Bom Jesus de Itapagipe, a intenção da reverência confunde-se com o movimento coreográfico. Se Santo Isidro, pastor, oferecia-se a Deus para guardar-lhe o gado, o nosso povo, revivendo o século XVI, acredita homenagear a Divindade dançando diante dela.

E não apareceu outra forma, expressiva e profunda, desde o bailado do rei Davi à Roda-Pagode alagoana nas margens do S. Francisco, mais intuitiva da alegria solidária e natural Àquele que, como o Amor imortal, *move il sole e l'altre stelle*.

# CAPOEIRA

> *Camarada, tóme sintido,*
> *Capoera tem fundamento.*
> Cantiga de Capoeiras Baianos (Manuel Querino)

Siríaco Francisco da Silva faleceu no Rio de Janeiro em 19 de maio de 1912. Foi um "herói nacional" no plano popular. Vencera espetacularmente o japonês Sada Miako, campeão de jiu-jítsu, em luta no Pavilhão Internacional, num confronto eletivo dos dois métodos de luta sem armas. Siríaco derrubou o adversário com um *rabo de arraia*. Toda a imprensa brasileira espalhou o nome do mulato como uma glória indiscutida. Sabia-se muito bem da existência da capoeira mas a vitória sobre o japonês valeu consagração. Começou a ser ensinada e teve seu início de sistemática, no terreno didático.

Hoje possui escolas, professores e manuais. Há mesmo um compêndio de *Capoeira sem Mestre*. Muitas técnicas, diferenciações, características.

Os centros tradicionais sempre foram o Rio de Janeiro, cidade do Salvador e o Recife.

No Rio de Janeiro os capoeiras dividiam-se nos dois grandes grupos, *Guaiamuns* e *Nagôs*, entrando em batalha sempre que se defrontavam. Na Bahia os bairros, Sé, São Pedro, Santo Inácio e Saúde, estavam arregimentados. "Levava cada bairro uma bandeira nacional, e ao avistarem-se davam vivas à sua parcialidade", informa Manuel Querino. No Recife a capoeiragem separava-se entre os fervorosos admiradores de duas bandas de música que vieram até 1865: a do Quarto Batalhão de Artilharia e a do corpo da Guarda Nacional, mestrada pelo espanhol Pedro Garrido. As facções eram, pois, o *Quarto* e *Espanha*, irreconciliáveis.

Viva o Quarto,
Morra Espanha!
Cabeça seca
É quem apanha.

"Cabeça-seca" era sinônimo de escravo e epíteto injurioso mutuamente atirado pelos capoeiras do Quarto e de Espanha. As duas bandas de música desapareceram (o Quarto Batalhão foi em 1865 para a guerra do Paraguai e não voltou a Pernambuco) mas a capoeirada permaneceu, indômita, perturbadora, desenfreada, até a primeira década do século XX.

No *Dicionário do Folclore Brasileiro* (2ª ed., Rio de Janeiro, 1962)* reuni quanto pude na espécie, inclusive bibliografia essencial. Lá está toda a minha ciência capoeira.

Pareceu-me, apreciada em seu conjunto, que a luta, com as regras, os golpes e os contragolpes, as eliminatórias e puníveis, fosse elemento de alguma cerimônia e assistida por multidão, valendo afirmar, época de exibição e prazos para a duração do prélio. Tinha todos os aspectos da antiguidade e seu emprego emprestava, no ambiente correlato, a valorização da agilidade disciplinada.

Todos os brasileiros conhecem a Capoeira e suas estórias. Édison Carneiro estudou-a na Bahia e no Rio de Janeiro, com as variedades onde a mais notável é a *Pernada*, diversa e mais impressionante que a tradicional e tantas vezes secular *Savate* francesa.

Todos os povos têm suas lutas antigas e preferidas. Assisti a muitas lutas africanas, em Dacar, as mais famosas da costa ocidental. Também na Guiné, entre balantas e biafadas. Em Lourenço Marques e Luanda. Os kuikuras do rio Coluene, Xingu, têm a *uka-uka*, com que finalizam a dança kuarupe. Nenhuma recorda o jogo da Capoeira. São todas na base clássica do embate greco-romano, em que as mãos e os braços são agentes decisivos para atirar o adversário ao solo.

Nos funerais de Patroclo, doze séculos antes de Cristo, Ulisses e Ajax disputaram em luta igual a que se empenham os atletas negros da África do oeste (*Ilíada*, XXIII).

---

* Pela Global Editora, 12ª ed., 2012. (N.E.)

A unanimidade das fontes brasileiras indica a Capoeira como tendo vindo de Angola. Capoeira de Angola, *vadiação* ou *brinquedo*, como dizem na cidade do Salvador. Segue-se a *Angolinha*, variante desta, mais simplificada e não menos difícil. A *Pernada* é mais do Rio de Janeiro. Golpes da perna como a *Savate* resulta de pontapés apropriados.

Foi predileção de negros, escravos ou livres, vadios, atrevidos, agredindo sem provocação, no delírio da exibição pessoal. Nos últimos anos do Império os rapazes ricos, estroinas, boêmios, aprenderam o jogo da Capoeira, *acabando bailes*, enfrentando patrulhas, desafiando os concorrentes, afamados na notoriedade bulhenta. Era tão elegante quanto duelar de *quitó* na Lisboa de D. João V. Comentava-se reprovando, mas crescia a onda de admiração invejosa. Na Inglaterra os nobres sabiam o *boxe* e em Paris, o Duque de Berry, herdeiro do trono, cursara a *Savate* com o *maître* Baptiste, glória local.

A repressão inflexível à capoeiragem no Rio de Janeiro, pelo primeiro Chefe de Polícia no governo republicano, Sampaio Ferraz, por todo 1891, livrou o então Distrito Federal do que era mais do que uma Arte e sim uma "Instituição", como historiou Dunshee Abranches. Motivada pela expulsão dos "capoeiras" da alta sociedade, superiormente protegidos pelas famílias prestigiosas, houve mesmo uma crise ministerial entre Campos Sales, Ministro da Justiça, e Quintino Bocaiuva, Ministro do Exterior, o primeiro sustentando os atos de Sampaio Ferraz.

O "capoeira", exercitando a Capoeira, emprega uma sucessão de golpes de perna, pé, calcanhar e cabeça, raramente recorrendo às mãos e sendo formalmente defeso o corpo a corpo, típico na luta greco-romana.

As demonstrações públicas do jogo da Capoeira, entre mestres, são espetáculos de destreza surpreendente, impressionante agilidade nos inopinados ataques e defesas, decorrendo na obediência de regras intransponíveis. E certos golpes possuem nomes que se fizeram célebres, *aú, rasteira, corta-capim, tesoura, meia-lua, rabo de arraia, chibata armada, balão, bananeira*.

Nas mostras pacíficas ao público a Capoeira funciona inevitavelmente ao som dos berimbaus, arco musical, urucungo, e os tocadores cantam toadas privativas e que são ânimos aos contendores. Nos encontros pessoais, *acertando contas*, o duelo bravio não conta, naturalmente, com acompanhamento melódico. Brigas com ou sem testemunhas ocasionais terminavam em morte ou ferimento grave porque o capoeira usava de faca ou navalha.

Sempre nos faltou a informação africana sobre as origens da Capoeira no Brasil. Aqui ela se desdobrou e recebeu a colaboração de muitas técnicas. Desenvolveu-se ao passar dos tempos, dos pátios das senzalas para as praças das cidades.

Existe em Angola a nossa Capoeira nas raízes formadoras e é, como supunha, uma decorrência de cerimonial de iniciação, aspecto que perdeu no Brasil.

Inicia-se pelo embate de mão aberta, a *Liveta*, as nossas *negaças*, com destreza no ataque e prontidão defensiva. Segue-se uma dança, a *C'hankula*, que não veio para o Brasil. Depois, a luta verdadeira, *bássula* em Luanda, ao som do urucungo, o berimbau, *hungu* ou *m'bolumbumba*, espalhadíssimo pela África do Atlântico e do Índico. *Bassulá* é a denominação do *N'golo* em Luanda.

É divertimento e luta real entre pescadores e marinheiros, como ocorreu no Brasil, dando a Monteiro Lobato a figura do "22 da Marajó", capoeira milionário que não esquecera a Capoeira do seu tempo de marujo. A *nobre arte*, como ele dizia.

Albano de Neves e Sousa, de Luanda, poeta, pintor, etnógrafo, encarregou-se de elucidar o *lado de lá*; as fontes da capoeira.

Entre os Mucope do sul de Angola, há uma dança da zebra, *N'golo*, que ocorre durante a *Efundula*, festa da puberdade das raparigas, quando essas deixam de ser *muficuenas*, meninas, e passam à condição de mulheres, aptas ao casamento e à procriação.

O rapaz vencedor do *N'golo* tem o direito de escolher esposa entre as novas iniciadas e sem pagar o dote esponsalício. O *N'golo* é a Capoeira...

Escreve-me Neves e Sousa: – "O *N'golo* é uma dança típica de povos do sul de Angola – vi no Mulondo e no Mucope. Creio que além destes povos os Muxilengue e os Muhumbé também a praticam. Tudo gente com costumes parecidos e vivendo uma vida de pastorícia e com uma agricultura de apoio. Deslocam-se atrás do gado por regiões muito vastas e juntam-se periodicamente para algumas festas. Uma delas é a *Efundula*, festa da puberdade das raparigas, que já tem sido suficientemente estudada".

O tal torneio de *N'golo* começa com um torneio de *Liveta* (luta de mão aberta) onde os mais fracos e inábeis são eliminados. Neste torneio prévio as piadas aos velhos que fazem roda à volta e batem palmas a compasso são habituais... A seguir e como uma espécie de diversão aos problemas dos jovens vem a dança *C'hankula*, em que os velhos descrevem o comportamento dos seus toiros favoritos, descrevendo com os braços a forma da cornadura dos mesmos. Em seguida vem o *N'golo* e quem ganha o torneio tem prioridade na escolha de uma das moças que nesse ano foram iniciadas.

Ora, pois, a coisa está posta em linhas gerais. Teoria do Neves e Sousa a respeito do *N'golo* no Brasil: "Os escravos das tribos do Sul que foram para aí através do entreposto de Benguela levaram a tradição da luta de pés. Com o tempo, o que era em princípio uma tradição tribal foi-se transformando numa arma de ataque e defesa que os ajudou a subsistir e a impor-se num meio hostil.

Razão da sua permanência nos meios urbanos. O pastor sem rebanhos torna-se um marginal. Os piores bandidos de Benguela em geral são Muxilengues que na cidade usam os passos do *N'golo* como arma. Em Luanda esses passos, possivelmente trazidos do Sul, chamam-se *Bássula*. Até no nome há qualquer coisa que sugere a origem da luta nos povos pastoris do Sul. *Ba-ssula*, os do Sul.

Em Luanda os técnicos deste tipo de luta são os pescadores da ilha que se engajam como marinheiros dos palhabotes que fazem viagens pela costa até Mossâmedes. Outra das razões que me levam atribuir a origem da Capoeira ao *N'golo* é que no Brasil é costume dos malandros tocarem um instrumento aí chamado de Berimbau e que nós chamamos *hungu*, ou *m'bolumbumba*, conforme os lugares e que é tipicamente pastoril, instrumento esse que segue os povos pastoris até a Swazilândia, na costa oriental de África".

Não cheguei a presenciar o *N'golo* de Benguela nem a *Bássula*, entre os marinheiros dos palhabotes de Mossâmedes e os pretos axiluanda, de Muazanga, a ilha Luanda, que fica diante da cidade capital de Angola. Além da exposição e dos desenhos de Neves e Sousa, ouvi descrições minuciosas, comprovantes da normalidade do costume. Não apenas luta de desforço pessoal mas, como na Bahia e no Rio de Janeiro, exibições lúdicas sempre apreciadas pelo povo. Na ilha de Luanda (Muazanga, para o *muxiluanda*; singular de *Axiluanda*, nativos ou moradores insulares) há uma série de *sanzalas* (pequenas povoações), Lunda, Lelo, Buicanga, Coqueiros, Buricoco, Buicala, Mbimbe, Butunda, Bala, com seus mestres e amadores da *Bássula*. Teria sido uma escola para os pretos exportados com destino ao Brasil.

No Brasil o *N'golo* de Benguela e a *Bássula* de Luanda ampliaram não somente a técnica como os recursos de agressão, incluindo facas e preferencialmente navalhas. Nos jogos atléticos de Angola empregam unicamente os pés e a cabeça e jamais armas brancas. O pau, cacete, posteriormente acrescido, era colaboração portuguesa, vinda dos eméritos *jogadores de pau*, famosos no norte do país. Nomenclatura, desenvolvimento do processo agressivo e defensivo, tiveram notável participação brasileira.

A origem do nome que se popularizou no Brasil tem permanecido obscura. O Dr. A. J. Macedo Soares, escrevendo em fevereiro de 1880, resumia o problema: "Temos ainda a palavra brasileira *capoeira*, significando o sujeito que se exercita na profissão de jogar o pau, a faca, a navalha, e faz profissão da *capoeiragem*. Os *capoeiras* são os turbulentos muito conhecidos nas grandes cidades, particularmente no Rio de Janeiro, faquistas, navalhistas, que ferem e matam por divertimento. Daí a definição de Frei Domingos Vieira. Ignoramos, porém, a origem e o fundamento do emprego da palavra. Talvez mesmo este lexicógrafo tivesse apanhado metade da verdade, pela analogia com os *canhamboras*, negros fugidos".

A definição no *Dicionário* de Frei Domingos Vieira (Porto, 1873) é a seguinte: "Capoeira. Negro que vive no mato e acomete os passageiros à faca".

A legítima e anterior capoeira no Brasil é a vegetação franzina, rareada, nascida subsequentemente à primitiva que fora destruída. A vegetação fina, espaçada mas virgem, diz-se *catinga*.

A Capoeira, jogo atlético, seria inicialmente habilidade dos residentes ou foragidos nas capoeiras-mato ao redor das cidades. A capoeira é sempre uma atividade de vadios urbanos. Não conheço, entretanto, o vocábulo "capoeira" como sinônimo do morador nas capoeiras. Capão, frango, produziu outra "capoeira" que nada tem de comum com a de que se trata.

Poder-se-ia lembrar o habitante dos *brejos*, baixas ou encostas úmidas, extremamente fecundas, dando o *brejeiro*, na dupla acepção topográfica e de homem dado às manhas, astúcias, malicioso, desavergonhado, cínico. Diz-se *uma brejeira* às falsificações ou sonegações processuais, substituição de documentos, peculatos, cheques sem fundo. O homem da capoeira, semioculto da cidade e seu vizinho, marginal, desajustado, profissional de vagabundagem, ex-escravo ou escravo fugitivo, o mestiço malandro e ousado, teriam denominado o *N'golo* de Benguela, a *Bássula* de Luanda, com o nome do seu ambiente residencial, na semântica do brejeiro. *Jagunço* e *capanga* vieram apenas dos dois instrumentos agrícolas transformados em armas. Ninguém mais recorda senão os profissionais do uso, valendo-se bem diversamente das modestas fontes inocentes e utilitárias.

A capoeira continua um popular exercício de agilidade na Bahia e Rio de Janeiro, prática e realmente despojada do caráter agressivo de outrora. Sempre executada ao som dos berimbaus, urucungos ritmadores, monocórdios, a demonstração tem um aspecto ginástico, sugestivo pela precisão dos golpes, dando a imagem real de uma dança poderosa de força disciplinada e de elegância natural.

Está na classe das demonstrações desportistas.

O capoeira desapareceu, mas a Capoeira ficou.

# No tempo de Murici...

## Estudo de um provérbio brasileiro

$O$ rifão *em tempo de murici, cada um cuide de si*, foi estudado pelo erudito João Ribeiro (*A Língua Nacional*, S. Paulo, 1921).

"Explica o egoísmo dos homens nas ocasiões difíceis ou perigosas." O coronel Tamarindo empregara-o em 1897, prevendo a derrota de sua coluna militar, num desastre que lhe custaria a vida na campanha de Canudos.

"Por que, pois o *murici* há de simbolizar os maus dias ou o terror pânico? A razão creio que a tenho achado. Nos tempos coloniais havia perpétuo intercâmbio de coisas e de gentes entre o Brasil e a Índia, onde os mesmos fidalgos e os mesmos soldados cá e lá, a seu turno, serviam à civilização e ao império português. Ora, uma das grandes calamidades da Índia era o *morexi* ou *murixy*, nome indiano e asiático do *cholera-morbus*, e também das espécies parecidas a este, a cólica, o miserere, o vólvulo."

Garcia da Orta (*Colóquio*, XVII) cita o *morxi, enfermidade causada de muyto comer*. Gaspar Correia (*Lendas da Índia*, XV), dizia ser *huma dor mortal, que os da terra chamão MORYXY*, "mordexim" para os portugueses de Goa, *morxis* para Diogo do Couto (*Décadas da Ásia*, IV, X), *mordicin* para os italianos, *mordisin* francês, *mordexi* latinizado. O conde de Ficalho, comentador de Garcia da Orta (Lisboa, 1891), fez exposição suficiente e brilhante no assunto.

João Ribeiro alude a uma malpighiácea brasileira denominada Murici, comum à América tropical, abundante no Nordeste, "planta das terras agrestes e fracas", já examinada por Gabriel Soares de Sousa na segunda metade do século XVI, por Piso e Marcgrave na primeira metade da centúria subsequente. Não demorou atenção na planta porque esta nada lhe sugeria no plano catastrófico ou epidêmico. Murici, para ele, era a cólera-morbo, a murixi da Índia.

Anos depois (1929), o polimático Afrânio Peixoto analisando os adágios brasileiros (*Miçangas*, Rio de Janeiro, 1947), deparou o *em tempo de murici, cada um cuide de si*.

Escreveu mestre Afrânio: "Dada a insignificância do nosso murici, frutinha silvestre, sem graça, já se pensou que fosse o *murixi* indiano, a cólera, e então o adágio seria indicativo de pavor, salve-se quem puder... Na primeira versão, corresponde-lhe o provérbio lusitano: Em tempo de figos não há amigos, ou o avesso brasileiro, segundo Pereira da Costa: Enquanto há figos, há amigos".

O *já se pensou* era referência abstrata a João Ribeiro, não citado. Estavam zangados, os dois.

Gabriel Soares de Sousa (II, LIV) menciona o murici, "a qual fruta é mole e come-se toda; cheira e sabe a queijo do Alentejo que requeima".

Piso (IV, XXVII) fala nas quatro espécies do murici, com "frutos comestíveis. Maduros, picam o paladar com muito agradável acidez, mas chegam a causar entorpecimento aos dentes; e, adstringindo, refrigeram muito ao mesmo tempo".

Willem Piso residiu em Pernambuco de 1637 a 1644.

Jorge Marcgrave ficou na mesma região de 1638 a 1644 e conheceu o *mureci*: "O fruto desta árvore é constituído por bagos, da figura e tamanho dos frutos da roseira-brava, que são comidos" (III, X).

Cita-o Rocha Pita na *História da América Portuguesa*, I, 50 (Lisboa, 1730). Renato Braga (*Plantas do Nordeste*, Fortaleza, 1960) descreve o murici, *Byrsonima crassifolia*, H. B. K., informando: "O fruto, amassado em água, desprende facilmente a sua massa carnosa, que, dissolvida, misturada com farinha, adoçada ou não, constitui um dos recursos alimentares mais importantes para a pobreza dos tabuleiros praieiros. É a conhecida *cambica de murici*, rica em gordura e de alto teor nutritivo. Mais diluída e sem farinha é um apreciado refrigerante. Com a massa se faz excelente sorvete e doce de boa qualidade. Pela abundância e propriedades alimentícias, o murici recebe a antonomásia de *mantimento do pobre*".

Não parece, evidentemente, *frutinha silvestre, sem graça*, cuja *insignificância* Afrânio Peixoto registrou sem jamais havê-la provado. João Ribeiro a esquecera. Estranho que um rifão formado na Índia Portuguesa do século XVI, vivo no Brasil, não fosse conhecido em Goa e seja ignorado em Portugal. Não aparece, em nenhum rifoneiro lusitano, *no tempo de murici, cada um cuide de si.*

*Murici*, cólera-morbo, *murici*, malpighiácea, são palavras ditas homofonógrafas, grafia e pronúncia idênticas, significação diversa.

O português na Índia dizia *mordexim*, segundo Fialho. Mesmo ocorresse o *murixi* de Gaspar Correia, teria o vocábulo sido divulgado em Portugal quanto no Brasil e não apenas no domínio sul-americano, com menor número de pessoas vindas da Índia, sabedoras do nome indiano da cólera-morbo.

Ainda o ditado é mais frequente justamente na região onde a planta murici frutifica, tornando-se, na permanência alimentar, *mantimento do pobre*. O macerado, *cambica de murici*, alcança além do Maranhão. Em São Luís é refresco tradicional como o açaí no Pará.

Frei Antônio do Rosário (*Frutas do Brasil numa Nova e Ascética Monarquia*, Lisboa, 1702) incluiu o *moreci* nas trinta e seis frutas elogiadas, dedicando cada uma a uma classe de profissionais. Os "morecis", *são como uvas, mas azêdas*, ofereceu-os aos lavradores e hortelões.

No *Caramuru*, de Santa Rita Durão (VII, XLVI), impresso em 1781, Lisboa, figura o murici na relação encomiástica:

Brilha a mangaba e os mocujés silvestres;
Os mamões, *moricis*, e outras famosas,
De que os rudes caboclos foram mestres.

Não era hora aflita e angustiante essa em que cada um deveria cuidar de si mesmo. Coincidia com a safra do murici, a convergência dos interesses populares na sua colheita. Correspondia, exatamente, ao rifão de Portugal: *Em tempo dos figos não há amigos* (Pedro Chaves, *Rifoneiro Português*, 277, Porto, sem data). Amigos, amigos, negócios à parte. Ovelha que bale, bocado que perde. No tempo do murici, cada um trate de recolher a maior porção. Cuide de si. Como em Portugal quando há figos: os amigos se ocupem em obtê-los e não em cortejar-se, perdendo ocasião proveitosa.

Assim entendo o provérbio. Legítimo adágio brasileiro, referindo-se a uma fruta popular no Brasil.

# Banhos de Cheiro. Defumações. Defesas Mágicas

*...julgo ser melhor curar-se a gente com um tapuia do sertão, que observa a natureza com mais desembaraçado instinto e com mais evidente felicidade.*
D. Frei João de São Joseph Queiroz, 4º Bispo do Grão-Pará (1760)

Interessou-me sempre a cultura popular amazônica, entrevista nas confidências naturalistas do século XIX. E mais ainda os elementos independentes da defesa letrada, mantidos pelo povo na predileção consuetudinária, inalterada e teimosa.

Não apenas os mitos e as lendas, mas o cotidiano sempre esteve para mim na classe preferencial. A terapêutica, as fórmulas tradicionais de guardar a saúde, os remédios que provocam a intervenção sobrenatural, o homem, *bicho da terra tão pequeno*, subalternizando os deuses ao serviço da conservação pessoal, dispondo as forças mágicas para o seu estado de tranquilidade, impunham-me poderosa atração pesquisadora. Todas essas regras mergulham no Tempo e perdem as raízes na imensidade da quarta dimensão.

Mais ignorante é quem ri do que quem usa...

Os banhos de cheiro e defumadores não estão limitados ao Pará-Amazonas. Nem mesmo sabemos até onde se estende sua prática na credulidade brasileira. Desde quando o Homem considera o banho como inicial de purificação, crendo que somente a água possa restituir a pureza ou renovar a mocidade espiritual? E as oblações por meio do fumo, queimando no altar as vítimas escolhidas pelas entidades divinas? Há quantos milênios o incenso possuiu antecessores indispensáveis? *Et ponet memoriale super altare in odorem suavissimum Domino* (*Leviticus*, 2, 2)?

A senhora C. C. G., indo residir em Belém do Pará, prontificou-se para investigar as receitas dos "banhos verdes" de intenção mágica e fumaças propiciatórias de saúde e sucesso. Veio o material, analisado como me foi possível.

Por intermédio e sugestão de Eleyson Cardoso, sergipano que na capital paraense exerce um consulado aproximador e cordial, o escritor Machado Coelho coligiu, na técnica dos ramalhetes, uma série de informações complementares sobre os banhos de cheiro, defumadores e pós de milonga, estes então desconhecidos para mim.

Com o prévio consentimento, incluo a colaboração generosa de Machado Coelho como documentário que deve ser divulgado integralmente. Regista a industrialização do banho de cheiro e defumadores nas fábricas locais e do sul do Brasil, com mercado consumidor, inevitável e normal.

A informação de Bruno de Meneses (1894-1963), visitando o mercado tentador do *Cheiro-Cheiroso* em Belém, é de inclusão indispensável.

\* \* \*

O banho de cheiro, banho do mato, banho de ervas, é uma tradição brasileira e secular. Mais no nordeste e norte que no centro e sul. Mais pelo litoral, e raramente para o interior, nota-se seu uso singular.

Ligava-se ao ciclo do São João, mas surgia independentemente, com feição terapêutica contra a má sorte, reincidência de acasos infelizes, negócios falhados, assuntos de amor impossível, sonhos econômicos. Podia, nesse caso, ser aplicado em qualquer época do ano, respeitando os preceitos indispensáveis. Banho antes do sol. Não enxugar-se. Ausência de sabonete.

Pelo Nordeste diz-se *banho de cheiro*, sugerindo a finalidade única de perfumar o banhista. Não participa de feitiços nem é antecipado por qualquer cerimônia característica.

A maioria das famílias conhecia as plantas aconselhadas, em número ímpar, cinco, sete, nove. O mais popular era o de *cinco ervas*: malva-branca, alecrim, arruda, manjericão, hortelã. O de *sete ervas*, depois denominado *sete-forças*, pelos catimbozeiros em Natal, à volta de 1924, incluía raízes de jurema e capim-santo. É o que colhi quando pesquisava o catimbó para o *Meleagro* (Editora Agir, Rio de Janeiro, 1951).[*] O de *cinco ervas*, típico, era sabido por minha mãe, sertaneja autêntica e que veio para Natal, casada e com filhos, em 1893.

No sertão o banho de cheiro era cozido o conjunto vegetal, macerado, coado e, com um pouco de água ficava para *serenar* durante uma noite, exposto ao ar livre. Tomava-se ao amanhecer, esfregando-se o corpo naquele caldo grosso, esverdeado e aromático, impregnando-se por alguns minutos. Depois usava-se água fria para a lavagem demorada. Nem toalha e nem sabão. *Cortava as forças*. Outros deixavam o líquido, obtido da cocção, *enxugar no corpo*.

Não havia exposição solar, *cozinhar ao sol*, como era costume no Pará.

Nunca o banho de cheiro serviu para enfermidades. Destinava-se inevitavelmente a uma defesa mágica, reforço detergente para facilitar os bons ensejos. Atrair a felicidade. Evitar o mau-olhado invejoso. Menos ainda que fosse indicado como perfumador.

No *Dicionário do Folclore Brasileiro*,[**] verbetes *Banhos* e *Banho de cheiro*, registei o essencial que sabia (Instituto Nacional do Livro, Rio de Janeiro, 2ª edição, 1962). Dispenso-me de maior comentário quanto ao banho nas iniciações e seu valor religioso.

Como era menino pálido e franzino, vez por vez devia sofrer as consequências do *quebranto*, do *mau-olhado*. Recorriam às velhas benzedeiras e ao banho de cheiro, o *cinco ervas*, tão meu conhecido. Não apenas o tomei em Natal como também no sertão do Rio Grande do Norte, em Augusto Severo, antigo Campo Grande, à volta de 1912 ou princípios de 1913. Sempre morno, ao alvorecer. Primeiro uma fricção com o macerado vegetal. Depois água para limpar-me. Nenhuma toalha. Depois tenho sabido das duas formas. A fricção antes ou depois da água limpa. Para não me resfriar, esfregavam-me com água-de-colônia. Usavam uma massagem com álcool. Jamais ouvi alguém falar em banho de cheiro para moléstias. Era fatalmente um evitador ou libertador de ação feiticeira. Usassem ou não, as

---
[*] 2ª ed., Rio de Janeiro: Agir, 1978. (N.E.)
[**] Pela Global Editora, 12ª ed., 2012. (N.E.)

famílias conheciam-no com maior ou menor variedade de componentes, falando de sua antiguidade no ambiente doméstico.

Em 1924, mais ou menos, por influência pernambucana, acendeu-se em Natal o catimbó, baixo espiritismo com tendências de candomblé de caboclo, tendo atividade terapêutica intensa no mundo dos pobres. Reforçava, valorizava, centralizava as rezadeiras locais, com sessões, *linhas* (cantos) e algum cerimonial atraente para o proselitismo plebeu e depois mais abastado economicamente.

Convivendo com os mestres e frequentando catimbós, colhendo sistematicamente o material legítimo, nunca deparei o banho de cheiro na relação medicamentosa e sim, acidentalmente, constituindo lembrança de um mestre para *ajudar a limpeza*, sem dizê-lo criação catimbozeira. Os mais ladinos informavam que em Belém do Pará o banho de cheiro tinha os *preparos* verdadeiros.

Para o *Dicionário do Folclore Brasileiro*, fiz indagações amazônicas, correspondência e livros.

Uma minha irmã de criação, senhora C. C. G., casada e residente em Belém do Pará, encarregou-se de reunir o maior número possível de notas, receitas e fórmulas na espécie. Antiga colaboradora nas minhas investigações na cultura popular, fez um verdadeiro curso nos seus quatro anos de parajoara honorária e funcional. E diga-se que acredita na eficácia dos *banhos do mato*.

No Pará, a riqueza da flora permite uma amplitude surpreendente aos banhos de cheiro e mesmo o mercado público mantém a venda regular dos ingredientes incontáveis, folhas, raízes, flores, resinas, caules, extratos, sumos, essências, infusões.

Osvaldo Orico registrava: "São ervas de odor ativo, como a oriza, a pataqueira, a malva-rosa; cipós excitantes como o corimbó, o cipotuíra e o cipó-catinga; cascas aromáticas como o cedro, umiri, buiuçu e macaca-poronga; raízes inebriantes como o arataiaçu, priprioca, marapuama, patexúli e mão-de-onça; trevos variegados, como o torcidinho, japana, manjericão, manjerona, *catinga-de-mulata*, pega-rapaz, benjoim, etc. Acrescente-se ainda à relação de tudo o pau-santo, o pau-d'angola e o pau-rosa (*Vocabulário de Crendices Amazônicas*, São Paulo, 1937). Bruno de Meneses (1894-1963), doutor na ciência do povo do Pará, informava-me em 1961: "Pataqueira, cipó-catinga, corimbó, chama, casca-preciosa, priprioca, manjerona, oriza, arataiaçu, *catinga-de-mulata*, japana, coré, vai-e-volta, boiuçu, umiri, cipotuíra, bergamota, fava de baunilha, serragem de pau-d'angola, tudo bem macerado, numa infusão dormida ao sereno, para o banho da meia-noite, tanto faz sozinho como acompanhado, não enxugando o corpo com toalha". Bruno de Meneses falava-me do *cheiro-cheiroso*, vendedoras de ervas, exaltando-lhe a sabedoria difusa e sedutora.

A época tradicional é o São João, mas a existência das vendas comuns e diárias no Mercado Público denuncia a diuturnidade habitual do uso sempre que ocorra necessidade mental.

Os elementos vão aumentando e há a inevitável convergência acultural da pajelança e da herança portuguesa da magia branca, dos atributos africanos, possíveis, de um ou outro vestígio ameraba, alargando o álveo da crendice irresistível.

O caderno de notas divulgado é um documentário precioso para evidenciar como, abril de 1964, o banho de cheiro, as defumações, os processos defensivos para evitar a entrada da infelicidade pelas portas residenciais, venceram os velhos limites, manipulando água-de-colônia e um copo de urina de menino preto, incenso e tucupi, sândalo e esterco de boi negro, água-benta e olho de boto.

\* \* \*

De onde tivemos o banho de cheiro? Dos amerabas? Para eles banho era n'água viva e fria, repetido e diário. A participação vegetal medicamentosa empregava-se via oral ou emplastro aposto às feridas guerreiras ou traumatismos de caça e pesca. Técnica do pajé.

A sucção, o sopro, defumação, jejum, a dieta da *couvade* quando nascia o curumim, prolongador da raça, constituíam os ritmos clínicos. Nenhuma infusão em que o doente mergulhasse o corpo para a restituição da saúde. A informação comum dos séculos XVI e XVII, quando a penetração europeia não constituía domínio influenciador decisivo, não registou maior notícia elucidadora dessas origens.

Há, entretanto, um registro do padre Joseph de Anchieta, na *Informação do Brasil e de suas Capitanias*, datada de 1584. Escrevendo sobre a ciência dos pajés, escreve: "Outros dizem que as velhas se hão de tornar moças e para isso fazem *lavatórios de algumas ervas* com que lavam". Havia, pois, um banho de ervas com intenção rejuvenescedora. O banho era processo clássico para a volta à mocidade. Num banho quente, Medeia remoçara o velho rei Eson em Iolcos.

Mas essa fórmula era muito parcimoniosamente utilizada, não apenas no plano mágico mas na acepção vulgar terapêutica.

Não conheço vocabulário indígena brasileiro em que o verbo *banhar* signifique *lavar* e sim *molhar*. "Lavar" sugeria a limpeza, fazendo nascer, de futuro, a imagem da pureza recuperada. Ainda se diz no Brasil popular *vou molhar o corpo, não deve molhar o corpo,* no sinônimo de banho, primariamente de imersão.

Entre os indígenas, nas festas de dar-o-nome ou nas de puberdade, o banho era mais uma obediência ao consuetudinarismo que elemento básico de rito de passagem. Já as demais obrigações eram fundamentais, jejum, defumatório, dieta, flagelação, pintura individual, conhecimentos dos segredos tribais, direitos e deveres.

Do africano, oriental e ocidental, pouco sabemos como realmente era nas centúrias do povoamento brasileiro. A massa documental é o século XIX quando o preto sofrerá o contato transformador de quatrocentos anos de permanência europeia dominadora. Como seriam os rituais religiosos, o *corpus* doutrinário sagrado, na região sudanesa depois denominada Costa do Marfim, do Ouro, da Pimenta, dos Escravos? As notícias do século XVI são rápidas e colhidas nas áreas ocupadas pela traficância estrangeira, convivência com os negros modificados insensivelmente pelos usos e costumes dos brancos, europeus e árabes.

Que será real e tipicamente *made in Africa*? *Feito,* no plano da legitimidade indiscutível? Lembremos que África possuída pelo português nos finais do século XV era África influída e trabalhada pelos árabes, com presenças culturais hindustânicas, chinesas, através da Índia, com soberanos mouros no Índico, com o Império de Monomotapa, o prestígio do Prestes-João, o mistério da civilização no Zimbábue, vivo nas ruínas impressionantes da Rodésia do Sul.

Essa África banto é justamente a imensa multidão negra, sistema muscular do organismo coletivo. Do passado banto há muito parcimoniosa notícia digna de aceitação. Ainda em 1920, Salkin, um sabedor do mundo africano, podia escrever que *les Bantous n'ont pas d'histoire*. Os demais estudiosos contestam, mas não desmentem a generalização de P. Salkin.

Sabemos que no Brasil, no culto jejê-nagô, há o *ariaxé*, autêntico banho de cheiro, na iniciação da *iauô* na cidade do Salvador. Fazem-no, segundo Manuel Querino, com vinte e uma espécies de ervas, dezesseis folhas de cada qualidade. Nos candomblés de organização banto, notadamente angolana, não há o *ariaxé* e sim um banho na água mais próxima, fonte, lagoa, rio, informa Édison Carneiro. Esse banho chama-se *maionga* ou *maiongá*. O certo é sem o acento na última vogal. Há um local nos arredores de Luanda, na rodovia para o aeroporto, *Maianga*, onde os velhos soberanos de Angola mandavam as escravas buscar água. Ainda existe, defensivamente murado, um desses poços, *Maianga do Rei*. Prestei-lhe minha homenagem em abril de 1963. Há outra *maianga*, também motivo de visita curiosa, *Maianga do Povo*. A primeira diz-se *Maianga do Rei*. São conhecidas desde o século XVII. "Maianga" quer dizer "lagoa". Fosse local de festa ritual, o possível banho seria na água fria e simples, como ainda é o *maiongá* na Bahia. Na cidade do Salvador resistem os dois banhos sagrados. O banto, de Angola, complementar e comum. O sudanês já ritualístico, formal, com preparação indispensável, ralar, esmagar, cozinhar as folhas.

Ninguém mais poderá indicar *quando* o *ariaxé* apareceu na capital da Bahia. Creio que ao correr do século XVIII, quando a importação escrava tomou volume, determinando a presença indiscutível na culinária, indumentária das pretas, fisionomia urbana, constatada pelos viajantes europeus, ainda na segunda metade do século XIX e, ao princípio, nas indignadas *Notícias Soteropolitanas* de Santos Vilhena, professor de grego na Bahia de 1802, revoltado com as *viandas tediosas*, apregoadas nas ruas. Avé-Lallemant, olhando a Salvador em novembro de 1858, deduz: "Se não se soubesse que ela fica no Brasil, poder-se-ia tomá-la sem muita imaginação, por uma capital africana, residência de poderoso príncipe negro, na qual passa inteiramente despercebida uma população de forasteiros brancos puros".

O *ariaxé* em Gana, Nigéria, Daomé, como e quando nasceu? Antes do *ariaxé* na Bahia, do *maiongá*, tomava-se banho de cheiro no Brasil? *This is the question,* Horatio...

Lembro ainda que o banho de ervas para a *iauô* não constitui um costume mas obediência a uma imposição de cerimonial. E que jamais se repetirá. Em toda a vida de uma *iauô* ocorrerá unicamente uma vez o *ariaxé* ou o *maiongá*. O banho de cheiro vulgar e comum, embora crente dos poderes sobrenaturais das plantas, será tomado muitíssimas vezes e sem estar condicionado a um preceito religioso, organizado em processo ritual. É apenas um ato de superstição tradicional, com finalidade de catarse mágica.

Existe isoladamente, independendo de qualquer complexidade ritual. Deve ter convergido para o candomblé e não haver saído do candomblé para o uso popular.

\* \* \*

Eduardo Galvão fez uma pesquisa social no Baixo Amazonas em 1948 (*Santos e Visagens*, Brasiliana – 284, São Paulo, 1955), e estudando a Pajelança, os ritos curativos, muito pouco vai encontrando dos *banhos de cheiro*. As viagens dos moradores da região estudada a Belém e os de lá vindos para o interior amazonense, explicam o *uso das ervas em banhos e defumações*. Tanto mais preciosa é a informação de Eduardo Galvão quando ele pesquisava um grupo acentuadamente caboclo, de mestiçagem indígena predominante.

\* \* \*

No final dos longos banhos na Grécia e Roma, especialmente em Roma, empregavam insistentemente a unção perfumada, os óleos olorosos. O banho aromático, entretanto, existia como refinamento e requinte elegante, reprovado duramente pelos censores puritanos, Catão a Júlio César, Sêneca sob Nero.

Uma das plantas mais empregadas, há mais de dois milênios, continua prestigiada e famosa, a lavanda, *Lavandula officinalis*, Linneu. O nome provinha de *lavare*, lavar, banhar-se. É a nossa alfazema. Nas fórmulas paraenses "Água de Lavanda" é uma constante. E mesmo, nomeadamente, alfazema.

Essas essências mais familiares o português plantou-as nas primeiras hortas do Brasil menino; alecrim, *Rosmarinum officinalis*, o rosmaninho, a manjerona, *Origanum vulgare*, a malva-rosa, *Pelargonium graveolens*, o manjericão, *Ocimum basilicum*, o mastruço, mastruz, *Senebiera pinnatifida, Coronopus didymus, Lepidium ruderale*, crucíferas, e uma quenopodiácea, *Chenopodium ambrosioides*, também dita erva-de-santa-maria, a variedade mais usada; a arruda, *Ruta graveolens*, com o alecrim, inseparável da predileção europeia, notadamente na Península Ibérica. *Mas conocida es esta vieja que la ruda*, dizia-se na Espanha da *La Celestina* (ato IV), nos finais do século XV.

*Quem pelo alecrim passou*
*E não cheirou,*
*Se mal estava*
*Pior ficou!*

Declama-se em Portugal.

Para sua viagem de circum-navegação em 1519, Fernão de Magalhães conduzia a bordo essas plantas queridas, alecrim, hortelã, manjericão, arruda. Reaparecem, básicas, nos banhos de cheiro brasileiros, ao lado das espécies nativas.

Apesar da proximidade da flora indígena, os elementos vegetais estrangeiros resistem, indispensavelmente, no Pará; arruda, alecrim, manjerona, malvaísco, benjoim, canela, mostarda, alho, erva-doce, cravinho, malva-rosa, cominho, coentro, incenso e mirra, cravo, rosas Todo-o-Ano, Guanabara, Monte Cristo, água-de-colônia, Lavanda, alfazema, amoníaco, vinho do Porto, lágrima-de-nossa-senhora (capim de contas, *Coix lacryma*), *catinga-de-mulata* (gênero Pelargonium, euro-asiático), baunilha, jasmim, bergamota, patexúli, etc.

A exigência de *um copo de urina de menino preto* (XLII) recorda a necessidade portuguesa de *urina de criança virgem*, para entorses, registada pelo Dr. Armando Leão nas suas *Notas de Medicina Popular Minhota* (Porto, 1944).

Não consta nos apontamentos, agora expostos, o mastruço e as variedades da hortelã, deparados nos banhos nordestinos. Mas a cor local firma-se no olho de boto (LXIII) ou nos nove pingos de banha do golfinho amazônico (XXXV), raspa de madeira do Pará, com os odores inconfundíveis do macacapuranga, priprioca, as folhas do vinde-cá-menino, um palmo de palmito do açaizeiro. Ao par do sândalo, um dedal d'Água-Benta. A Palha Benta do Domingo de Ramos colabora com o estrume de jiboia branca, que deve ser uma trepadeira rampante.

A função precípua do perfume forte, a *catinga*, boa ou má, mas acentuada e penetrante, inclui o uso do amoníaco, o sabão de cacau, a fricção de laranja, cortada em cruz.

Lembremos a projeção encantada dos perfumes incisivos. Os *odorem suavitatis* das oferendas a Iavé, aos deuses olímpicos, na ironia de Aristófanes no *Pássaros*, há quase vinte e quatro séculos. Não haveria culto se os deuses despercebessem o aroma dos animais queimados em seu louvor.

A cachaça tem predominância visível. É o mais presente dos líquidos, demonstrando aculturação nacional. Receitam-na em meio litro (XXIX), xícara (XXVI), três dedos (VII), colher (IV), nove pingos (XXX), meio copo (XXXV), cálice (XXIV) ou sem precisar quantidade. Segue-se o amoníaco, famoso pelo odor atordoante. Sensíveis as águas aromáticas, Colônia, Lavanda, Quina, Colônia à *vontade* (XXXVIII), *um copo* de Colônia, de Água Florida (XL), de Lavanda, e mais *essências* de rosas e de jasmins, extrato (XL), Jasmim Floral, loções regionais como Irapuru e Dança do Pajé (XLIX).

Algumas indicações técnicas limitam o emprego das substâncias vegetais a uma demorada unção ou fricção. *Toma-se banho simples e por último bota-se um cálice desta infusão em um pouco de água e bota-se no copo* (XL); *não fervido, ao natural, esfrega-se antes e depois botam-se os líquidos* (XXXVII); *esfrega-se tudo em um pouco de água e depois botam-se os perfumes. Toma-se primeiro o banho natural e depois bota-se o cheiroso e não se enxuga* (XXXVIII).

Era, exata e fielmente, o banho em Roma Imperial. Água tépida, água fria, depois a massagem odorífera, com essências, óleos, extratos, até a pele absorver o perfume líquido. Era a missão do *alipte* grego ou do *unctor* romano no *tapidarium, elaeothesium* heleno, que Plínio, o Jovem, denominava *unctorium*.

A ablução de água pura é preliminar nos banhos de cheiro. Depois aplica-se o macerado, cozido, coado, exposto ao sereno da noite ou ao sol, como o imperador Augusto e o filósofo Sêneca amavam, substituindo a *unctio* regulamentar no *apodyterium* balnear de Roma ou Atenas.

Amerabas e africanos negros não conheceram essa tradição. Os nobres árabes, pela orla do Mediterrâneo, tiveram desde milênios, o banho de vapor e a massagem perfumada. Ignorou esses luxos a população da África, do Índico e do Atlântico, fontes exportadoras da escravaria preta para o Novo Mundo.

Veio para o Brasil o processo mínimo através do português. Não recordaria, certamente, a técnica untuária na *cella tepidarium* romana. Reduzia-se a um banho morno que as ervas aromatizavam. Mas o alecrim, arruda, alho, possuíam projeção mágica na Europa, afastando o mau-olhado, enfrentando a desgraça invasora, dezenas e dezenas de séculos antes de Pedro Álvares Cabral atingir Porto Seguro.

Recordo um ângulo psicológico de sugestiva contemporaneidade. As entidades malfazejas, Ódio, Inveja, Perfídia, Intriga, Pavor, Mentira, as Moléstias, a Fome, a Vingança, foram personalizadas. Tinham aparência, representação humanas. Agiam, com força sobrenatural, através de atos, gestos e maneiras comuns aos homens. Assim, penetravam nos lares condenados utilizando as vias naturais do edifício, portas, janelas, aberturas para o ar e a luz. Vemos, na relação ora publicada, uma série de líquidos preparados com a destinação de combater, anular essa presença maléfica, por meio material, imediato, objetivo. Consiste em lavar as soleiras, batentes, peitorais das residências, da cozinha ao saguão de entrada, dificultando o acesso das potências inimigas e poderosas em sua invisibilidade. Outrora temiam a *Invídia*. Agora, a *Panema*, perturbadora do equilíbrio normal na vida cotidiana no Pará, no Amazonas, no Brasil do nordeste.

Não posso rir desses hábitos que são puras reminiscências da *Lustratio* de Roma e da *Katharsis* da Grécia, mil anos antes de Cristo. Também naquelas senhoras do Mundo e dominadoras das civilizações mais permanentes, água e sal, ervas, com cerimonial, lavavam as casas, os limiares, evitando a Inveja e propiciando os felizes eventos. Lavavam os templos como, teimosamente, resiste a *lavagem* na igreja de Nosso Senhor do Bonfim na cidade do Salvador. Lavar para purificar, restabelecer a pureza, limpar de pecados. Era o banho, infalível em todas as iniciações. O *baptizein*, água lustral, erguendo para o serviço de Deus uma nova criatura humana. Batismo, *lavare peccatum*, de Tertuliano. A graça santificante. A lustração romana, *lustratio*, permite dizê-la, legitimamente, lavagem.

O paraense, com aquele alucinante complexo misterioso, não tem outra intenção.

*That is the question,* Horatio...

Não me parece, logicamente, ser o banho de cheiro uma sobrevivência de costume e culto indígena ou africano. Presença convergente, mas não determinante.

Muitas plantas são empregadas como abluções medicamentosas para pretos e amerabas sem que constituam um banho de cheiro semelhante ao que conhecemos. A casca do japacanim, *Parkia oppositifolia*, figura na festa da puberdade das donzelas uananas, do rio Uaupés, quando do primeiro catamênio. Dizem-na reguladora do fluxo e mesmo dispondo as cunhãs à fecundação normal. Mas é, naturalmente, privativa do sexo, principiando pela *Kamon numian kosôa*, a festa da menstruação, no grupo Tucano.

Os devotos do culto *vodu* no Haiti têm um banho perfumado de folhas mas, como no ariaxé, cumprindo ato ritual único e sem que se torne costume.

Nina Rodrigues, no *Animisme fétichiste des nègres de Bahia* (1900), registara o banho aromático nos candomblés e também o uso comum noutras regiões sociais, *et même chez nous*. Há quase setenta anos passados, escrevia o mestre: *J'ai su que ce bain, selon certains rits africains et même chez nous, se donne parfois dans des infusions de plantes qui jouissent les propriétés très stimulantes et qui sont consideres comme sacrées.*

Fernando Ortiz (*Los Negros Brujos*) registava em Cuba: *Algunos brujos, para casos graves, ordenan una verdadera LIMPIEZA, consistente en um baño frío de agua con una infusion de flores que se hayan secado ante los santos*. Lydia Cabrera (*El Monte*, Havana, 1954), com pesquisas mais recentes entre os negros *criollos* de Cuba, dedica um minucioso estudo ao *omiero*, líquido em que se reúnem as águas da chuva, rio e mar, água-benta, aguardente, mel de abelhas, manteiga, cascas, pimenta-da-guiné, sangue dos animais sacrificados, cola, e uma infinidade de outros elementos, servindo de água lustral para o batismo das *iyawós* e também lavagem de objetos dos ritos, as pedras símbolos dos orixás, salpicando-se o alimento e mesmo sorvem, heroicamente, alguns goles nauseantes. *Se hace tan difícil o imposible, obtener siempre las ciento y um ewéko, plantas que se requieran para un Asiento, que éstas quedan reducidas a aquellas que se consideran más esenciales a cada santo,* informa Lydia Cabrera. Lembra, sem que imite, a *água dos axés* dos candomblés da Bahia, contendo um pouco do sangue de todos os animais vitimados no cerimonial.

Qualquer um dos dois líquidos destinados, entre os lucumis cubanos, às etiquetas religiosas, e mesmo o ariaxé baiano, muito remotamente se filiam ao banho de cheiro, democrático e vulgar, sem prévia exposição de qualquer elemento participante e sem intenção de iniciação religiosa.

O banho de cheiro pode ser utilizado por qualquer sexo e sem época específica. Pertencesse aos candomblés, macumbas e xangôs, não teria tempo para despersonalizar-se ao ponto de sua popularidade incontestada. Não corresponde sua presença às áreas da mais intensa influência negra, São Paulo, Guanabara, Rio de Janeiro, Minas Gerais, onde grande massa africana permaneceu adensada e aí se diluiu. O banho de cheiro é bem pouco pronunciado justamente nessas regiões.

Vive, conhecido e normal, onde a escravatura preta teve atuação muitíssimo menos sensível, como nos sertões nordestinos, Pará, Amazonas. Em Maranhão, onde o escravo fora numeroso, o banho de cheiro, mesmo com a proximidade amazônica, não é vulgar e natural.

No próprio catimbó nordestino o banho de cheiro depende da simpatia do "mestre" e não da sistemática do preceito ritual. É usado pelas velhas famílias tradicionalistas. No catimbó, quando o aconselham, é idêntico, apenas com modificações fingindo transposição mágica, jurema, fedegoso, raspas sem possibilidade identificadora, sempre explicadas como vindas do Pará, com denominações puramente imaginárias de produtos, para os "mestres" desconhecidos, da flora amazônica.

A característica de ser banho morno ou *quebrada a frieza* já não aparece comum no caderno aqui exposto. A citação mais comum é a exposição ao sol. Bruno de Meneses fala no *sereno*, indispensável no Nordeste. Quanto ao banho de cheiro poder ser *acompanhado*, na informação do mestre paraense, é uma permissão desnorteadora para um "mestre" de catimbó, fiel aos *bons saberes* indeformáveis.

Não tem limites fixos e sua contemporaneidade é uma marcha incessante de aculturação assimiladora, ampliativa. Comparem os elementos básicos de outrora com os receituários presentes. *Il se nourrit de ce qui l'altére*, diria Gabriel Tarde.

Tal será sua fonte longínqua.

Salvo prova expressa em contrário...

* * *

Nas receitas XXI e XXII consta *estrume de boi preto* e na XIII *pedacinhos de chifre de boi*.

Escrevendo em 1864, de Estrasburgo, Fustel de Coulanges, na introdução da *La Cité Antique*, sugeria: *De la nécessité d'étudier les plus vieilles croyances des anciens pour connaître leurs institutions.* Creio que, cem anos depois, convinha pesquisar as velhas crenças para conhecermos as contemporâneas. Não apenas porque os antigos acreditavam nelas, mas a razão de continuarmos nós, com ou sem consciência, praticando os velhos atos religiosos de outrora.

O excremento e os pedaços do chifre de boi preto permitem que um bom perdigueiro etnográfico tome o faro e siga a pista, na mata do tempo.

O indígena brasileiro conheceu o gado na altura da segunda metade do século XVI. Não há superstição legitimamente ameraba que tenha o gado como centro de interesse temático. O africano, da mesma forma, ainda hoje possui o gado como hóspede, muito parcamente servindo de alimento, prestando-se para os sacrifícios, elementos de permuta e fundo econômico, como dinheiro em banco sem circulação, com pouca influência na cultura popular, banto e sudanesa. Africano preto, entenda-se, mesmo os povos do ciclo da pastorícia.

O rumo para explicar o corno e as fezes bovinas no banho de cheiro ou defumação paraense é outro. Rumo da Europa.

Boi preto. Por que não de outra cor? O animal preto era votado aos deuses subterrâneos, deuses velados do destino, obscuros, sinistros, negaceantes, misteriosos. Carneiro preto, boi preto, normalmente elegido, a *ovelha negra*, que ainda hoje aplicamos aos membros desajustados das famílias ilustres. É a vítima *marcada*. Predestinada. Inevitável. Nada mais estranho, imprevisível, inopinado que a *panema*, a má sorte, a infelicidade obstinada, inexplicável, perseguindo sua vítima com a tenacidade de Erinias. Para a oblação clássica, na Grécia, Roma, Ásia Menor, o animal votivo deveria ser de cor negra. Treva. Noite. Destinação fatal.

O excremento é elemento precípuo no domínio mágico como representação humana. É o saldo alimentar, as sobras da nutrição, aquilo que não foi útil ao organismo mas provém dele. Como resíduo de elaboração humana, suor, sangue, urina, saliva, poderá fundamentar qualquer processo em feitiçaria, determinando a repercussão letal em quem o originou, pelo princípio do *toturn ex parte*. Na ciência medicamentosa de outrora era indispensável e Mário de Andrade compendiou muita informação na sua *Medicina dos Excretos* (1939), com referência brasileira. Fora base vulgaríssima na terapêutica do século XVIII e o professor Ricardo Jorge denominava-a *Estercoterapia,* onipotente no *Thesaurus Pauperun,* do doutor Petrus Hispanus, derradeiras décadas do século XIII, e que foi Papa com o nome de João XXI, português de Lisboa. Muita indicação continua soberana na utilização popular em nossos dias.

Como essa matéria fecal é fertilizante e provém de animal privilegiado pela cor, terá as vantagens secretas da força em grau superior de concentração mágica.

A crendice paraense tem sua razão de ser. *Believe it or not.*

O chifre significa potência sexual, impulso fecundante, energia física. É o símbolo dos animais solares e lunares. O touro, o bode, o carneiro. Chifre de Amalteia, imagem da abundância. Corno lunar. Ornamento intimidador dos guerreiros clássicos, tanto germânicos como africanos no litoral atlântico. Amuleto universal. Ainda no Brasil rural expõem a caveira ornada da cornamenta à frente das plantações, como índice propiciatório. O chifre numa vara. Existe a "mão cornuda", indicador e mínimo estendidos e os demais dedos dobrados, valendo *o afasta*, o mesmo que a *figa* no terreno apotropeico, gesto antiquíssimo nos povos neolatinos.

*Ciascuno a suo modo,* dizia Pirandello. E esses são modos com autoridade na quarta dimensão.

Os dias propícios aos banhos parecem-me indeterminados. No XIII, segundas, quartas e sextas-feiras. No XIV, segundas e quartas. No XXIX, terças, quintas e sábados. No XLII, quartas, sextas e segundas. No XXXI, diários. No XXXIX, qualquer dia. Recomenda-se uma *limpeza* numa sexta-feira, XLIV, excelente.

No catimbó, mesa dos *bons saberes*, há dias inalteráveis. Fumaça para as direitas, segundas, quartas e sextas. Fumaça para as esquerdas, terças, quintas e sábados. Direita para o bem e esquerda para o mal. Domingo os *mestres do Além* descansam nos reinos encantados. Alguma consulta urgente, atendem aos fiéis. Nada mais. Nenhum *serviço*.

Como nada sei da *pajelança* paraense, ignoro as concordâncias e discordâncias entre os banhos, defumações, descargas e limpezas, e o escalonamento tradicional, como bem lógica influência local.

Os banhos devem ser seguidos, três, cinco, nove. Sempre em números ímpares. *Numero deus impare gaudet*, poetava Virgílio (*Magica, Egloga* VIII).

Já se tem estudado essa obrigação de continuidade para solução mágica. Orações, cerimônias, cantos, atos litúrgicos, não podem ser interrompidos sob pena de ineficiência rogativa, de inutilidade funcional. Devem recomeçar. *La santa continuidad,* dizia, noutro sentido, Eugênio D'Ors.

\* \* \*

A defumação é maneira idônea de reação mágica. Batalha ao adversário imponderável e oblação aos deuses benéficos. Resta-nos, liturgicamente, o incenso substituindo os sacrifícios de aves e mamíferos.

O caderno paraense reúne dezenas de receitas defumatórias. Umas surgem usando produtos industrializados e por mim jamais lidos. Açúcar e café, XXIX, XXXI, XXXVII. Tabaco de corda, cinco cruzeiros, suficientes para o ofertório, XLII. Víveres queimados numa oferenda imprevista, farinha, café, açúcar, feijão, arroz, LXIII.

As ofertas aos seres invisíveis serão recebidas quando tornadas fumo. Queimar os objetos destinados aos antepassados era o processo único do emocional envio.

A quem remetem alimentos em espécie nas fórmulas acima indicadas? Presentes antecipados para evitar agressão?

A defumação terapêutica, utilizada por todos os povos primitivos, foi registo brasileiro normal, em 1557, por Jean de Lery no Rio de Janeiro. Por frei Ivo d'Evreux, em 1613, no Maranhão. E Anchieta e nas "confissões" ao Santo Ofício de 1592. O fumo do tabaco, soprado pelo pajé, transmitia aos guerreiros tupinambás o espírito do heroísmo tribal.

Africanos, indígenas, portugueses tinham a defumação como meio de participação religiosa e, no plano popular, de remédio preventivo, familiar.

Aqui não se verifica senão a defumação como defensão, repulsa ao possível desafeto, agindo pelo conduto feiticeiro do encanto, empurrado pela inveja, rancor, perversidade, perfídia. O fumo envolve a casa, aposento por aposento, a roupa que se vai vestir, recobrindo os objetos com uma impenetrável camada protetora. No Recife de 1838 o padre Miguel do Sacramento Lopes Gama, pelo *Carapuceiro*, esbravejava, aludindo às defumações públicas de cascas de alho, raspas de chifre, palhinhas e lixo, nas encruzilhadas, *remédio santo contra toda a laia de malefícios e arte diabólica*. Queimavam cupim, penas de galinha rigorosamente preta. Alecrim, arruda, manjericão. Defumavam as crianças com alfazema e alecrim, como em Portugal:

*Como o alecrim é bento*
*Eu te defumo em louvor do Santíssimo Sacramento!*

Na informação do Pará a defumação é prudentemente defensiva, dirigida aos entes abstratos, vivos na encarnação do Mal, a informe e tenebrosa Infelicidade, sempre ameaçadora.

Algumas lembram nitidamente as formas portuguesas, como a III. Outras típicas, regionais, com a fumaça olorosa, estonteante, derramando cheiros unicamente possíveis naquele mundo florido e perturbador, "paraíso dos naturalistas", XIII, XXI, XLIII.

Não se creia privativa do Pará a defumação cautelosa, afastadora dos males que rondam as criaturas humanas. O fumo votivo e perfumado rola suas ondas inconfundíveis em palácios e residências ricas por este Brasil inteiro. Há um dia no ano em que incenso, alecrim, arruda e mirra rescendem, afugentando os demônios amarelos da Invídia, nas maiores cidades brasileiras.

\* \* \*

Da medicina popular brasileira colaboram também o pinhão-roxo, *Jatropha curcas, Linneu* (II, XIII, LXIV-2) e o branco, *Jatropha pohliana* (XXVIII), não utilizados nas propriedades purgativas mas feiticeiras. O renome do pinhão foi uma criação brasileira, mestiça, mameluca, não indígena nem preta. Plantado abundantemente na África Ocidental, o vulgar *mapuluca* de Angola, conservou apenas os predicados drásticos e não mágicos.

No Brasil, nortista, nordestino, é de notável projeção folclórica. Não convergira, no continente africano, para nenhuma superstição local. No nordeste caboclo a surra de pinhão-roxo em qualquer feiticeiro desarma-o de maneira total. Sendo plantado ao redor das casas exerce vigilância contra os sortilégios intencionais. O galhinho no balcão ou tabuleiro evita o *atraso*, o azar, as compras sem pagamento. Com essas virtudes é que deve sua inclusão nos banhos, *descargas*, as *limpezas* para as residências, iniciando-se a lavagem do batente da primeira porta de acesso, no Pará.

O sal, elemento da bruxaria clássica na Europa, comparece, necessariamente, LVI, LVII, LXIV-1-4. Também a urina (LXIV-5-6-7, XLII), isolante de feitiços e não base de ação maléfica, é outro material *branco*.

Brasileiríssima a presença da pimenta-malagueta (I, XIII). Apenas o nome *malagueta* nos veio de África, mas não o fruto (*Capsicum*).

Como os banhos de cheiro, defumações, defesas, são *descargas*, barreiras contra o assalto inimigo pelo processo da magia, e não ataques, "coisa-feita", *canjerê, despacho, bruxedo,* visando alguém, os resíduos, excretos humanos, estão ausentes, sangue, suor, saliva, unha, cabelos, e também trapo de uso individual constante, impregnado do próprio corpo. Apenas consta a urina, mas esta, pelo aroma, constitui isolante (LXIV-5-6-7).

Bem expressiva é a recomendação de utilizar vasilhame sem emprego anterior, *lata virgem* (III), lata *nova* (XIV, XXXVII) como garantia da eficácia. As agulhas, indispensáveis para a defesa da porta-de-entrada, serão três e *virgens*, com o corante de cipó carajuru e um vidrinho de azougue (mercúrio), reunião demonstrativa da aculturação natural na espécie mágica paraense.

Essa "virgindade" funcional subentende pureza, estado imáculo inicial, não possuindo vestígios de ação prévia, decorrentemente mantendo a plenitude de sua força de assimilação, concentração, fecundidade, impulsão.

Expressiva, e também experiência da Europa, é a condição de intatilidade, anunciando a potência reprodutora. Esse critério alcança os vasos continentes, copos, garrafas, jarras, panelas, caldeiras, porque aumentará a força mágica nos líquidos e sólidos contidos nesses recipientes. Não empregar vasos quebrados, rachados, ou incompletos.

Essa variedade convergente de processos e de materiais prova a popularidade do uso, liberdade das fórmulas aquisitivas, fazendo aumentar o potencial dinâmico no plano da execução. Plantas brasileiras, europeias, africanas, asiáticas, extratos, sumos, minérios, trazem uma contribuição indefinida, desmarcada, diária. São atos tipicamente independentes da limitação ritual, como seriam os provindos do candomblé, macumba, xangô, catimbó, mas elementos confiados à liberdade criadora e modificadora da imaginação coletiva, das intuições, "palpites", reminiscências, bases milenárias sustentando movimentação de ácidos, bases e sais, alucinadamente modernos, próximos, nacionais, ao lado dos antigos, consagrados imemorialmente, venerados no tempo e no espaço da especulação humana contra o Medo, a Fome, a Inveja e a Morte.

\* \* \*

Esses banhos de cheiro, defumações, pós de milonga, defesas mágicas da pessoa e residência, casa de negócios e planos econômicos ou amorosos, participam da Medicina Popular mas alcançando o nível da colaboração sobrenatural, provocada pelo manejo dos simples, das substâncias de acesso imediato e que se tornaram auxílios naturais para o equilíbrio espiritual das famílias fiéis. O mundo amazônico, sua Flora Mágica, identificação das espécies utilizadas na farmacopeia vulgar, pajelança e crença popular, as estórias ligadas aos gêneros ou variedades, plantas-amuletos e talismãs, ricas de sumo mítico, desde a purumã, cucura do campo, que engravidou Ci e fez nascer Jurupari, até a lenda da priprioca, que Brandão de Amorim registou, aguardam seu pesquisador, sistematizando a multidão esparsa das fontes informativas.

Fora do Pará-Amazonas, centenas e centenas de plantas são problemas para o reconhecimento específico, impossibilitando o estudo alheio, análise dos que ignoram diretamente o Paraíso dos Naturalistas. O interesse obstinado, a paciência heroica de Spix e Martius, Wallace, Bates, Spruce, o incrível Natterer, não conquistaram a réplica contemporânea, infinitamente mais cômoda e fácil, da exposição da flora brasileira na relação imediata da aplicação médica popular. Mas, isto é outra estória...

\* \* \*

O documentário que recebi da senhora C. C. G. e que estudei, não incluía os *pós de milonga* cujo conhecimento devo a Machado Coelho. Registara *Milonga* no *Dicionário do Folclore Brasileiro*.

Curioso ser esse elemento vulgar e consagrado no uso popular, continuando ausente dos dicionários, nessa acepção, e a minha colaboradora não o haver incluído na supersticiosa relação das *limpezas* e *descargas* mágicas em Belém do Pará. Outra é a técnica, agora do espargimento do pó sobre o corpo ou a roupa de uso, defendendo da *panema* e afastando a *caninga*.

Do quimbundo, *mulonga*, o plural *milonga*, vale palavra, conversa acalorada, disputa, querela, crime, insulto, ofensa, como registou Heli Chatelain, concordando, na prática, com Cannecattim. Os vocabulários brasileiros seguem o traço. Beaurepaire Rohan: enredo, mexericos, desculpas malcabidas. Palavreado, insolência verbal, circunlóquios, Macedo Soares. Trapalhada, enredo, embrulho, palavrório, rodeio, Pereira da Costa. O *Pequeno Dicionário Brasileiro da Língua Portuguesa* (1951) regista "mexericos, manhas, dengues, desculpas malcabidas". E, colhido no Rio Grande do Sul, "espécie de música platina dolente, cantada ao som de guitarra ou violão". É dança popular, de par enlaçado, na Argentina, e que convergiu para o Tango, *Tango-milonga,* melodia triste, envolvente, sensual no ritmo elegante, provocando uma sucessão de passos coleantes e sedutores. Milongueiro é o tocador, dançador de milongas, e também o manhoso, hábil, astuto na argumentação verbal, fértil em artimanhas. *Dejate de milongas, hombre!* como se dizia no Recife de 1829: "Deixem-se de milongas e embrulhadas!" É o sentido vulgar no Rio da Prata e que circula no Rio Grande do Sul. O "dengue, astúcia, insinuação", vêm desse plano.

No Pará-Amazonas aparece *milonga* no complexo feiticeiro da pussanga. Barbosa Rodrigues, *Poranduba Amazonense* (Anais da Biblioteca Nacional, fascículo 2, 1886-1887), Rio de Janeiro, 1890, é o primeiro a revelar a nova versão da milonga amazônica: *Milonga. É termo africano imiscuído na língua geral e significa remédio, feitiço, talismã.* No conto "Jurupari e as moças", a *milonga* do Jurupari estava escondida dentro da concha de um caramujo. Era objeto sólido, concreto, limitado. Feitiço. Talismã. Podia ser medicamento.

A maior percentagem da escravaria ida para o Pará-Amazonas, no tempo do governo do marquês de Pombal, era banta. Daí o *milonga*, vocábulo de Angola. Mas em Angola *milonga* não convergiu para nenhum elemento da parafernália religiosa. Segue sendo como registou Heli Chatelain: *means word, speech, dispute, quartel, lawsuit, crime, offense, insult.*

Os pós mágicos evitam a milonga, mantendo-lhe o nome. Machado Coelho recolheu, e divulga suas denominações alusivas e propiciatórias.

# Banhos de cheiro, defumadores e pós de milonga

Machado Coelho

É um caso interessante o que vem ocorrendo no Pará com os banhos de cheiro, antiga e pitoresca tradição de Belém, de Manaus, da Amazônia.

Antigamente, eram eles reservados à quadra junina, no dia, ou melhor, na véspera do dia de São João, o grande santo dos festejos populares, sendo tomados depois das novenas e dos "terços" e das passagens *de fogueiras, com as "sortes" e os compadrios.*

E porque era assim, Lauro Palhano, fiel retratista de cenas e costumes nortistas, registrou o fato n'O Gororoba: "Véspera de São João, a noite alegre do Brasil doutrora ... Assam-se milhos, cocos, carás, aipim, canas e tudo que é possível assar-se em fogueiras. Nos banheiros estão 'dê mulho' folhas e raízes aromáticas para os banhos da meia-noite, banhos de felicidade que hão de tirar a caninga, nos amores ou nos negócios."

Depoimento verdadeiro, que Raimundo Morais, o maior cronista da Planície, abonou, confirmou n'Os Igaraúnas: "Da barraquinha do pobre ao palacete dos ricaços, no passar de 23 para 24 de junho, as mãos femininas ralam, misturam, combinam, mexem e filtram vegetais para o banho propício. Cada criatura possui a sua cuia de cheiro, a sua bacia, a sua banheira, uma vasilha enfim com o miraculoso líquido perfumado. A infusão admirável não somente dá sorte, alegria, prosperidade, como tira a macacoa, a caipora, o azar. Entornada sobre o corpo, equivale a uma limpeza no físico e na alma do indivíduo; dilui a graxa e a panemice; tonifica o coração e amacia o semblante."

Hoje em dia a coisa mudou de aspecto, de figura. Os banhos de cheiro já não reclamam época própria para eles, pois são tomados em qualquer tempo. Para a quadra junina ficaram os que os raizeiros do Ver-o-Peso já vão chamando – notem bem a distinção – de banhos verdes, feitos com ervas, cascas, cipós, flores, raízes e resinas, numa infusão aromática, inebriante e – se não é pecado dizer – afrodisíaca.

*Fora dessa época, nos dias normais do calendário, consagrados aos santos sem glória nem memória, os banhos de cheiro dos paraenses, dos belenenses, são adquiridos, via de regra, já preparados, em formas sintéticas e numa variedade de causar espanto. Porque já não são vendidos em Belém apenas os fabricados com os ingredientes da flora amazônica, por sinal tão rica, mas também os manipulados noutros pontos do país, isto é, na Bahia, no Rio de Janeiro, em São Paulo e no Rio Grande do Sul. Vêm em* tablettes, *em raspas, em pó, acondicionados em caixinhas, em vidrinhos, variando sempre de continente, porém quase nunca de conteúdo.*

*A procura da mercadoria, no entanto, é tão grande que, há cerca de três anos, se fundou na capital paraense uma casa destinada especialmente a esse ramo de comércio – a* XANGOLÂNDIA, *cujo sortimento é o mais completo que se pode imaginar.*

*Encontram-se ali os seguintes banhos de fabricação local:* "Abre Caminho do Êxito", "Abre Caminho da Fortuna", "Caboclos", "Caboclo Rompe Mato", "Comigo Ninguém Pode", "Cosme e Damião", "Desatrapalha", "Falange do Índios", "Felicidade", "Fortuna", "Hei de Vencer", "Olhos Cobiçosos", "Pai Joaquim de Aruanda", "Pena Verde", "Santo Expedito", "Sete Flechas de Umbanda", "Sete Luzes", "Uirapuru" *e* "Vence Tudo". *E ainda estes de importação:* "Abre Caminho", "Amores de Louvette", "Calunga", "Desmancha Tudo", "Descarga de Caboclo", "Descarga de Umbanda", "Indiano", "Pai Jacob", "Pretos Velhos", "São Jorge de Ogum", "Sete Flechas", "Sete Linhas" *e* "Tapinaré".

*Mas, vendem-se lá banhos somente? Não, defumações também. Aliás, o povo prefere chamá-las* defumadores. *Por um processo metonímico, a substância tomou aqui o nome do vaso em que é queimada. Assim, temos os seguintes defumadores de preparação paraense:* "Caboclo Arariúna", "Chama", "Êxito", "Flecheiro", "São Jorge", *e* "Uirapuru". *E estes outros de fabricação sulina:* "Caboclo de Umbanda", "Cosme e Damião", "Desmancha Tudo", "Estrela do Oriente", "Ogum Beira-Mar", "Olho Grande de Makalé", "Pai Jacob", "Pai Jorge Africano", "SuperCeleste", "Tehivona Africano" *e* "Todo-Poderoso".

*Como se vê, os nomes dos banhos se repetem, por vezes, nos defumadores, já que se trata, não raro, de idêntico produto ou algo de similar com idênticas virtudes. Depois, o nome é tudo quando pega, quando cai no gosto do povo. Uirapuru, por exemplo. É uma afirmação, uma certeza e não uma dúvida, uma pergunta, como no caso de Julieta a Romeu no jardim de Capuleto:* what's in a name?

*Dir-se-ia que banhos e defumadores bastariam para resolver o problema da felicidade pessoal dos que usam e abusam deles. Mas, não! Têm que ser complementados em sua ação e em seus efeitos por alguns bálsamos, como o "São Tomé", por certos perfumes, como o "Uirapuru" e sobretudo pelos pós odoríferos, os chamados* pós de milonga, *pós da simpatia e do sortilégio, que, espalhados sobre o corpo ou sobre a roupa do indivíduo, produzem um resultado maravilhoso (!). Feito com a prata de casa, aqui a mata de casa, vende-se, no momento, na* XANGOLÂNDIA, *apenas um: o "Êxito". Os demais procedem do Sul e são os seguintes: "Amarração", "Amor", "Andorinha", "Atração", "Desencanto", "Estrela do Oriente", "Felicidade", "Raspa de Veado", "Separação" e "Uirapuru".*

*É curioso observar que embora a palavra africana* milonga, *com o sentido de remédio, feitiço e talismã, seja de uso mais ou menos corrente na Amazônia, introduzida que foi na língua geral e no idioma português, nenhum dos vocabulários regionais a registra. Termo tabu, digamos, não há verbetes para ele no* Glossário Paraense, *de Vicente Chermont de Miranda (1905); no* Repositório Alfabético, *de Lino de Macedo (1906); no* Vocabulário Popular, *de Raimundo Magalhães (1911); n'*O Meu Dicionário de Cousas da Amazônia, *de Raimundo Morais (1931); no* Vocabulário de Crendices Amazônicas, *de Osvaldo Orico (1937); no* Vocabulário Amazonense, *de Alfredo Augusto da Mata (1939) e no* Vocabulário Amazônico, *de Amando Mendes (1942). Registrou-o, entretanto, na* Poranduba Amazonense *(1890), na lenda mundurucu d'"O Jurupari e as moças", o naturalista Barbosa Rodrigues, o primeiro, talvez, no Brasil, a consignar a palavra naquela acepção, já que frei Cannecatim e Beaurepaire-Rohan, em seus Dicionários, o fizeram antes, mas com significado inteiramente diverso: chiste, graça, enredo, questão, mexerico, desculpa malcabida.*

*A lista do material florístico que entra na composição dos banhos de cheiro, dos defumadores, dos bálsamos, dos perfumes e dos pós de milonga foi fornecida, há tempos, a Câmara Cascudo pelo saudoso poeta e folclorista paraense Bruno de Meneses, "doutor na ciência do povo" e grande, como Linneu, na botânica da região.*

Belém do Pará, maio de 1964.

* * *

## Documentário

(Enviado pela senhora C. C. G., sem alteração ortográfica.)

I – BANHO PARA LAVAR A PORTA DE DENTRO PARA FORA

3 galhos ou palmas de Combate
9 pimentas malagueta, bem encarnadas
9 alho macho
1 palmo Cruatá
1 palmo Aninga
3 galhos de mucuraçá
9 folhas Jucá
9 folhas Cabi

Dias da semana: segundas, quartas e sextas-feiras

Mistura-se em grau (Farmacia). Ferve-se isto tudo junto, na ocasião de botar na porta, coloca-se na vazilha que está o remedio, bota-se 3 colheres de amoniaco.

II – OUTRO PARA CASA

3 raizes de vindicá, "vinde-cá?"
3 raizes de aninga
3 galhos de jucá

3 galhos de Cabi
3 galhos de pinhão roxo.

Depois de fervido bota-se cachaça e amoniaco.

## III – BANHO PARA CASA

1 palmo Cruatá
9 folhas Cabi
9 folhas Jucá
9 folhas mucurá
9 palmas de arruda.
Alecrim da farmacia
Cuminho em grão
Mustarda em grão
3 cabeças alho macho.

Ferve tudo em uma lata virgem, quando for botar na casa bota-se 10 cruzeiros de amoniaco.
Para salpicar na casa depois de lavada, ou varrida, salpica-se da cozinha para a porta da rua; depois defuma-se com a defumação completa, que é a seguinte: Incenso. Benjoim. Mirra. Breu branco. Alfazema. Alecrim. Pastilha cheirosa.

## IV – BANHO PARA SALPICAR NA CASA TODA

Ferve-se no Sol.
1 palma de aninga pará
1 palma de cruatá
1 palma de pintada aninga
9 folhas de vindicá
1 palmo de cipó catinga
9 folhas de mucuraçá
1 palma de Boiussú.

Depois quando for salpicar na casa bota-se 2 colheres de cachaça.

## V – OUTRO PARA CASA

9 folhas de Cabi
9 folhas de pucá
1 palma da raiz da Lagrima de N. Senhora
Alecrim da farmacia
1 palma da raiz do malvarisco.

Quando for salpicar na casa bota-se

Amoniaco e Agua de Colonia
2 colheres de cachaça
Ferve-se no fogo.

## VI – BANHO PARA CASA E CORPO

3 galhos de mucuraçá
3 idem de Disciplina branca
3 idem de Pataqueira
3 idem de trevo agarra-homem
3 idem de Dezempata
3 folhas Vindicá menino
3 galhos de Chama.

Esfrega tudo numa bacia quando for botar no corpo bota a cachaça.

## VI – OUTRO PARA O CORPO. 3 BANHOS SEGUIDOS

9 folhas de Irapurú do macho
galhos Mangerona d'Angola
Raspa do Pau Rosa
Raspa da Macaca Poranga
Raspa Sultão do Norte

3 dedos de vinho do Porto
3 dedos de Agua de Quina
3 dedos de cachaça.

VIII – OUTRO PARA CORPO

Capim santo
Alecrim
Louro
Disciplina branca
Palma ou folha de alho
3 dedos de cachaça e 3 de alcool.

Isto tudo fervido. Toma-se 3 banhos seguidos.

IX – OUTRO

Erva doce
Louro
Cravinho
Arruda
Canela
Agua de Colonia
Agua de Lavanda
Cachaça.

Ferve-se tudo quando for botar no corpo.

X – OUTRO CORPO

1 palma de Cipó Catinga
3 galhos de Mangerona de Angola
3 galhos de Vindicá menino
3 palmas de pluma. Malva Rosa.

XI – BANHO PARA CORPO. FERVIDO

    3 folhas de Fortuna
    3 folhas de Cachorrinho
    3 folhas de Menbeca
    3 folhas de Curumim
    3 folhas de alecrim.

Cachaça quando for botar no corpo. 3 banhos seguidos.

XII – OUTRO CORPO. 9 Banhos

    Cuminho
    Coentro
    Mostarda em grão
    Alecrim
    Incenso. Louro
    Benjoim
    Essência de Canela
    Macaca Poranga
    Casca Preciosa
    Cachaça.

Tudo fervido. Só bota a cachaça na hora de tomar o banho. Este banho é muito bom para negócios.

XIII – BANHO PARA LAVAR A PORTA DA RUA

    9 pimentas malaguetas
    9 folhas de Pião Rouxo
    3 Alho macho
    1 Palma Cruatá
    3 dedos de amoniaco
    Mustarda em grão

Fervido.
Para este banho a defumação é esta para tirar olhos maus.

9 pimentas malaguetas sêcas
Palha de Alho
Folhas de Pucá seca
Chifre de boi, os pedacinhos
3 caroços de Uxi
3 caroços de Piquiá
3 caroços de Tucumã
3 pitadas de mostarda em grão.

Faz-se o primeiro banho, depois faz-se a defumação, da cozinha para a porta da rua.
Os dias destes banhos e defumação é as 2a. feira, 4.a feira e Sexta-feira.


XIV – BANHO COZIDO NO SOL

Pode ser usado sempre.
Raspas de Cipó Batinga
Raspas de Priprioca
Raspas de Orisa
Raspas de Sandalo
Raspas de Pau d'Angola
Raspas de Macaca Poranga
Casca de Cravo
3 Rosas Todo-o-Ano
3 rosas Guanabara.

Bota-se tudo isto numa vazilha nova, pela manhã e poem-se no Sol. Na ocasião de tomar o banho, bota-se mais:

1 calix de Agua de Lavanda
1 calix de Cachaça

1 calix de Agua de Colonia.

Depois de tomar o banho defuma-se a roupa que vai vestir com a seguinte defumação:

2 pastilhas aromaticas
Breu de Cumuaru
Breu Branco
Incenso
Mirra
12 gotas de Balsamo do Peru.

Os dias preferidos para tomar este banho é ás segunda-feiras e quinta-feiras. Faz-se 3 banhos seguidos, e depois fica tomando sempre.

XV – OUTRO BANHO PARA CORPO E QUE SE PODE SALPICAR NA CASA

Mão Aberta
Cachorrinho
Chama
Flexa de índio.

Bota cachaça, Agua de Colonia e Lavanda.

XVI – OUTRO

Canela Macho
Chama
1 rosa Todo-o-Ano
Carrapatinho da Laranjeira
Cuminho em grão.

Depois bota-se cachaça e Agua de Colonia.
Este também salpica na casa, e lava a porta da rua com a Aninga ou Cruatá. Bota-se Amoniaco.

XVII – OUTRO PARA TOMAR. CORPO

    3 palmas Arruda
    Pau d'Angola
    Alfazema.

    Ferve-se e na hora de tomar o banho bota-se agua de Colonia e Cachaça.

XVIII – OUTRO BANHO. 3 DIAS SEGUIDOS

    3 rosas Todo-o-Ano
    Agua de Colonia. Lavanda.

XIX – OUTRO. 3 SEGUIDOS

    1 raiz de Chicória
    3 palmas Arruda.
    Chama.

    Fervido. Depois bota-se cachaça.

XX – OUTRO

    Pau d'Angola.
    Alecrim
    3 pingos de amoniaco.

    Fervido.

## XXI – BANHO PARA CORPO, QUE PODE BOTAR NA CASA QUANDO LAVAR, SALPICAR NA CASA

1 palma Aninga
Boiussu
Jucá
Cabi
Arruda
Alecrim
Mucuraçá
1 palma Cruatá
Estrume de boi preto

Faz-se uma bonequinha do estrumo de boi, e bota-se tudo para ferver numa lata nova, depois da casa lavada bota-se este banho na casa toda, de traz para deante. Este banho é para tirar azar do corpo da pessoa e da casa. Depois de botar o banho, defuma-se com a seguinte defumação:

Folha de alho
Mustarda em grão
Caroços de Uxi
Caroços de Piquiá
Caroços de Tucumã
Alecrim.

Da cozinha para a porta da rua.

## XXII – OUTRO PARA SER FEITO DO MESMO JEITO.

Estrume de boi preto
Alecrim
Raiz de malva-risco
Raiz da lagrima de Nossa Senhora

1 rosa Todo-o-Ano
1 rosa Monte Cristo.

Ferve-se tudo junto. Toma-se o banho. Antes de botar no corpo bota amoniaco. A defumação é a mesma do primeiro banho.

## XXIII – BANHO FERVIDO PARA CASA E CORPO

Fava de baunilha
1 palma de Cruatá
1 palma de Paxiuba.
1 palma de Corimbó
Alecrim. Cuminho.
3 alhos machos.

Ferve tudo e quando for tomar o banho bota:

3 dedos de cachaça
3 dedos de amoniaco
3 dedos de Agua de Colonia.

Depois de tomar o banho, defuma-se a casa e o corpo com a defumação "descarga de São Jorge". Faz-se 3 banhos seguidos. Este banho é para limpeza de corpo, para tirar aborrecimento.

## XXIV – ESTE BANHO É SÓ PARA O CORPO

Catinga de mulata
Japana branca
Vence tudo
1 rosa Todo-o-Ano
Macaca Poranga
Pau d'Angola

Faz-se 9 banhos seguidos, antes de botar no corpo, bota-se:

Agua de Colonia
Agua de Lavanda
Cachaça.


XXV – ESTE BANHO É PARA SER FELIZ

Catinga de Mulata
Japana branca
Vence tudo
Rosa todo-ano.
Macaca poranga
Pau d'Angola
Cruatá, Uma palma.

Quando for botar o banho no corpo, bota-se:

Um calix de cachaça
Agua de Colonia
Agua de Lavanda.

Toma-se 5 banhos, 3 vezes seguidas, na semana.


XXVI – ESTE BANHO É PARA TIRAR ABORRECIMENTO. TOMA-SE 9 BANHOS, ÁS QUARTAS FEIRAS E SEGUNDA FEIRAS E SEXTA FEIRA.

9 palmas de arruda
1 palma de Corimbó
9 folhas de Cabi
6 rodas da raiz d'aninga verde.
1 Caixa pau d'Angola. Divide-se em 3
1 limãozinho cortado em cruz
1 chicara de cachaça
1 colher de amoniaco
Alecrim.

Toma-se o banho simples com sabão de cacau, e por último toma-se este banho. É fervido no fogo, bota-se tudo numa lata nova, para ferver e toma-se frio.

## XXVII – BANHO DE FELICIDADE

3 folhas de Laço de Amor
3 folhas de Chega-te a mim
3 galhos de chama.

Esfrega-se isto tudo na agua, depois de tomar o banho simples, depois bota este no corpo e antes bota:

3 dedos de cachaça
3 dedos de Agua de Colonia
3 dedos de Lavanda.

## XXVIII – BANHO DESCARGA PARA CASA

Cipó puca
Cipó de alho
3 folhas de pinhão branco.

Este banho é para limpeza da casa.

## XXIX – INFUSÃO

½ litro de cachaça
½ litro Agua de Colonia
½ litro Agua de Lavanda
Pau d'Angola
Rosa todo ano
Baunilha
Jasmim de Santo Antonio

Patixoli
Malva rosa
Chama.

Toma-se primeiro banho simples, depois passa-se isto no corpo e defuma-se com os ingridientes. Defumação:

Breu de Cumuarú
Breu Branco
Açúcar
Café
Balsamo de São Tomé.

Para 5a. feira, 3a. feira. Sabados.


XXX – BANHO CHEIROSO PARA USO DIÁRIO

1 maço patixoli.
1 maço priprioca
Cipó catinga. Um palmo
Alecrim d'Angola
9 pingos de cachaça.


XXXI – OUTRO BANHO CHEIROSO PARA USO DIARIO. BOTA-SE PARA FERVER

Cravinho do Reino
3 pitadas de incenso
3 pitadas de Benjoim.
Depois de fervido, bota-se:
3 dedos de cachaça
1 dedo de açucar
1 dedo de café
Agua de Colonia

Agua de Lavanda
Agua de Quina.

Depois do banho defuma-se o corpo e a roupa que vai vestir com:

Pastilha macho
Incenso
Benjoim e balsamo de São Tomé.

## XXXII – OUTRO BANHO PARA DESCARREGAR O CORPO DE QUALQUER MÁ INFLUÊNCIA

3 pedaços de palha benta.
1 pedaço de palha de alho
1 pedaço de Louro Rosa
3 palmas de arruda
3 folhas de Louro
3 folhas de Jucá
3 galhos de trevo torcidinho.

Toma-se primeiro o banho natural e por último bota-se este banho, antes de usar bota 3 dedos de cachaça. Este banho é fervido no fogo.

## XXXIII – ESTE BANHO É PARA SALPICAR NA CASA. BOTA-SE PARA FERVER. PARA TIRAR MAUS OLHOS

Quebra junta
Arruda
Estoraque
Alecrim
Cachaça, depois de pronto, só falta a cachaça na hora de botar na casa.
Defumação:

Queima-se 1 pastilha macho em cada canto da casa formando os quatro cantos da casa. Esta limpeza faz-se nos dias de 5a. feira, 3a. feira e sabados, pela manhã.


## XXXIV – BANHO DE INFUSÃO, PARA PASSAR NO CORPO QUALQUER DIA, ISTO É PARA SER QUERIDA DE TODOS

Bota-se em um litro de cachaça
3 rosas Todo-ano.
Jasmim de Santo Antonio
Rosalia.
1 galho de catinga de mulata
1 dedal de vinho do Porto.
1 dedal de Agua Benta
2 dedais de Agua de Colonia
1 palmo do palmito do açaizeiro.

Basta ½ litro de cachaça.


## XXXV – BANHO PARA CORPO E SERVE TAMBEM PARA BOTAR NA CASA. FAÇA 9 BANHOS SEGUIDOS

Pau d'Angola
Vanelina
Rosa todo-ano
Carrapatinho da laranjeira
Raspa de Pau Rosa
Estrumo de giboia branca
Banha de bôto. 9 pingos
Agua de Colonia
Agua de Lavanda
Cachaça, ½ copo.

Defuma-se com a defumação cheirosa:

Incenso
Benjoim
Breu Branco
Alecrim
Alfazema.

Faz-se qualquer dia que queira.


XXXVI – BANHO PARA SER FELIZ. CORPO

Jucá do sertão
Mangerona d'Angola
Pau d'Angola
Trevo Amansa Tudo
Mendara do sertão
1 cravo branco
Alecrim verde
Agua de Canela ou a raspa do Pau
Raspa de madeira do Pará
½ copo de cachaça
2 dedos de Jasmim Floral.

Também pode-se fazer infusão, botando-se água de Colonia, água de Lavanda. Para uso diário.


XXXVII – BANHOS PARA SER FELIZ EM TUDO.
        TOMA-SE QUALQUER DIA

Carrapatinho de laranjeira
Pega rapaz
Agua de quina
Agua de Colonia da bôa
Loção Dansa de Pajé
Uma colher de chá de café
Uma colher de chá de açucar.

Este banho não é fervido. Esfrega-se numa vazilha nova, virgem. Esfrega-se os matos e depois bota-se os líquidos, ou os perfumes. Não esqueça de botar cachaça.

## XXXVIII – BANHOS PARA SER USADO QUANDO APETECER POIS É MUITO BOM PARA FAZER A PESSOA QUERIDA

9 folhas de canela macho
3 galhos de estoraque
Pó de sandalo
Mangerona d'Angola
Catinga de mulata
Chama
Agua de Colonia, á vontade
Cachaça
Água de Lavanda.

Esfrega-se tudo em um pouco d'agua e depois bota-se os perfumes. Toma-se primeiro o banho natural e depois bota-se o cheiroso e não se enxuga.

## XXXIX – OUTRO NA MESMA MANEIRA DE FAZER E TOMAR O BANHO

Irapurú, 3 folhas
Mangerona, 3 galhos
Raspa de Pau Rosa
Raspa de Macaca Poranga
Folhas Sultão do Norte
Alecrim
Agua Colonia
Agua Lavanda
Cachaça.

## XL – GARRAFADAS. INFUSÃO

Em ½ litro de cachaça, bota-se:
Essência de rosas
Essência de jasmim
Vanelina
Casca Preciosa
Raspa de Macaca Poranga
3 palmas de arruda
9 folhas de vindicá menino
Cravinho do reino. 10 cruzeiros
Cuminho em grão. 10 cruzeiros
Chama
Vence Tudo
1 copo de Agua Fluida (Florida)
1 copo de agua de Colonia
1 copo de Lavanda.
Sandalo e Extrato.

Depois de pronta a infusão bota-se 3 dias seguidos ao Sol. Toma-se o banho simples e por último bota-se 1 calix desta infusão em um pouco d'água e bota-se no corpo.

## XLI – OUTRA INFUSÃO PARA SER USADA QUANDO NÃO QUER FAZER BANHOS DE MATOS. É MUITO BOM PARA SER FELIZ

½ litro de cachaça
1 copo de vinho do Porto
Agua de Colonia
Agua de Lavanda
Jasmim de Santo Antonio
3 rosas de Todo-Ano.
Pau d'Angola
Uma fava de baunilha

Casca Preciosa
1 vidro de balsamo São Tomé
Sandalo
3 rosas Monte Cristo.

Depois de tudo colocado no litro, bota-se 3 dias no Sol para cozinhar e passa-se no corpo depois do banho natural. Usa-se qualquer dia.
Defuma-se o corpo e a roupa com:

A flor do Benjoim
Breu de Cunumaru
Breu Branco
Incenso
Benjoim.

## XLII – ESTE BANHO É PARA TIRAR ABORRECIMENTO. BOTA-SE TUDO ISTO DENTRO DE 5 LITROS DE TUCUPI

5 litros de tucupi
3 raiz do Sol (raladas)
1 raiz de arataciú
Verga morta (Bergamota)
Mangerona d'Angola
Tabaco de corda 5 cruzeiros
3 cabeças de alho macho
Um copo de urina de menino preto
Uma colher de sopa de amoniaco.

Antes, pega uma laranja da terra, corta em cruz e passa os pedaços no corpo, da cabeça para os pés, depois passa-se o sabão de cacau, depois toma este banho, esfrega bem no corpo, deixa ficar uns 5 minutos depois é que toma o banho de água limpa, para tirar tudo do corpo. Veste roupa limpa.
Este banho toma-se só pela manhã, 4a. f, 6a. f. e 2as. feiras.

## XLIII – BANHO QUE PODE SER USADO SEMPRE. MUITO BOM PARA TUDO

Japana branca
Casca de cedro
Casca de paricá
Beliscão
Trevo limão
Mangerona d'Angola
Cipó pucá
Corrente
Chama
Vendicá. Raiz do Sol (ralado)
Pau d'Angola.

Esfrega-se tudo isto na agua limpa e na hora de tomar o banho, bota-se cachaça. Colonia. Lavanda.
Pode tomar qualquer dia.
Defumação:

Ninho de Coré
Breu Branco
Incenso
Benjoim
Conuarú
Mirra
Balsamo São Tomé.

## XLIV – TRÊS BANHOS DE LIMPEZA. BANHOS PARA CASA.

1 palmo de croatá
1 palmo de aninga
1 palmo de cipó de alho
1 palmo de pinhão roxo
9 pimentas malaguetas

9 dentes de alho
9 galhos de vence-tudo.

Tudo fervido e depois mistura-se com um copo de cachaça e derrama na porta nos dias de sexta-feira.

## XLV – TRÊS BANHOS DE LIMPEZA DO CORPO

9 folhas de canela
5 cruzeiros de erva-doce
Uma mão cheia de cravo do reino.

Tudo fervido, põe-se em um pouco de cachaça. Toma-se três banhos para limpeza do corpo.
Antes destes banhos pega-se um limão galego, corta-se em cruz e passa-se em todo o corpo, de cima para baixo. Toma-se banho com sabonete e água limpa.

## XLVI – BANHO PARA CASA

15 folhas de canela
Coentro verde
Janarí.

Tudo esfregado cru e depois põe-se cachaça e salpica na casa, da porta da rua para dentro.

## XLVII – DEFUMAÇÃO

Breu Branco
Benjoim. Incenso. Alfazema.

XLVIII – CINCO BANHOS PARA O CORPO

    Vence-tudo
    Pataqueira
    Mangerona d'Angola
    Alecrim verde
    Patixuli
    Chega-te a mim
    Dinheiro em penca
    Desimpata
    Abre caminho.

Tudo fervido e coado, põe-se uma colher d'agua de Colonia. Toma-se nas terças e sextas feiras.


XLIX – PERFUME INDIANO

    Balsamo de S. Tomé.
    Jasmim Floral. 1 vidro.
    Chama. 1 vidro.
    Irapuru. 1 vidro.
    Dansa de Pajé. 1 vidro.
    Macaca poranga. 1 vidro.
    Rosalia. 1 pacote.
    Pau de Angola. 3 pacotes.
    Boiona. 3 pacotes. Boiussu?
    Estoraque. 3 pacotes.
    Rosa todo-ano. 3.
    Jasmim de S. Antonio, 27.
    Vanelina. 1 caixa.
    Cumarú. 5 favas.
    Estrumo de giboia.
    Raiz do Sol.
    Colonia. 1 libra.

Põe-se tudo dentro de um litro de Colonia, coloca-se no Sol três dias e depois começa-se a usar no banho.

L - TRÊS BANHOS PARA CORPO

　　Chega-te a mim
　　Japana branca
　　Desimpata
　　Batata de cachorrinho
　　Batata de Vai e Volta
　　Batata de Aranha Rica
　　Raiz do Sol
　　5 folhas de malva-rosa
　　Morseguinho
　　Corrente
　　Catinga de mulata
　　Mucuraca
　　Raiz de Jurema.

　　Tudo fervido, põe-se um copo de cachaça.


LI - DEFUMAÇÃO DA CASA

　　Caboclá.

　　Compra-se na beira da praia.


LII - PARA FELICIDADE DA CASA E DO NEGOCIO

　　Quando se vai a mercearia, vai dizendo: — Vim deixar panema. Volta dizendo: Vou levar a felicidade para minha casa.

　　10 cruzeiros de cuminho
　　10 cruzeiros de cachaça

Canela
Alecrim.

Tudo de infusão três dias e salpica na casa, da porta da rua para dentro.

## LIII – BANHO PARA CASA

Balsamo de S. Tomé
Alecrim
Chama
Canela
Rosa de todo-ano
Cravinho do reino

Tudo fervido, dá-se o banho em toda casa.

## LIV – PARA DESPACHO

Quando se abre a porta da rua e se acha um despacho, joga-se em cima a seguinte infusão:

Alcool. Pimenta malagueta.

Bota-se a infusão na garrafa no dia que botaram o despacho na porta, bote em cima e toque fogo e diz: – Volta para onde vieste! E depois verás o resultado.

## LV – PARA A PORTA DA RUA

3 agulhas virgens. 2 com as pontas para cima e uma com a ponta para baixo. Um vidro de azougue e um pouco de carajuru.

LVI – PARA BANHO DA PORTA DA RUA

    3 dentes de alho
    9 pimentas malaguetas
    9 pedras de sal.

    Para lavar a porta da rua.

LVII – PARA CURAR PLANTA

    3 sexta-feiras.
    Cachaça em dia de lua cheia ou crescente.

LVIII – PARA DEFESA

    1 cabeça de alho macho
    3 pedras de sal virgem
    3 palmas de arruda. Em uma bolsinha.

LIX – PARA ATRAÇÃO

    Azougue. Chama. Esterco de giboia. Ninho de coré.

LX – BANHO DE LIMPEZA

    Mucuraracaá
    Aninga-pará
    Cipó puçá
    Paxiuba preta
    Sal.

## LXI – BANHO DE FELICIDADE

Abre caminho
Chama
Desempata
Vence tudo
Cachaça
Agua de Colonia

## LXII – PARA FELICIDADE DO LAR

Cachorrinho
Carrapatinho de laranjeira
Menbeca
Coitadinho
Chama.

## LXIII – PARA ATRAÇÃO DE NEGOCIO

Canela em pó
Abre caminho
13 jasmins de Santo Antonio
1 rosa todo-ano
1 ôlho de bôto
Agua de Chama
Vence tudo
Raspa de Pau d'Angola
Vinho
Balsamo São Tomé
Marafo
Agua de Colonia ou de Alfazema
Vinde-cá menino
Vence demanda
Casca Preciosa
Irapuru.

Defumação:

Farinha
Café
Arroz
Açucar
Feijão.

## LXIV – DEFESA

1 – Lavar as portas às segundas-feiras com sal virgem e água limpa.
2 – Surrar a casa com um galho de pinhão roxo às segundas, quartas e sextas feiras. Queima-se na porta.
3 – Varrer com vassorinha a casa dizendo: – Eu não estou varrendo a casa mas o meu inimigo e as invejas!
4 – Pimenta da Costa, sal da costa, sal azedo, tudo misturado e posto em cima da casa ou dentro ou pela porta da rua ou na porta de trás.
5 – Para casa de negocios: – lavar a casa com água limpa e depois com urina.
6 – Encontrando despacho, mijar em cima. Anula as forças.
7 – Mandando a roupa suja para lavar, salpicar com urina para livrar de feitiço.

# No reino do "cheiro-cheiroso"

Bruno de Meneses (1894-1963)[*]

## No Tempo em que as Águas Eram as Ruas

*Rezam crônicas provinciais que no século XVII, em "data imprecisa", na área "bem tradicional da cidade", que seria o Ver-o-Peso de hoje, a "Rua 15 de Novembro" era naquela época, uma extensa praia, que se alargava, abrangendo a atual João Alfredo acima. A chamada doca ou enseada, para abrigo das embarcações, não existia. "Era apenas a boca do Piry, cujas margens se dilatavam para além do que é agora o cais, que lhe serve de limite." Quanto ao que viria a ser a Casa-de-Ver-o-Peso, arrecadadora de renda para a Coroa, basta acompanhar a* Procissão dos Séculos, *obra sobejamente informativa, do proficiente historiador paraense Ernesto Cruz, diretor da Biblioteca e Arquivo Público.*

*Para o caso, porém, desta reportagem ou bisbilhotice das atividades e da presença das vendeiras de ervas aromáticas e medicinais, no Ver-o-Peso, gostaríamos de descortinar, para os leitores, uma visão rememorativa, de como a nossa cidade veio a ter o aproveitamento do local ribeirinho, onde, há mais de três séculos, as pirogas dos gentios singravam, conquistando as águas morenas da baía de Guajará.*

*Como assinalamos no início deste noticiário, os rios que desaguavam marginando a cidade não só formavam ruas, como também "comandavam a vida", na oportuna observação do escritor e sociólogo conterrâneo Leandro Tocantins. Daí, para articularmos esta resenha descritiva, ser interessante evocar o esforço, a capacidade administrativa, o trabalho humano, para se conseguir arrebatar*

---

[*] *Província do Pará*, Belém, domingo, 17 de março de 1963. O autor faleceu a 2 de julho, em Manaus. Foi seu derradeiro depoimento emocional, publicado em Belém.

*ao domínio das maretas e dar-lhe utilidade, o trecho, posteriormente aterrado, em que viria a se instalar a feira belenense, cotidianamente secular.*

## A Port-of-Para e o Porto de Belém

*Ao que se presume, só em abril de 1906, por concessão ao engenheiro Percival Farquhar, deu início a* Port-of-Para *à construção do cais do porto de Belém, que teria cerca de 2.297 metros de extensão, atingindo toda a faixa litorânea, com as obras para atracação de navios, barcos de regular tonelagem e acostamento de pequenas embarcações fluviais.*

*Segundo informa o* Compêndio das Eras, *do nosso judicioso Baena, em 1734, o governador-geral do Maranhão e do Grão-Pará, José de Sena, autorizou a compra do "alagadiço" adjacente ao Palácio (agora "Lauro Sodré"), que do mar entra pelo sítio em que está a Casa-de-Ver-o-Peso. Portanto, somente duzentos e setenta e dois anos depois (1734-1906), com os serviços de aterragem levados a efeito, pela* Port-of-Pará, *a barragem construída para o cais, foi possibilitada a solidificação da área, onde, futuramente, seria concluída a construção do Mercado de Ferro, às vizinhanças do Ver-o-Peso.*

*De acordo com a Lei n.° 173, de 30-12-1897, e a Resolução 24-3-1899, sendo Intendente de Belém o senador Antônio José de Lemos, de 15 de setembro de 1889 a 1.° de dezembro de 1901, no período de dois anos, os engenheiros civis Bento Miranda e Raimundo Viana deram por terminadas as obras do Mercado que, durante muitos anos, teve a sua exploração entregue a particulares, até que em 1925, na administração municipal do Dr. Rodrigues dos Santos, foi o mesmo adquirido pela Prefeitura de Belém.*

## O Arruado dos "Cheiros-Cheirosos"

*Temos assim uma visão do cenário precursor dos dias atuais, da vivência ininterrupta desse arruado da feira de Ver-o-Peso, que se estende do lado frontal ao* Bar do Nenén, *na esquina do Mercado, onde o encarregado, que atende por* Caracol, *prepara os traçados para a caboclada, que nem se lembra de* pingar o gole do santo, *derramando pela garganta* os quatro dedos *de cana de uma vez.*

Daí começa o arruado, terminando às proximidades da estrada lateral do Mercado, voltada para o poente. O ramo de negócio que leva as criaturas de todas as castas, àquele local, é dos mais curiosos. Pela permanente procura dos produtos da selva e das águas, que lá se encontram, têm-se a impressão de que desde os primórdios do crescimento da cidade, mesmo antes do aterrado que possibilitou a instalação desse comércio, já os curandeiros *tapuios* assentavam a origem da venda dos tais cheiros.

Quem conduzir seus passos ao referido arruado, formado pelas bancas de ervas regionais, em duas filas paralelas, não terá surpresa em se defrontar com *verdadeiras* mestras, ou pajés de saias, *veteranas* no conhecimento e no saber adivinhatório da caligrafia das receitas. Elas mencionam de cor os nomes das utilidades de todo aquele emaranhado de folharadas, de ramarias diferentes, de cipós difíceis de classificar, *de tajás* piadores, *de cascas e raízes quase mágicas, de plantas silvestres ou cultivadas nos canteiros.*

E não somente o arruado inteiro cheira aos matos, à mistura das serragens, às defumações, como também as vendeiras, caprichosas na limpeza do corpo, apresentando-se com seus raminhos atrás da orelha, por causa dos maus-olhados, como uma arte só delas, no servir a mesclada freguesia.

## Os "Receituários" e as suas Finalidades

*Ao observador sagaz, que tenha alguma familiaridade com as superstições, a fé simplista, a confiança absoluta, a crença pura, que a numerosa clientela deposita nessas receitas, que os* pais de santo, os *chefes de linha,* os *batedores de baralhos, os médiuns curadores,* as *comadres experientes mandam comprar pelos seus consulentes, não passarão despercebidas as categorias sociais de pessoas, que ali vão em busca de remédios para a saúde, para os azares da sorte, os desacertos amorosos, os problemas familiares, realização de viagens, enfim, tudo que puder ser propício aos bons augúrios e aos afastamentos das* pinimas *postas no cruzamento dos caminhos das ruas e praças.*

*E então veremos com que credulidade as receitas são levadas, após os aviamentos, quando a proficiente sabedoria de uma risonha Maria de Lourdes Pereira, a conhecida Cheirosa, as despachou; o mesmo sucedendo, quando se trata de uma Florinda Pereira, cafuza de poucos risos; de uma Feliciana Viegas da Silva, de uma velha crioula, com ares de Mãe Preta, que todos chamam* madrinha Laudelina. *Na especialização desse comércio, entra em jogo uma certa dose de história de sangue de índio e de negro, como se constata na robusta cabocla-roxa, de cabelo macio e pele betuminosa, essa procurada* Filó, *que dispõe de uma paciência meio carinhosa, para atender aos amigos.*

## A Flora Representada e Outros Produtos

*Para quem trata a primeira vez com aquela variedade estonteante de espécimes da nossa flora, dispersa pelas bancas, não sabendo a serventia de tantos trevos aromáticos, de incontáveis raízes, de bolbos desconhecidos, de tajás portadores de sortilégios, de cascas consideradas preciosas, de breus recomendados para o amor, dos óleos vegetais curativos, das gorduras de animais para fricções reumáticas, dos ninhos de pássaros que trazem felicidade, das cabeças de cobras benfazejas, dos órgãos de coati, dos olhos de boto, dos cavalos--marinhos para os preparos dos remédios estimulantes da senectude, dos gogós de guariba para coqueluche, dos espinhos de cuandu para defumações, dos matos imprescindíveis para os banhos – aos que tomam contato com esse quase misterioso e altamente influenciador meio florístico, no qual pontifica a sapiência de quem nunca leu um tratado de Botânica – a pessoa que o fizer, ficará convicta de que existem forças superiores atuando nesse ambiente. É por isso, talvez, que as vendeiras, após servirem as receitas, agradecem aos atendidos, desejando-lhes Paz, com a graça de Nosso Senhor Bom Jesus.*

## Os "Cheiros do Pará" na Literatura

*Pela característica desse trecho da feira e o negócio especializado que recomenda o arruado dos Cheiros-Cheirosos, o citado local tem merecido a visita e o registro de escritores, jornalistas, de turistas um tanto sofisticados, que em livros ou reportagens já aludiram àquela particularidade da terra paraense. Quem com maior entusiasmo e ternura sentimental vem-se manifestando a tal respeito é nossa querida e consagrada Eneida, dando mesmo a um de seus apreciados volumes o título de* Banho de Cheiro *(Rio de Janeiro, 1962).*

*Outro fascinado é o douto acadêmico Peregrino Júnior, que em obras de cunho amazônico não esqueceu as* Pussangas *(Rio de Janeiro, 1929) do Pará; Osvaldo Orico, apesar de arraigado no Sul, também com sua poltrona no Trianon Brasileiro, não deixa de rever o berço* redutoense; *na sua bibliografia valiosa, Luís da Câmara Cascudo, emérito pesquisador das fontes da cultura popular, fixou, no* Meleagro *(Rio de Janeiro, 1951), a fase atuante dos catimbozeiros nordestinos, que importavam as ervas e amuletos, para seus trabalhos, de Belém do Pará, num intercâmbio com os antigos mercantes dos* cheiros *da feira de Ver-o-Peso.*

*E assim, decerto, sob a influência dominante do* gosto olfativo esses *cheiros da terra, que chegam a constituir* preceitos, *nunca deixados de cumprir, nos banhos, nas receitas, é que o poeta escreveu o poema crioulo,* Versos pra minha Frô, *que resume tudo o quanto de sedução pelo* cheiro, *se pode conceber.*

# Informação dispensável...

> *On va au loin et l'on délaisse ce qui est proche.*
> Henri Dontenville

Nasci em Natal, filho de pais sertanejos. Meu Pai, alto, louro, olhos azuis, tocava violão e cantava o que ainda constitui problemas identificadores, lundu, chula, modinhas do Caldas Barbosa. Várias vezes rico, morreu pobre. Deixou 1.200 afilhados. Nossa casa, ampla como um convento, era o hotel dos amigos do interior. Menino, fui com minha mãe para o sertão, a conselho do Dr. Joaquim Murtinho, enrijar os pulmões. Sertão sem estradas de rodagem, luz elétrica, automóvel. Contei essa estória no prefácio do *Vaqueiros e Cantadores*\* em 1939. Não estudei a vida sertaneja há mais de meio século. Vivi-a integralmente. Todos os motivos de pesquisas foram inicialmente formas de existência natural, assombrações, alimentos, festas, soluções psicológicas.

Natal era uma cidade imóvel até 1930. Ou andando muito devagar. Tinha eletricidade, telefone, transporte motorizado, cinema, sorvete, mas o povo possuía todos os seus folguedos velhos, defendidos pela exibição no São João e Natal. Viviam mestres do Fandango, das Lapinhas (não se dizia Pastoris), do Bumba Meu Boi, inflexíveis na conservação indeformável. Letra e música. Não se alteravam. E o traje. A Chegança apareceu em Natal no dezembro de 1926. Tive as melhores e os maiores contadores de estórias, hóspedes de semanas e semanas, que vinham vender produtos das praias, ou de cantadores como Favião das Queimadas, que ficava meses conosco, cantando com a rabeca no peito e cantando estórias do tempo em que tinha sido escravo. Todos os sábados a velha

---
\* Pela Global Editora, 1ª ed., 2005. (N.E.)

Silvana aparecia para almoçar e conversar. *Mentir*, dizia minha Mãe. Fora escrava do Casa-Grande. Cantava, dançava, confidenciava os segredos antigos, excluindo-se, com visível modéstia.

O armazém de meu Pai, "O Profeta", fornecia as embarcações costeiras. Meu Pai possuiu mesmo um cúter, "Lidador". Por aí veio minha sabedoria no folclore do mar, peixes e visagens. Ainda via, do terraço que dava para o rio Potengi, os marinheiros manobrando o cabrestante e cantando, suspendendo as âncoras. Em 1906 Natal viu o primeiro holofote e a cidade estremeceu de pavor, enchendo as igrejas de arrependimento. Tivemos uma casa na praia de Areia Preta. De taipa. A casa caiu de velha. Resta-me o chão, que, quando o vejo, encho-o de saudades. Nunca o quis vender. Estão morando boninas, boas-noites e lagartixas.

Depois de relativamente alfabetizado, adoeci da moléstia livresca. Meu Pai comprava tudo. Mandava buscar longe. Nunca me quis fazer homem prático, sabendo o valor do dinheiro e a manejar dívidas, com o rótulo de crédito. Foi então que comecei a encontrar nos livros, como coisas distantes e antiquíssimas, quanto vira e vivera no sertão e na velha Natal, onde ainda corria o lobisomem na Bica da Telha e no Rabo da Besta, deliciosos topônimos desaparecidos.

Com essas reminiscências quero explicar que não encontrei o folclore nos livros e nas viagens. Não o estudei depois de vê-lo valorizado pelo registro. Encontrava nele as estórias do meu Pai, de minha Mãe, da velha Bibi, dos pescadores, rendeiras e cantadores, familiares.

Não posso dizer, como Montaigne, ser *la matière de mon livre*, porque recorro habitualmente aos livros alheios, autenticando os temas venerandos, obtidos de iletrados, doutores na vida, podendo dizer como o *Peregrino da América, estudei na Universidade do tempo, li pelos livros da experiência e me graduei com os anos*.

Ter permanecido na Província, *provinciano incurável*, dizia-me Afrânio Peixoto, constitui-me uma fonte de informação, na mesma autoridade das outras, com a doce vantagem de não poder ser enganado pela imaginação da burla, podendo confrontar as notícias no processo da equivalência.

Aqui deixo os elementos essenciais para uma visão do panorama folclórico brasileiro. Um tanto de cada espécie. O fundamento bibliográfico consta para evidenciar a importância do material exibido. Havendo curiosidade mais perguntadeira creio dar-lhe mais um pouco no *Dicionário do Folclore Brasileiro*,** *Geografia dos Mitos Brasileiros*,*** *Literatura Oral*,**** *Contos Tradicionais do Brasil*,***** *Anúbis e Outros Ensaios, Meleagro, Trinta Estórias Brasileiras*, anteriores e no rumo do esclarecimento.

Mantenho o que sempre usei quanto aos Autos Populares, Bumba Meu Boi, Chegança, Congas, Fandango, etc., dando-lhes o nome exato, fiel e secular, reservando *Danças*, dramáticas ou não, para as representações caracterizadas pela coreografia com intenção temática. *Auto* é denominação velha e legítima. Para que hei de chamar Sebastião a quem foi batizado Antônio, há seis séculos? Não se indica o tipo mas o gênero, indiscutível e real.

Tentei situar no tempo cada elemento tratado neste livro para não fazê-lo reportagem. Foi esse o critério fundamental. Não seria dispensável indagação sobre "a Capoeira", bebidas e alimentos populares, as defesas mágicas no extremo norte, divulgadas para o nordeste, centro e sul do país. Fácil é verificar nos ervanários do Rio de Janeiro e de São Paulo as plantas ditas do Pará, centro prestigioso, destinadas aos benefícios de atrair ou fixar a felicidade, pelos banhos, defumações, massagens.

Na "Capoeira" situa-se sua origem e modificações desde o sul de Angola até a prática movimentada e sugestiva na ilha de Luanda, entre os pescadores axiluandas e os marinheiros dos palhabotes que fazem a navegação para Mossâmedes.

Da paremiologia, escolhi um provérbio, já examinado por João Ribeiro e Afrânio Peixoto, para expor outra conclusão, para mim exata e fiel.

No "Era uma vez..." incluindo lendas, anedotas, adivinhações, fiz uma breve antologia comprovadora, indicando alguma bibliografia na espécie.

No tumultuoso e complexo panorama das "Festas Tradicionais" resumi as essenciais e com maior área de função e assiduidade na apresentação. Evitei, quanto possível, o fato desaparecido, indis-

---

** Pela Global Editora, 12ª ed., 2012. (N.E.)
*** Pela Global Editora, 3ª ed., 2002. (N.E.)
**** Pela Global Editora, 2ª ed., 2006. (N.E.)
***** Pela Global Editora, 13ª ed., 2004. (N.E.)

pensável numa História e demasiado numa resenha genérica. Não era cabível deixar de evocar as raízes dos ciclos lúdicos, Carnaval, Divino, São João, Natal, com tão numerosa convergência de folguedos e bailes populares.

A origem do Carnaval é como a do rio Amazonas: confusa e múltipla. Capistrano de Abreu dizia a História perfeitamente adiável e o documento urgentíssimo. A ininterrupta transformação do Brasil, rodovias, tráfego aéreo, discotecas, estações emissoras com programas perturbadores, televisão feiticeira, as revistas ilustradas, o cinema com a tentação atordoante das novidades indumentárias, está exigindo a colheita, se possível sistemática, da nossa contemporaneidade. Evitaremos as dificuldades, no plano da identificação futura, do que presentemente é verificável e comum. Duas gerações desaparecidas mergulham no mistério as coisas banais da época.

Avancei muito cuidadosamente a informação sobre Folguedos e Danças populares, apresentando as mais vulgares, as *constantes* no tempo e *permanentes* no espaço. As de par, enlaçado ou solto, as de roda, girante, batendo palmas, com movimento oscilatório, pendular, ou marchando como ponteiros de relógio, marcam as duas etapas coreográficas, fundamentais, denunciando as seculares e as milenares, contemporâneas no uso e predileção coletiva.

O Folclore brasileiro merecerá a maioridade doutrinária quando possuir o conhecimento na extensão nacional. Com várias *zonas surdas*, parcialmente reveladas aos estudiosos de outras paragens, não deverá fixar o cardápio sem saber o que existe no seu mercado popular.

Estamos preocupados com a cúpula do nosso edifício ainda nos primeiros andares. Ainda na colheita e armazenamento dos materiais. Namorados, discutindo o sexo do primeiro neto.

Sem que faça o recenseamento das omissões deste livro, porque a concordância plena é no Brasil uma forma de submissão intelectual e a exceção arguida é atitude de libertação, é lógico que nenhum volume compreenderá o mundo folclórico brasileiro. O critério dessa minha resenha é a fixação do elemento popular quando em maior área de função, e não no plano do indiscutido interesse local.

Atendeu-se essencialmente ao exame das possíveis origens e um tanto de análise, acima da sugestão descritiva, imediata e colorida.

A necessidade de valorizar o estudo da cultura popular deveria orientar-se na evidência de sua utilidade indispensável. A impressão comum, entre letrados e educadores no exercício da orientação pedagógica, é que o folclore é um documentário de curiosidades, de exotismos e material plástico proporcionador de matutismos, regionalismos, sobrevivências do falso *interior*, do falso roceiro, do inexistente *tabaréu* das revistas teatrais de outrora, farto, pascácio e lorpa. Sugere uma exposição de salvados, resíduos, restos mortos de culturas defuntas, boiando, inconscientes, à tona da memória coletiva.

Assim vemos a exclusão da sistemática da cultura popular brasileira do currículo universitário, nas faculdades de filosofia e letras, e dos próprios cursos do Jornalismo. O diplomado deverá improvisar conhecimento sempre que escrever olhando um elemento comum da vida tradicional. Técnico em tudo. Autodidata na cultura vulgar e secular, normal e diária, do seu país. Ocorre semelhantemente na França, onde, escreve Henri Dontenville (*La Mythólogie Française,* Payot, Paris, 1948): *La Sorbonne littéraire a cent chaises et trente instituts; elle fait connaître les civilisalions sémitiques, roumaines, slaves, chinoise aux différents stades, elle se tait sur ce qui a été l'âme de notre patrie.*

Professores e jornalistas, e mesmo o rapaz-que-fez-um-curso, não encontrarão oportunidades maiores para informar sobre civilizações clássicas mas o cotidiano brasileiro obriga-os a opinar sobre as constantes e permanentes da própria vida nacional. Utensílios, móveis, mitos, assombros, lendas, alimentos, gestos, contos, anedotas, estão diante de sua percepção natural. Terão, inevitavelmente, quem lhes solicite um esclarecimento. A resposta será uma improvisação hábil, uma convergência de leituras despreocupadas e de intuições ocasionais, sob a égide, nem sempre feliz, da agilidade mental.

Mas nunca a curiosidade se limita ao fato material e sim ao encanto misterioso da origem. Por que isso é assim? Vezes o informador é um erudito, noutras disciplinas e para quem o Folclore é uma pilhéria, e dá resposta digna de o gigante-de-pedra estremecer...

Estamos diante de fatos. É tempo de atendê-los, como merecem. É indispensável lembrar-se que, no domínio da Cultura Popular, não há o direito de substituir a verdade pela imaginação...

*Cidade do Natal, outubro de 1964.*
*377, Av. Junqueira Aires.*

LUÍS DA CÂMARA CASCUDO

# Obras de Luís da Câmara Cascudo
## Publicadas pela Global Editora

*Contos tradicionais do Brasil*
*Mouros, franceses e judeus – três presenças no Brasil*
*Made in Africa*
*Superstição no Brasil*
*Antologia do folclore brasileiro – v. 1*
*Antologia do folclore brasileiro – v. 2*
*Dicionário do folclore brasileiro*
*Lendas brasileiras*
*Geografia dos mitos brasileiros*
*Jangada – uma pesquisa etnográfica*
*Rede de dormir – uma pesquisa etnográfica*
*História da alimentação no Brasil*
*História dos nossos gestos*
*Locuções tradicionais no Brasil*
*Civilização e cultura*
*Vaqueiros e cantadores*
*Literatura oral no Brasil*
*Prelúdio da cachaça*
*Canto de muro*
*Antologia da alimentação no Brasil*
*Coisas que o povo diz*
*Viajando o sertão*
*Câmara Cascudo e Mário de Andrade – Cartas 1924-1944*
*Religião no povo*
*Prelúdio e fuga do real**

*Prelo

# Obras juvenis

*Contos tradicionais do Brasil para jovens*
*Lendas brasileiras para jovens*
*Vaqueiros e cantadores para jovens*
*Histórias de vaqueiros e cantadores para jovens*
*Contos de exemplo**

# Obras infantis

## Contos de Encantamento

*A princesa de Bambuluá*
*Couro de piolho*
*Maria Gomes*
*O marido da Mãe d'Água e A princesa e o gigante*
*O papagaio real*
*Contos de animais**

# Contos Populares Divertidos

*Facécias*

*Prelo